STUDY ON
THE ECONOMIC PRINCIPLE OF
EMPLOYEE LABOR COOPERATION

企业员工劳动协作的经济学原理研究

郭正模◎著

中国社会科学出版社

图书在版编目（CIP）数据

企业员工劳动协作的经济学原理研究 / 郭正模著. —北京：中国社会科学出版社，2021.1

（四川省社会科学院学术文库）

ISBN 978-7-5203-7340-1

Ⅰ.①企… Ⅱ.①郭… Ⅲ.①企业—职工—职业道德—研究 Ⅳ.①F272.921

中国版本图书馆 CIP 数据核字（2020）第 186491 号

出 版 人	赵剑英
责任编辑	喻　苗
责任校对	胡新芳
责任印制	王　超

出　　版	中国社会科学出版社
社　　址	北京鼓楼西大街甲 158 号
邮　　编	100720
网　　址	http://www.csspw.cn
发 行 部	010-84083685
门 市 部	010-84029450
经　　销	新华书店及其他书店
印　　刷	北京明恒达印务有限公司
装　　订	廊坊市广阳区广增装订厂
版　　次	2021 年 1 月第 1 版
印　　次	2021 年 1 月第 1 次印刷
开　　本	710×1000　1/16
印　　张	13.5
字　　数	215 千字
定　　价	78.00 元

凡购买中国社会科学出版社图书，如有质量问题请与本社营销中心联系调换
电话：010-84083683
版权所有　侵权必究

目 录

第一章 企业员工劳动协作研究引论 …………………………… (1)
  第一节 劳动分工与劳动协作的经济学理论渊源和发展 ………… (2)
    一 经济学的劳动分工理论的创立与发展 ………………… (2)
    二 经济学的劳动协作理论的创立与发展 ………………… (6)
    三 中国劳动协作的经济学理论研究与企业劳动协作
        实践 …………………………………………………… (9)
  第二节 企业员工劳动协作研究所涉及的相关理论 ……………… (13)
    一 经济行为与组织行为理论 ……………………………… (14)
    二 企业内部劳动力市场理论 ……………………………… (15)
    三 经济契约与劳动契约理论 ……………………………… (16)
    四 企业劳动关系理论 ……………………………………… (17)
    五 人力资本投资理论 ……………………………………… (18)
    六 企业人力资源管理理论 ………………………………… (19)
  第三节 企业员工劳动协作研究的重点与难点问题 ……………… (20)
    一 劳动经济学微观部分重点研究内容问题 ……………… (21)
    二 劳动分工与劳动协作的经济机理认识问题 …………… (22)
    三 企业层面劳动协作的员工劳动行为的理论界定问题 … (23)
    四 企业劳动协作的运作机制与多种机制的耦合问题 …… (24)
    五 企业员工劳动协作的人力资本投资与回收问题 ……… (26)
    六 企业劳动关系的多元化形态和协作劳动关系问题 …… (27)
    七 企业员工劳动协作的契约形态界定与契约性质问题 … (29)
    八 企业员工劳动协作的模式类型与运作特点问题 ……… (30)

九　企业员工劳动协作的个人绩效贡献评价与远期不确定
　　　　　收益的分配问题 …………………………………………（30）
　　　十　企业员工劳动协作的运作主体、元素构成与转化
　　　　　问题 ……………………………………………………（32）
　第四节　企业员工劳动协作研究的基本框架与研究思路 …………（33）
　　　一　企业员工劳动协作研究的理论价值与实践意义 ………（33）
　　　二　企业员工劳动协作理论的基本概念界定 ………………（35）
　　　三　企业员工劳动协作研究的思路与分析框架 ……………（38）

第二章　企业员工劳动协作的行为及其影响因素 ………………（40）
　第一节　企业员工劳动协作的行为特征 ……………………………（40）
　　　一　经济行为与生产行为的机理分析 ………………………（40）
　　　二　企业内部劳动力市场背景下的员工劳动协作行为
　　　　　机理分析 ………………………………………………（43）
　第二节　企业劳动协作行为属性与行为决策的机理分析 …………（48）
　　　一　经济外部性与劳动行为外部性 …………………………（48）
　　　二　企业员工参与劳动协作个人行为的机理分析 …………（50）
　　　三　企业员工劳动协作的非理性经济行为分析 ……………（55）
　第三节　企业员工劳动协作行为的影响因素与行为假设 …………（58）
　　　一　企业员工劳动协作行为的影响因素 ……………………（58）
　　　二　对企业员工劳动协作行为研究的若干基本理论假设 ……（61）
　第四节　企业员工劳动协作行为影响因素的实证研究 ……………（63）
　　　一　企业员工劳动协作行为影响因素的实证分析 …………（63）
　　　二　提高企业员工劳动协作效率的若干措施 ………………（71）

第三章　企业员工劳动协作的机制与机制耦合 …………………（74）
　第一节　企业人力资源配置的机制运作及其效应 …………………（74）
　　　一　企业的经济机制和人力资源配置的机制运作 …………（74）
　　　二　传统计划经济的企业人力资源配置机制与运作效应 ……（76）
　　　三　市场经济体制下企业人力资源配置的机制及其
　　　　　运作效应 ………………………………………………（78）

第二节 市场经济体制下企业劳动协作机制运作的
　　　　机理分析 ································· (80)
　　一　企业员工劳动协作机制运作的理论分析 ············ (80)
　　二　企业层面员工劳动协作的管理机制 ················ (83)
　　三　企业内部协作体层面员工劳动协作的协调机制 ······ (87)
第三节 企业员工劳动协作机制对劳动行为的影响的
　　　　实证分析 ································· (93)
　　一　实证分析的背景 ······························ (93)
　　二　基于问卷调查所收集数据的统计分析 ·············· (99)
　　三　完善企业员工劳动协作机制的一些基本措施 ······· (102)
第四节 企业员工劳动协作机制运作的耦合及其效应 ······· (103)
　　一　企业员工劳动协作多种机制运作中的耦合关系 ····· (103)
　　二　企业劳动协作系统要素对劳动协作机制耦合的
　　　　效应分析 ································· (107)

第四章　企业员工劳动协作的劳动关系与劳动契约 ········· (110)
第一节　企业劳动关系与劳动协作形态的劳动关系 ········· (110)
　　一　企业劳动关系理论与形态特征分析 ··············· (110)
　　二　企业员工劳动协作形态的劳动关系及其特征 ······· (113)
第二节　劳动契约与劳动协作形态的劳动契约 ············· (115)
　　一　契约与劳动契约的多学科理论述评 ··············· (115)
　　二　企业员工劳动协作契约的若干特殊性质分析 ······· (120)
　　三　企业师徒劳动关系下的劳动协作契约的特点分析 ··· (123)
第三节　企业员工劳动协作契约的调查分析与对策措施 ····· (127)
　　一　对若干企业劳动契约的调查情况与分析 ··········· (127)
　　二　加强企业员工劳动协作契约规范的措施 ··········· (128)

第五章　企业员工劳动协作的收益分配 ··················· (130)
第一节　企业层面的收入分配关系 ······················· (130)
　　一　企业层面利益主体之间的收入分配关系 ··········· (130)
　　二　企业员工协作劳动收入的人力资本投资回收性质

分析 …………………………………………………………………… (133)

　　三　企业员工收益分配与工资薪酬制度 ……………………… (136)

第二节　企业内部的劳动协作收入分配与员工个人的劳动

效率贡献 …………………………………………………… (140)

　　一　企业与协作体之间的收入分配及其利益谈判行为

模型 ………………………………………………………… (140)

　　二　企业内部劳动协作体员工之间的利益分配关系 ………… (143)

第三节　企业员工劳动协作的远期、不确定收益的分配 ………… (151)

　　一　企业员工劳动协作的远期、不确定收益的产生与

分配关系 …………………………………………………… (151)

　　二　企业员工劳动协作的收益分配机理与问题分析 ………… (153)

　　三　企业员工劳动协作远期、不确定收益分配的

完善措施 …………………………………………………… (155)

第六章　企业员工劳动协作的模式 …………………………… (156)

第一节　企业员工劳动协作模式选择的影响因素与模式

类型 ………………………………………………………… (156)

　　一　企业员工劳动协作模式选择的影响因素 ………………… (156)

　　二　企业员工劳动协作模式的类型划分 ……………………… (158)

第二节　不同企业员工劳动协作模式运作的差异性分析 ………… (164)

　　一　不同企业劳动协作模式员工行为的差异性分析 ………… (164)

　　二　不同企业劳动协作模式机制运作的差异性分析 ………… (165)

　　三　不同企业劳动协作模式员工劳动契约的差异性分析 …… (166)

　　四　不同企业劳动协作模式的员工收益分配制度的差异性

分析 ………………………………………………………… (167)

第三节　企业员工劳动协作模式运作效应的实证分析 …………… (168)

　　一　实证研究的基本背景 ……………………………………… (168)

　　二　对企业劳动协作模式实证研究的分析 …………………… (169)

　　三　实证研究的结论与对策建议 ……………………………… (174)

第七章　企业员工劳动协作的运作 …………………………（177）
第一节　企业员工劳动协作运作的相关理论评析 ………………（177）
　　一　企业员工劳动协作的团队运作理论评析 ……………（177）
　　二　企业员工劳动协作的经济博弈理论评析 ……………（179）
第二节　企业内部的劳动协作体的运作与机理分析 ……………（180）
　　一　企业员工劳动协作运作的劳动协作模式组合 ………（180）
　　二　企业员工劳动协作运作的多元素网络模型与
　　　　机理分析 ……………………………………………（183）
　　三　企业员工劳动协作运作的多元素作用过程分析 ……（186）
第三节　企业劳动协作运作的个人行为决策与集体
　　　　劳动协作效率分析 …………………………………（188）
　　一　企业员工劳动协作运作的个人行为决策的经济机理 ……（188）
　　二　企业员工劳动协作的整体劳动行为与协作劳动效率
　　　　实现的行为条件 ……………………………………（190）
第四节　企业员工对市场性与社会性劳动协作的参与及其
　　　　运作 …………………………………………………（193）
　　一　企业员工参与市场性劳动协作的经济机理与
　　　　运作分析 ……………………………………………（193）
　　二　企业员工参与社会性劳动协作的经济机理与
　　　　运作分析 ……………………………………………（198）

参考文献 …………………………………………………………（204）

后　记 ……………………………………………………………（207）

第一章

企业员工劳动协作研究引论

在现代经济与社会生活中，以市场性就业为背景的劳动分工与劳动协作活动是所有劳动者几乎每天都与之接触且熟视无睹的事情，但是正因为如此，人们未必能够深入地思考其科学的本质与把握其运作的机理。即便是一些理论大师在他们的经济学巨著中，对劳动分工与协作的认识往往也是若干精辟的简约论述，并没有进行较为系统的全面深入研究。而企业家、管理人员和普通劳动者在长期的工作实践中虽然形成了一些劳动分工与协作的感性思想和理性观念，但是却疏于或难以致力于将其系统化而形成理论。

劳动分工与劳动协作问题显然应当属于劳动经济学的研究范围。企业内部发生的直接劳动分工协作过程中的微观经济机理研究显然也属于现代劳动经济学理论体系中的内容之一。

劳动是人类社会发展的基本活动形式。在人类社会几千年的历史过程中，贯穿于劳动过程的分工与协作是一对具有相辅相成关系的经济行为，其中劳动分工行为是人们在创造社会财富的活动中提升劳动效率的基本途径之一，而劳动协作行为则是人们在劳动分工的基础上实现分工提升劳动效率和生产经营效率的必需的手段。但是就二者的产生顺序而言，则是先有劳动的协作行为才会有劳动分工行为的现象产生。试想在原始社会，部落的人们需要从事大量的集体性劳动，如狩猎野生动物、收获农作物、搬运重物、修建房屋和堤坝，等等，那时候参与协作劳动的人们并没有职业、技能方面的分工。但是限于工具、场地等条件约束和基于人的体力、地位的差别，人们必然在集体性的协作劳动中采取临时性的简单分工，以便发挥参与人员的作用和提高集体性协作劳动的效率。经过长期的实践总结和在商品交换的催化作用下，部落与家庭才开始出现较为明晰的工种层面的简单劳动分工。而现代社会的劳动者在尚未进入劳动力市场之前就按照人力资本投资的模式接受职业教育，因而形成了劳动分工先于劳动协作的逻辑思维印象。而实际的行为发生逻辑则应当是劳动协作导致劳动分工的出现，劳动分工的复杂化和专业化促进劳动协作的发展。

不同的经济体制和劳动关系背景下的劳动分工与协作的行为、机制、模式和分配制度等会存在一定的差异，但是其运作的基本经济机理却具有一定的共同性质和基本规律。其中发生在企业层面的劳动分工与协作在整个社会财富的生产中居于基础性地位，而发生在员工之间的直接的集体性的劳动协作的运作无疑是产品价值形成与增值的关键所在。这些理论问题原则上并不属于经济管理学的研究范围，而属于劳动经济学的研究范围。因此本书依据现代劳动经济学的基本理论与范式，集中对企业层面的员工劳动分工背景下的劳动协作的经济机理和协作劳动效率提升等问题加以探讨，同时也依据调研和统计对相关的理论进行实证分析和验证。

第一节 劳动分工与劳动协作的经济学理论渊源和发展

一 经济学的劳动分工理论的创立与发展

（一）人类社会的劳动分工演变进程

"劳动分工"（deivision of labor）是人类从事社会财富生产的最基本的运作形式之一，也是提升市场性劳动效率的有效手段之一。通过人类考古学的长期广泛研究，笔者发现在人类社会建立的初期就开始出现部落群体内部成员之间的劳动分工。在人类进入原始社会的后期阶段，部落或氏族内部开始出现家庭这一社会单元。家庭是人类社会的以血缘传承为联系的从事集体活动的人群单元。原始形态的家庭不仅仅是社会的基本消费单位，也往往是一个生产活动的基本单位。尤其是人类进入农业社会以来，种养结合的家庭的生产单位性质更为凸显与明晰。在多名成员构成的家庭中，人们为了提高家庭的劳动效率和产出水平，以及节约劳动时间以增加闲暇时间，家庭内部的成员会根据各自不同的生理、体力与智力等特征对家庭的成员进行简单的劳动分工，如男人外出从事种植、狩猎、放牧、建筑等较为劳累的重体力劳动，妇女和老人在家庭从事纺织、饲养、农产品粗加工以及烹饪、抚养等家务劳动。古代中国传统的"男耕女织"即代表了农业社会基本的家庭劳动分工的性别结构。以手工工场为代表的劳动技术分工也在许多城镇地区得到较大程度的发育和发展，借助市场交换的范围与规模的扩大，从而形成了不同的社会行业和工种，以及技工与普工雇佣形态的劳动力市场交易现象。在人类社会进入15世纪的"工业革命"时期以来，欧洲国家大规模的企业化生产和跨地域的商品贸易活动进一步加快了社会的职业分化和市场的分工程度，明显地形成了社会不同的行业、部门和职业。

人类社会进入20世纪以来，尤其是进入21世纪以来，全世界的社会分工程度进一步得到提高。中国20世纪80年代实行改革开放政策以来，行业门类分化加快，尤其是第三产业的行业快速成长；职业种类明显增加。例如，目前统计部门将中国的国民经济行业划分为19个门类，其中包括：农林牧渔业；采矿业；制造业；建筑业；信息传输、软件和信息技术服务业；交通运输、仓储和邮政业；水利、环境和公共设施管理业；电力、热力、燃气及水生产和供应业；房地产业；金融业；租赁和商务服务业；科学研究和技术服务业；教育；批发和零售业；文化、体育和娱乐业；住宿和餐饮业；居民服务、修理和其他服务业；卫生和社会工作；公共管理、社会保障和社会组织。由于中国义务教育的普及和职业教育体系的建立，使社会劳动分工逐步进入现代化的职业高度分工发展阶段。据统计，目前中国有关部门将高等教育的专业划分为12个学科门类，506种本科专业（2017）。专业划分为8个大类、66个中类和413个小类，有1800多个专业（2017）。企业内部的劳动分工日趋细化，如一个小型的机械加工厂里就划分为：车工、钳工、锻工、铆工、焊工、电工、管道（水暖）工、行车工、模具工等一线工种。由于社会需求的变化和科学技术的进步日新月异等原因，许多专业被淘汰和消亡，而许多新的专业又得以产生和成长发展。

人类社会进入21世纪以来，由于信息网络化和人工智能（AI）的科学技术新突破和加速发展，使整个社会的职业、专业的变化更加迅速，但同时也对许多职业的存在提出了严峻的挑战。例如，大量的医生、律师等职业岗位都可能被人工智能所替代；而司机等操作工会被无人驾驶智能工具和机器人等所取代。这些问题与挑战也对人类社会的劳动分工理论研究提出了一系列有待探讨的新课题。

（二）经济学劳动分工理论的建立与发展

人类对于劳动分工与社会分工的理论探讨至少可以追溯到公元前的古希腊文明时期，如柏拉图曾经提出过分工源于人的需求和能力差异的观点。但是对于企业层面的劳动分工在社会财富创造与经济发展中的意义的经济学理论认识，则始于18世纪的古典经济学。

古典经济学的创立者亚当·斯密（Adam Smith）在研究国民财富的产生与增值问题时，首先就意识到了企业内部劳动分工的重要意义。他在《国富论》（1776年第1版）开篇第一章"论分工"部分，就首先详细描述了18世纪英国的手工工场针制造的18道工序流程中不同工种工人的劳动分工与协作过程，以及论述了分工协作对国民财富产生和生产效率提升的重要意义。亚当·斯密实际上客观地建立了以劳动分工为起点的经济学理论体系框架及其逻辑思路。但是后来的古典经济学都将分工的经济学理论重心集中于市场经济体制下的市场分工层面以及国际分工层面之上，即将社会分工作为市场机制运作的理论基本假设条件来看待。古典经济学集大成者马歇尔以及以萨缪尔森为代表的新古典经济学，其理论框架主要围绕经济资源（生产要素）优化配置和市场交易价格机制运作的逻辑思路来构建。

20世纪50年代由舒尔茨、明塞尔等人所创立的人力资本理论进一步研究了在社会分工背景下的异质劳动问题，以及异质劳动者的技能形成；个人与家庭的教育等人力资本投资行为及投资的成本收益等问题。

由贝克尔所建立的家庭经济学依照现代经济学的原理对家庭成员的劳动分工等问题进行了系统的研究。贝克尔等人认为，家庭分工是建立在家庭成员之间的血缘关系上的非市场分工协作关系，在共同的消费行为上具有较强的互利、互助与利他行为性质。家庭内部的劳动没有明显的职业和工种的专业化。家庭的一部分产品作为商品在市场上进行交换，所以在一定程度上参与了市场分工的活动。一部分商品性的手工工场就是建立在家庭生产规模扩大的基础上的。在现代社会，家庭分工还进一步表现为家庭成员参与市场劳动和家庭劳动的分工,其决策主要取决于家庭的收入类型、家庭成员的劳动边际收益和个人偏好等因素。

新古典经济学基于对经济资源的优化配置的研究范式,以及对市场交易的比较优势等理论对市场分工以及社会分工进行了深入研究。以萨缪尔森的《经济学》为代表的相关理论认为:社会上不同的企业所生产的产品或服务以商品的面貌出现在交易市场上,以货币为媒介进行不同规模的市场交易,从而形成了行业与部门的分工格局;与此同时,社会的劳动者也以不同职业技能提供者的身份进入市场进行交易,为不同的企业所接受或聘用。这些以物品、劳动力为形式的市场交易进一步带动了劳动者的分工,形成了国家或地区之间的区域性的市场分工或社会分工格局。许多产品需要许多行业、部门与企业共同参与才能够完成,需要在企业分工和市场分工的基础上进行社会协作和市场协作。由于技术进步和经济发展,社会需求也在不断变化与升级,带来了社会生产的变化,一些旧的职业退出和消亡,与此同时又有众多新的职业在产生与取代旧的职业。国际分工是由于社会需求的扩大与升级,许多产品的生产销售已经不可能在一个国度来加以完成,需要进行国际化、全球化的市场分工才能够完成。基于资源禀赋与技能的差异,国家与地区之间的商品比较优势特征也会日趋明显,导致每个国家或地区都倾向于发展自己的优势产品。一些产品和服务则通过国际贸易的方式来加以解决,于是,基于不同货币体系的国际贸易所代表的经济全球化和国际分工格局也就得以形成。

以诺斯为代表的新制度经济学则按照历史方法的制度变迁的理论,考察人类历史不同阶段的劳动分工的制度结构和变化原因。有关研究认为:人类社会以家庭作坊、手工工场为代表的企业内部分工产生较早,但并不是社会生产形态的主体,手工业生产和商品交换也不代表农业社会的普遍现象。而真正市场性的大规模的企业内部分工产生于 15 世纪地理大发现的世界贸易,特别是 18 世纪英国发生工业革命以后,生产规模日益扩大的制造业工场为了加强产品的市场竞争力和降低生产的成本,开始有目的地强化分工与协作程度,引导企业内部工人的技能实现专业化,按照产品的生产流程设立了不同的工作岗位和工种以提高劳动生产率。企业内部劳动分工协作程度的提高也逐步带动了企业外部劳动力市场对不同职业和工种的交易活动的开展。市场为了满足企业对不同技能工种的劳动力的需求，促使社会上开始建立不同类型的职业教育机构，各种职业教育出现了明显的分化。通过现代职业教育体系对传统的通才教育体系的改造，反过来又带动了与社会职业化劳动分工相适应的整个基础教育体制的制度变迁。

二　经济学的劳动协作理论的创立与发展

（一）人类社会劳动协作的演变

"劳动协作"（collaboration of labor; cooperation of labor）是指人类在劳动分工基础上发生在异质劳动者之间的劳动过程。劳动分工与协作是一对不可分割、相互依存的对立统一体。所以简单的劳动协作现象在简单分工出现时即已经伴随出现，劳动协作现象也许比职业和技能型劳动分工出现得更早。人类在漫长的社会组织进化过程中，相对其他动物群体的活动，在人类初期即表现出较为典型的生活群居性、劳动协作性的社会活动特点。即使在劳动分工不明显的原始部落环境下，人类就天生地具有一定的集体劳动的互助、协作行为，如对大型猎物的群体狩猎，群体劳动参与者之间建立一些成果共享等规则（迄今为止在中国的一些边远农村地区都有"上山打猎，见者有份"的说法，即只要是参与了围猎活动的人都有权得到一定的成果）。原始社会的部落群体也会或多或少发生一些与其他原始部落之间的不同形式的劳动协作活动，如集体性的围猎和突击性的抢险都会自然出现主要与次要劳动成员的区别以及不同的工作类型之间的劳动协作。在部落内部的家庭单位产生与家庭分工活动发生以后，以血缘关系为纽带的家庭内部成员之间的劳动协作关系也开始逐步形成，并且按照生理状况和个体劳动效率的差异建立起相对稳定的简单劳动协作组合模式。在农业社会的发展阶段，劳动协作活动主要发生在以农牧业为职业的家庭内部，劳动协作的成果主要供家庭自我消费，很少进行市场销售。但是在城邦等人口集聚地，家庭手工业作坊与雇工经营的工场较为复杂的劳动协作现象则逐步得到发展，从事不同职业和工种的劳动者之间的劳动协作活动开始经常化与复杂化，职业化的手工技能传授功能的拜师学艺等特殊劳动协作制度也应运而生。

人类社会由农业社会进入工业革命时期，市场经济体制下的企业内部与外部的劳动分工与协作得到突飞猛进的发展。其中企业外部的分工协作主要由劳动力市场交换的利益关系来维系和推动。而且通过多层次、多类型的技能培训与职业教育制度来强化人力资本投资。职业技能的高度分化和专业化，使社会劳动者的劳动异质特点更加突出，技术性劳动者往往都需要在接受不同程度的职业教育后，才能够进入企业等经济组织从事专业性的协作劳动。

社会职业分工的根本目的在于提升生产的劳动效率，但是也可能为劳动者的收益带来风险，如在技术进步条件下原有的技能被淘汰，生产商品的工艺被取代。人力资本投资的专业化促进了劳动分工和职业特化，但人力资本投资的回收则主要依靠协作劳动来实现。劳动协作过程也就是人力资本投资的回收过程。协作劳动的效率决定人力资本投资的回收效率和效益（投资收益率）。

（二）经济学的劳动协作理论的建立与发展

古典经济学的理论体系以国民财富的产生和增值作为其研究的基本目的，从而在理论构建中对经济活动中的经济协作现象也给予了高度关注。但是古典经济学似乎更加关注市场及其机制对经济资源的优化配置的问题，因为市场交易在实现产品增值上的作用更为显著，因此经济学对人类经济协作的研究重点也在于市场协作方面。即通过市场这只"看不见的手"来引导交易、实现人们之间的互通有无，以达到有效的经济资源优化配置和社会财富增值的结果。古典经济学对政府的性质定位表明，政府只在于通过行政管理和执行法律等手段，引导具有不同产权性质的企业等单位开展市场协作。古典经济学的劳动协作理论的核心内容是以市场交换为基础的社会劳动协作问题。对于企业的市场劳动协作问题，企业员工之间直接劳动协作关系的研究则往往被忽略。

19世纪中叶，马克思在古典经济学的基础上创立了马克思主义的经济学理论体系。该理论体系的核心是劳动价值，强调劳动是价值产生的唯一源泉，以及工人的直接性物质资料生产性劳动与社会非物质资料生产在价值创造上的区别。认为物质资料生产性劳动在社会财富分配中拥有第一性地位。按照这些基本原理，马克思所讲的社会生产力的核心是劳动生产力，而劳动生产力的基本类型则是劳动分工生产力和劳动协作生产力。马克思高度评价了工业革命以来劳动的分工与协作对资本主义经济发展所带来的巨大推动作用，但是他认为资本主义的生产关系和按资分配的制度最终会阻碍人类经济和社会的发展。马克思对企业层面的生产性劳动的效率问题进行了理论分析，认为提高工人的劳动生产率是企业利润增加和社会财富增长的基本途径，劳动生产率的高低与企业员工的分工和协作状况紧密相关。如分工的合理性和协作的协调性。马克思经济学认为在资本经营和管理的条件下，工人的生产性分工协作往往通过强制手段来加以推行，工人缺乏劳动效率提高的主动性，参与劳动协作的工人之间也不可能形成自觉的协调劳动行为。从而认为生产资料公有制可以带来劳动者的协作行为的改善和发挥出主人公的主动积极性，使企业的劳动生产率不断提升。马克思还提出过管理的二重性的论点，认为资本主义经营方式的企业管理一方面反映了资本对雇佣劳动者的劳动力使用权的绝对支配功能，但另一方面也反映了企业为保证劳动生产率水平所要求的对劳动者的合理配置与科学组合的功能，客观上企业生产要求工人服从管理的生产指挥和相互协作劳动。

20世纪以来，由于世界上形成了计划经济与市场经济两种经济体制并存的格局，制度经济学开展了对不同经济体制的综合性比较研究，重点是对市场经济体制和计划经济体制的运作机制和成本效率等进行了系统的归纳与总结，其中也包括对自由市场经济国家和苏联等计划经济国家在劳动协作机制和制度功能设计的比较研究。相关研究认为计划经济体制下的劳动协作主要依靠政府的行政指令及计划安排来实现，企业管理者往往不会刻意考虑劳动协作活动的成本费用问题，也不会主动关心协作劳动的劳动效率与经济效益问题。计划经济体制下的社会协作的经济资源投入或费用一部分由政府财政加以支付，但较大部分往往通过摊派的方式，由参与社会协作的单位甚至参与的个人通过自己的财务体系来支付，有的社会协作活动还是通过行政命令手段或义务劳动方式变相强制来推进的。由于这些政府的下级单位将分摊的费用列入本单位的其他不相关的财务支出项目中加以"消化"，而政府主导的社会协作活动因缺乏严格的财务管理制度和成本收益核算机制，导致计划经济体制下的社会劳动协作必然产生大量的经济资源浪费现象；同时在计划经济体制下的社会协作活动也缺乏个人与单位的利益驱动机制，政府的行政手段一旦松懈，则社会协作关系也就会随之松动甚至解体。

20世纪60年代后的南斯拉夫等前社会主义国家针对苏联版计划经济体制曾进行过企业"工人自治"的改革试验与相关理论的探讨，如对于社会主义公有制下的企业"联合劳动"理论的研究。该理论涉及公有制企业的劳动协作关系问题。在"工人自治"体制下，企业员工的劳动协作关系就成为产品生产效率实现的关键。但是该理论也主要在于研究企业与政府之间的产权归属和企业分配问题，并没有全面系统地研究企业员工劳动协作的微观运作机理问题。由于该理论明显地带有空想共产主义的"乌托邦"性质，对于企业内部员工的利益矛盾冲突一系列现实问题也难以解决，在20世纪90年代后相关的研究就很快停歇。

基于市场经济体制的现代主流经济学认为，市场经济体制下的利益主体之间的市场协作是依靠自由交易而形成的，主要发生在企业等自主经营管理的利益主体之间。企业之间通过市场交易和谈判可以最终达成经济协作的契约与合作协议，依照相关的协议和契约来运作双方或多方的经济协作活动。由于广义的市场协作是基于高度市场分工的劳动协作活动，在价格机制和市场机制的作用下，企业之间的协作倾向于资源的有效利用和优化配置，从而能够较好地满足社会的真实需求，并通过协作形式的交易使双方的利益都得到增进。其中在自由竞争的市场体制下，市场协作关系最终实现社会分工的效率，也兼顾了市场的公平。市场协作所带来的产品出清和利润等收益，为企业内部参与劳动协作的员工带来相应的劳动收入，使协作的劳动付出通过工资报酬实现劳有所得。

20世纪后期长足发展的比较优势理论认为，市场体制下的区域协作是指按照区域生产的资源禀赋为基础所形成的比较优势，由企业优势产品的市场交易所体现的劳动协作，体现了社会分工的经济效益最大化取向。通过国际贸易实现的市场交易为国际分工和产业优势发挥的价值实现提供了条件。国际贸易占国民经济总量比重高的国家，也是人均收入水平高的国家。高技术产品的企业内部分工与协作程度也高，其产品产生的经济效益和企业经营的利润率也高。经济全球化的实质在于全世界范围的国家之间按照比较优势实现的劳动分工与劳动协作。

三　中国劳动协作的经济学理论研究与企业劳动协作实践

20世纪中叶以来，中国的经济体制大体以改革开放为界可以划分为两种类型，即计划经济体制和市场经济体制。中国经济体制的转型从1978年开始，目前的体制转型还没有完成，需要进一步深化开展。70年来有关劳动协作的经济学理论研究发生了阶段性的变化，企业层面的劳动协作实践也随着经济体制的改革过程而表现出许多带探索性的特征。

（一）计划经济体制下的中国劳动协作理论研究与企业劳动协作实践

20世纪50年代中国所建立的计划经济体制是对传统资本主义经济体制的批判和否定，也是一种对私有经济制度的经济学理论的批判与否定。计划经济体制的核心是确立公有制经济形态在国民经济体系中的绝对统治地位。新中国成立以来，按照以苏联为典型的计划经济体制模式，建立了以生产资料公有制（主要为生产资料的国家所有制和集体所有制）为基础，政府对经济运行的高度集权和指令性管理的计划经济模式。计划经济理论突出劳动在社会财富生产中的崇高地位，并且将劳动作为价值产生的唯一源泉。

但是中国在20世纪50年代以来进行的社会主义公有制和计划经济管理的实践中，基于政府对企业的产品的计划生产和统一分配的管理体制，虽然理论上也提出了劳动协作概念，如区别了"简单劳动协作"和"复杂劳动协作"等概念关系，但是并未建立起对公有制企业内部的劳动协作经济机理等问题的分析工具和科学、系统的基础理论框架，如相关研究缺乏对公有制条件下劳动行为动机的分析；理论上认为企业内部的劳动分工协作问题可以通过政府对企业员工的劳动组合和定岗定员定编等计划调配管理手段来加以解决，即对企业管理组合机制之外的其他机制缺乏深入的认识与研究。有关理论重点关注的是跨行业、部门、单位的社会协作关系与组织协调问题。在处理生产资料公有制背景下的社会协作的劳动效率问题时，往往强调政府对参与协作单位的人力资源统一调配权和协调组织机制；强调参与协作单位和个人的组织服从、发扬共产主义风格和无私奉献精神对协作效率提升的主导作用。在有关的研究中，往往强调社会协作对全社会共同、整体利益的意义；突出政府组织的社会大协作的集中力量办大事的优越性。毋庸讳言，中国在20世纪50年代至80年代，居主流地位的经济学理论基本承袭了苏联的经济学理论体系，虽然也研究过企业的劳动定额和岗位设置等问题，但是在企业员工劳动协作的经济研究缺乏劳动行为、协作运作机理的内容，从而对企业的人力资源管理科学化和员工劳动协作关系的完善都缺乏实际的指导价值。

20世纪80年代中国实行改革开放政策以来，经济学界开始围绕市场经济体制的建立和发展问题，对企业经济管理体制的改革进行大量的理论探索。其中许多研究就涉及企业内部的人力资源管理模式改革、企业内部劳动力市场建设与运作机制、企业内部产权关系和分配制度的改革、企业内部劳动分工与协作等问题。但是在对于传统计划经济的国有企业是实行承包制还是股份制的方向性选择大讨论中，一些学者企图通过建立全面的国有企业承包经营管理制度来保留企业产权的社会主义公有制属性，于是依据马克思曾经提出的设想，以及根据前南斯拉夫实行的企业工人管理委员会制度，提出了所谓的"联合劳动"国有企业的新型产权制度理论。该理论认为国有企业的固定资产虽然为政府提供，但是经过多年折旧和自然耗损，其劳动价值已经逐步减少直到为零。而现实存在的企业固定资产是企业员工通过生产性劳动创造出来的。因此国有企业的资本最终属于企业劳动者全体。其产权性质应当为企业劳动者或员工"共有"产权。企业的劳动者是企业的主人，企业员工和企业之间也不存在劳动的雇佣关系，而是一种企业劳动者之间通过协作劳动建立的"联合劳动"关系。该理论改变了传统的社会主义政治经济学所定位的对企业员工作为"主人翁"的虚拟性质，但是又不承认市场经济体制下国有企业与工人之间的新型劳动契约关系。该理论所提出的国有企业工人自治共同所有制一开始就受到诸多方面的质疑和挑战。一是该理论否定国有产权性质，试图剥夺政府对国有企业资产的所有权。这显然是代表全民利益的政府部门所不能接受的。二是该理论所提出的"共有"产权缺乏明晰的产权关系，难以在现实中解决企业内部的复杂利益分配问题，如如何区别不同技能水平和岗位的企业员工的动态贡献所代表的产权份额？对待不同时期进入企业和退出企业员工的固定资产所有权享有问题？三是该理论实践的国际经验来源地南斯拉夫在通过多年的摸索后也宣告失败，最终通过改制演变为现代股份制企业，实行股份制的分配方式。因此，以国有企业经营承包制为背景的企业员工劳动协作理论研究最终在股份制的推进中销声匿迹。

(二) 中国经济体制转型后的企业劳动协作研究与企业劳动协作实践

20 世纪 80 年代改革开放以来，尤其是 1993 年正式确立由计划经济体制转变为社会主义市场经济体制以来，基于新的市场经济体系建立和现代企业制度发展的客观需要，中国学者开始对微观经济层面的企业内部劳动协作问题有所重视，陆续开展了一些对企业劳动协作的研究与探索。一些学者运用发达市场经济国家的新制度经济学理论来研究企业劳动协作问题，如结合中国国有企业的体制改革，探讨通过企业管理产生的"命令式协作分工"的管理制度弊端问题；或利用管理经济学的博弈理论和方法来讨论企业（公司）生产要素之间以利益分配为核心的"合作博弈"问题；利用心理契约理论研究企业协作劳动的个人行为影响因素问题。

进入 21 世纪，中国经济学界结合现代股份制企业的建设问题，开始大量运用或借鉴人力资源管理学的相关理论，对现代企业制度下员工劳动协作问题进行研究。如对员工劳动协作效率和企业生产经营相关问题的研究，对企业内部团队劳动协作研究，对企业管理层与员工协作体之间的合作博弈机制研究，对企业的人力资源管理的劳动协作机制研究，对企业员工的心理契约问题研究，等等。这些学者们多从人力资源管理学等角度对社会劳动协作和企业劳动协作问题进行分析和理论探讨。但迄今为止，真正从劳动经济学的微观理论角度，尤其是从劳动行为和劳动组合优化等角度对企业层面员工劳动协作问题的研究成果很少。中国的劳动经济学还没有建立起以企业员工劳动协作行为、机制和契约规范等方面全面系统的理论框架，对于企业员工劳动协作的实证研究成果更是缺乏。

可以发现，对劳动协作问题的学术探讨在其他一些相邻学科的文献中则有较多涉及，其中主要为人力资源管理学。该学科的理论基础很大成分来源于微观经济学，或者说许多理论分析需要借助于经济学的理论。该学科的许多文献对企业生产经营活动中的组织行为、劳动组合、团队合作、激励机制、团队文化等都有较为深入的研究。该学科还广泛利用博弈论的理论和方法来研究企业或公司治理中包括"合作博弈"在内的劳动协作问题，以及提出了"心理契约"在人力资源管理上的劳动协作运用问题。

在进一步梳理对劳动协作问题进行研究各个学科领域的一文献过程中，笔者发现，由贝克尔等人创立的家庭经济学也在一定程度上涉及劳动协作问题与运作机理等方面的内容。家庭经济学主要讨论基于家庭成员以血缘和共同财产为纽带的互利、互助甚至利他主义行为，对于家庭劳动协作的行为、机制与长期契约形态也有所涉及。但该理论所讨论的家庭劳动协作是基于最终消费和福利增进，故其劳动协作行为动机、运作机制和契约规范等与企业生产性劳动协作的效率与公平考量有较大差别。

另外还有合作组织经济理论。该理论所研究的劳动协作往往是农业和手工业等低层次简单劳动的协作（如农户之间的换工互助）问题，劳动协作多为突击性劳动协作或互动性生产技术交流和短期性产品销售互助劳动协作，与现代企业员工劳动协作关系有较大的差别。

20世纪90年代中国确立社会主义市场经济体制后，开始实行现代企业制度和全面推进企业股份制改造。在国有企业改制的过程中，对原国有企业的人力资源管理体制也进行了根本性的改革，在大规模裁减过剩和技能不达标人员的同时，加强了对员工的科学组合、岗位的合理设置、技术操作的科学规范、员工劳动协作的规章制度安排、劳动协作的监督机制等一系列措施和制度安排。这些措施和制度安排对于中国企业的现代化管理水平提升和人力资源的优化配置都起到了极大的推进作用。但是有关举措主要来自于企业的管理层面，往往突出了企业管理机制对员工劳动协作的管控效应，而对参与协作劳动的员工之间的行为差异所带来的效率损失问题往往力不从心。即使是推行班组和个人绩效工资等举措，也难以真正解决劳动协作体内部因机制、契约和分配而导致的协作劳动效率损失问题。企业对劳动协作员工层面的行为规范、机制完善和契约构建等一系列问题都有待通过理论的创新及对企业生产经营的指导来加以解决。

第二节　企业员工劳动协作研究所涉及的相关理论

企业员工劳动协作现象是指发生在企业内部的直接的集体从事的具体生产经营活动的员工劳动协作现象。劳动经济学对于企业员工劳动协作的研究内容不同于社会协作或市场协作，原则上属于微观经济层面的研究范畴。因此其相关问题的研究涉及劳动者的经济行为、劳动组织、企业内部劳动力市场运作、企业的劳动关系、劳动交易的契约规范、人力资本投资与回收机制，以及企业的人力资源配置等理论，其他一些学科的理论也有不同程度的涉及。本书基于中国现阶段的社会主义市场经济体制健全和完善的需要，为了使按照劳动经济学的理论框架对企业员工劳动协作问题的讨论在经济机理分析上更加严谨与科学，对企业员工劳动协作现象所涉及的这些相关理论加以梳理，以便从中吸取一些有益的科学成分在现代市场经济理论框架下加以利用。

一 经济行为与组织行为理论

经济行为理论属于古典经济学和现代经济学的基础性理论。经济学就其本质而言，是一门研究人与财富相关的行为科学。对于人们在经济活动领域行为准则的认定是经济学理论构建的科学起点。亚当·斯密通过建立"经济人"的概念和经济理性的行为准则，确立了经济领域人的行为与社会领域人的行为的区别。经济行为理论认为，个人和利益主体在经济活动领域都具有追求自身利益的行为动机。其中的企业作为利益主体，在企业生产经营活动中具有追求收益最大化（利润最大化或成本最小化）的行为倾向。而作为企业雇员身份的员工在企业的生产劳动过程中也同样具有追求收益最大化和效用最大化的行为倾向，企业员工的经济行为在企业内部首先表现为在生产领域的劳动行为，员工通过在工作岗位、技术分工基础上的劳动协作行为，产生不同程度的劳动效率，其效率的高低直接影响产品数量与质量水平，进而也对企业的生产效率与经营效益产生不同程度的影响。人的经济行为和劳动行为受多种因素的影响，这些因素存在主次区别，因素相互之间也具有一定的关联性。通过对经济行为的深入研究发现个人和利益主体不仅能表现出有理性的经济行为，也能够表现出多种形式的非理性经济行为。

组织行为理论中的"组织"（institute）是指一个由物质要素和精神要素组成的相互协作的关系网络体系。其中，物质要素包括人员、经费和物资设备；精神要素包括生产经营目标、机构设置、组织文化、权责体系、组织规范等。企业组织行为理论是在古典组织理论基础上借鉴心理学和行为科学而形成的针对企业组织活动的管理学理论，该理论强调如何实现组织中经济主体的劳动效率最大化。且组织行为学探讨的是"个体、群体以及结构对组织内部行为的影响"，进而"改善组织的有效性"。认为企业一类的组织包括三个至关重要的因素，即协作意愿、信息联系和共同目标，这三个因素共同决定组织成员的行为。企业作为一个生产经营性组织，其员工的劳动协作意愿、交流互动、共同愿景（目标）等都会对企业的管理决策和经济效率产生影响。在企业中，企业管理者往往通过激励机制、约束机制以及组合机制的运作来实现对内部员工个体劳动协作行为的管控和引导。组织行为理论是企业经济管理学的基础性理论之一。该理论认为，企业作为一个社会经济生产的基本单元，在企业层面的经济行为中，雇主和管理人员的行为对员工的分工与协作劳动行为起管控的作用，管理层往往代表企业趋利避害的行为规范，成为企业的组织行为的主导方式。企业的组织行为又是建立在员工等个人行为基础之上的。企业的组织行为直接与企业的劳动协作活动运作效率有关。企业组织（机构）是劳动协作行为的管理体系和机制运作的基础，组织的构成还包含物理要素和精神要素，企业作为一个整体组织机构，内部存在多个以部门分工和劳动协作为纽带的次级组织，这些基本协作单位也存在组织行为，次级组织间存在相互影响和相互制约的复杂关系。

二　企业内部劳动力市场理论

该理论 1954 年由美国经济学家克拉克·科尔（Clark Cole）等人提出。后来经过其他劳动经济学家的补充与完善，得到学术界的肯定。该理论认为，劳动力市场不仅仅存在于企业之外，而且也始终存在于企业经营活动之中。该理论认为，劳动力市场是比一般商品市场复杂得多的市场，劳动力市场交易的是具有独立思想和感情的人的行为能力；劳动力不仅是交易的对象，同时也是交易的主体之一。劳动力市场交易是一个对不完全产权的交易，劳动者所出让的是劳动使用权，劳动者的所有权无法让渡而仍然为劳动者拥有；进入企业后的劳动者仍然是一个具有交易和谈判地位与能力的利益主体。劳动者在进入企业之前所确定的工资报酬仅仅是一个双方初定的对劳动力要素使用的外部市场的均衡价格，真正的劳动价格（工资率）要在企业的生产经营活动中通过进一步的再交涉、再协商与再谈判来加以确定。劳动力的使用效率发挥需要通过企业管理方运作约束（包括监督）机制和激励机制等来加以实现。

企业内部劳动力市场理论认为，企业内部存在劳动力市场和市场机制是客观的和真实的。但是企业内部的劳动力市场及其运作机制也具有许多与外部劳动力市场不同的特殊性质。其中作为劳动力要素的劳动者进入企业以后，在企业内部所发生的市场交易主要采取劳动合约的形式。供需关系的变化对工资等市场价格的影响退居次要地位，交易成本主要体现在雇主与雇员之间的履约程度和监督等费用支出；劳动力要素在企业内部与其他生产要素的结合主要受管理机制的制约，管理机制主要采取行政性工作指令和劳动组合安排对员工的劳动行为进行管控和调配。作为企业员工的劳动者长期雇佣形态的工资往往不完全按照实际的劳动绩效来予以支付，企业员工工资和福利收入往往按照进入企业工作的年限而增加。因此，在企业内部的劳动力市场中，一般表现为初进入时实际工资低于其劳动绩效水平，而企业的资深老职工的实际工资则高于其劳动绩效水平。此外，内部劳动力市场还在较大程度上将员工划分为不同的层次，如核心员工和一般员工，以及边缘性临时雇员或低端非技术人员，等等，其工资福利、职务晋升机会、劳动保护、社会保险等标准也存在明显的区别，这种现象在劳动经济学中被解释为企业内部的"分层次的劳动力市场"现象。企业内部劳动力市场的这些特点都会不同程度地影响到企业员工的劳动协作关系及劳动效率。

三 经济契约与劳动契约理论

契约经济学（Contract economics）是新制度经济学理论体系的一个重要组成部分，在20世纪70年代以来得到较为充分的长足发展。契约经济学的不完全契约理论认为，由于市场信息不充分和交易双方信息拥有量不对称的普遍存在，参与经济活动的人们对交易的合理性、公平性以及未来的变化都难以准确评估与预测。因此在市场交易的过程中，无论主观和客观上都难以全面、系统、完整和清晰地对交易的契约内容等加以确定，从而导致双方所制定的契约都是不完全契约。契约的不完全为市场交易关系带来了不稳定性和不可预测性，也为交易的执行带来违约等风险。

劳动契约属于经济契约的范畴。劳动契约存在明显的显性契约与隐性契约之分。其中的隐性契约（implicit contract）又叫默认契约，它与显性契约的区别在于雇主和雇员之间有许多心照不宣的复杂协议的关系。劳动契约中还有激励契约的概念和存在形式，劳动的激励契约是指企业委托人采用一种激励机制以诱使代理人和雇员按照委托人的意愿行事的一种约定条款，如股权分红、与利润挂钩的奖金、计件工资制度等按相对产出支付报酬的分配形式。此外，关系性契约在劳动契约体系中也有重要的意义，关系性契约是指一种长期性契约安排，在这种安排中劳动者较多地从长期的利益考虑其劳动行为和劳动关系的非冲突性处理态度。这种契约在某种程度上是隐性的、非正式的和非约束性的心理契约。劳动契约双方对不确定的未来情况都希望保持弹性和有限的反应，从而使得劳动契约中可证实条款的范围和精确性受到限制，因而通常劳动契约的不完全是必然的且有目的性的。劳动契约也同其他契约一样有时间阶段的要素构成，大多数劳动契约所签订的交易通常是按照一定年限或产品生产过程阶段来确定的。阶段性的时间结束前后，双方需要对下一阶段的契约内容进行再协商、再谈判和再交易。其中企业的固定工作为一种长期性市场交易主体，与企业往往不需更多的条款来执行双方的约定，劳动契约的执行机制往往是依靠心理契约所建立的相互信赖与互谅互让的企业文化关系来加以维系。劳动契约的作用有三大方面：一是能在多重均衡的情况下协调独立地行动；二是能使依赖于未来事件的交易得到执行；三是能促进有利于提高事后交易总剩余的事前投资和生产。

四 企业劳动关系理论

劳动关系理论主要考察与研究企业层面的资本与劳动之间所发生的雇佣形态下的劳动关系问题。新制度经济学理论范式所建立的劳动关系理论认为，所谓劳动关系（labor relation）是指人们在创造社会财富的劳动过程中所形成的社会性关系。其核心是发生在人与人之间的经济关系与利益关系，与人与物之间的关系具有本质性区别。由于企业内部存在内部的劳动力市场，企业劳动关系是指企业的投资者和产权所有者与企业的劳动者之间所发生的经济关系和利益关系。传统劳动经济学一般将劳动关系表述为资本与劳动的利益关系，简单称为劳资关系。认为企业劳动关系的本质是一种财产关系和市场交易关系。劳动关系体现在企业与劳动者之间对劳动力使用权的交易关系。由于劳动者的所有权并没有出让，始终为劳动者所拥有，因此企业内部的雇员仍然是一个独立的利益交易主体，劳动者与企业之间仍然具有平等的市场交易关系，在企业内部的劳动者仍可以继续与雇主进行工资薪酬等方面的再谈判等市场交易活动。企业劳动关系是通过劳动力市场的契约（合约）形式来建立的，具体形式是劳动者与企业所签订的劳动合同，劳动合同是由一系列条文构成的具有法律效力的协议性文件，劳动合同对企业与个人或集体的劳动关系双方的责权利等进行规范和行为约束。对于缺乏劳动合同文书又实际产生了雇佣劳动行为的情况，理论上也作为事实发生的劳动关系看待。广义的劳动关系理论还包括劳动工资、劳动条件、劳动争议、劳动纠纷、劳动仲裁等理论。企业员工劳动协作中所产生的经济关系、利益关系都属于企业劳动关系理论的研究范畴。

五 人力资本投资理论

人力资本投资理论是在 20 世纪 50 年代由美国经济学家舒尔茨、明塞尔、贝克尔等人创立，后来经过许多经济学家的补充完善才形成。人力资本投资理论的最大特点在于它改变了过去的经济学理论将资本与劳动力绝对对立的传统观念，将劳动者及其劳动能力作为资本投资的结果看待。社会上参与社会劳动的劳动者的知识与技能都是通过教育、培训等对人的投资活动才得以形成的。人所具备的与物质财富创造有关的知识与技能被称为人力资本。人力资本和资金、土地等资本在形态上有明显的区别，但都是投资的产物和具有增值的功能。广义的人力资本投资形式还包括对健康的费用、对小孩的抚养费用、劳动者寻求职业的成本费用和劳动者就业的迁徙流动费用。舒尔茨等的研究发现，人力资本投资的收益率大大高于对生产资料等资本的投资收益率。人力资本投资可以直接提高技术进步的经济贡献率，在人类进入知识经济时代以来其特征日益明显。人力资本理论的提出推动了人类职业教育的产业化发展，也加快了劳动分工和人力资源专业化的程度。人力资本的投资具有长期性的特点，一个人职业技能的形成往往需要家庭和社会经过十多年对其教育的长期持续投资过程，教育投资一般可以分为基础教育和职业教育两个阶段。由于教育等人力资本投资活动具有明显的社会公益性和深远的经济社会效益，现代社会普遍将基础教育和部分职业教育作为公共产品或准公共产品性质的政府服务范围，将有关政府支出纳入政府的公共财政预算范围。据统计，目前世界上绝大多数国家对教育的公共服务投入费用都在整个政府财政支出金额的4%左右。

人力资本投资理论认为，市场经济发展背景下的社会劳动分工和技能专业化趋势要求使人力资本投资的集约化程度不断提升。现代社会的人力资本投资的深度与广度不断扩大。劳动者为了实现市场就业，必须对自身的职业进行选择和进行长期的相应职业技能的人力资本投资。人力资本投资与教育有机结合密不可分。一般说来，社会成员和其家庭的人力资本投资行为建立在人力资本的投资收益大于其投入的成本（包括机会成本）的预期判定上，他们会对人力资本投资的投入水平、职业选择风险等做出理性的决策。社会成员在接受教育后就业的过程中逐步回收其投资的成本，并且在整个职业生涯中实现全部投资的回收和取得盈利即回报。美国经济学家阿罗（K. J. Arrow）提出了"干中学"（Learning by doing）的人力资本投资模型，认为人们在生产过程中会积累经验，最终生产经验的积累对生产效率的提高和经济增长都具有重要作用，即微观经济学所讲的产出效应。在阿罗模型（Arrow's model）里，产出不仅仅依靠劳动力、资本等有形要素的投入，也依赖于劳动经验等无形要素的投入。企业员工劳动协作过程即包含有劳动经验的积累和人力资本的投资与回收问题。

六 企业人力资源管理理论

企业人力资源管理理论属于经济管理学或企业管理学的理论范畴。企业人力资源管理学将劳动经济学的研究对象劳动力作为人力资源的形态来加以研究，人力资源在企业的管理层面是作为一种与资本、生产原材料、生产设备、技术等一样的生产要素对待。其优化配置主要通过管理的计划、组合和流程控制等手段来进行。该理论的许多研究内容与劳动经济学有关企业劳动协作的理论有着密切的联系。如经济管理学的理论体系也是基于对经济领域的人的行为而建立的，在经济行为的基本认识上与劳动经济学是一致的。其中企业人力资源管理学与劳动经济学企业层次的经济资源配置和劳动力要素投入效用，以及企业劳动者的劳动行为等理论具有有机的联系。

人力资源管理学的研究方法与经济学的演绎推理法有较大的区别，较多的是通过发现与梳理影响生产经营活动运作的各种因素来研究其相互的关系，以及运用数理统计等方法对相关因素的关系进行归纳，以提出有关的运作机理或规律。人力资源管理学研究方法的实证性质决定了其理论一般不涉及企业生产经营活动中的经济伦理、职业道德等规范性问题，如不涉及劳动者行为管理制度的公平、公正性等规范评判问题。有关研究往往不涉及企业内部的车间等劳动协作体（机构）对劳动协作调控作用，而将研究关注的重心放在较为抽象的"团队"运作上，以团队为平台来分析参与协作的劳动者个人的协作劳动效率发挥问题。相关理论强调团队成员认同的行动一致性、协调性等管理组织机制对提升协作劳动效率的作用；以及运用团队成员的"合作博弈"模式来解释与分析参与协作劳动的员工与协作团队管理者之间的行为规范等现象。

第三节 企业员工劳动协作研究的重点与难点问题

科学理论研究的生命力首先在于提出问题，从而依照相应的理论来对相关问题加以解答，以及进一步对原有理论加以深化、修正和发展。通过对大量文献的收集和整理后发现，目前劳动经济学的主要研究领域倾向于与政府就业管理和劳动力市场建设有关的宏观经济问题，对于企业层面直接的劳动过程中的许多问题都缺乏深入和系统的理论研究，从而与现代劳动经济学学科建设的全面系统化要求存在一定的差距。现有的涉及企业层面的一些劳动经济学理论也与企业所面临的许多实际的劳动实践脱节，不能科学地对相关现象做出合理的解释，也难以对企业的人力资源配置优化提供更有效的应对策略与措施。其中企业员工劳动协作理论即是微观劳动经济学的一个明显"短板"。据初步的梳理、分析和探讨，笔者认为现阶段在企业员工劳动协作领域中至少有以下一些重点和难点问题需要深入研究。

一 劳动经济学微观部分重点研究内容问题

在现代经济学的理论体系中，一般将劳动经济学归于微观经济学的理论范畴。目前阶段的新古典经济学理论范式的微观经济学，主要是围绕社会财富的生产过程及其延伸的交换、分配与消费过程来探讨经济资源的优化配置与效率问题。20世纪30年代以后，凯恩斯创立的宏观经济学的理论被引入到劳动经济学的研究领域，从而开辟了现代劳动经济学的宏观理论框架。50年代，新制度经济学也开始系统地开展了对劳动制度和劳动力产权等方面的研究，并且取得了一系列重大理论突破。但是，现代劳动经济学的微观研究领域仍然主要是围绕产品与服务的生产过程研究人的劳动行为，企业和市场对劳动资源的配置，以及以市场为背景的劳动效率与运作机制等问题。对此，古典劳动经济学曾经运用边际分析方法来研究劳动要素的投入产出问题，在理论上建立了"劳动的边际效率"的概念，以及劳动力市场交易的供需模型等有效的分析工具。

但是劳动经济学理论对于劳动投入的分析支点往往是按照单一的个人劳动时间投入来加以设定，对生产活动的劳动要素的生产性投入被假定为若干同质劳动力个体的简单集合（$1+1+1=3$），以及在其他要素不变的假设下劳动投入呈边际收益递减趋势。而对劳动者行为的组合性、联动性的协作劳动运作现象、影响因素及其效应等问题缺乏深入的机理性研究，如没有一种机理分析回答劳动协作可能出现的劳动效率提升（$1+1+1>3$）现象和劳动效率下降（$1+1+1<3$）现象的问题。在20世纪50年代人力资本理论创立后，劳动经济学理论开始对异质劳动力的形成与利用效率等问题进行探讨，但仍然缺乏对企业层面的群体性协作劳动的科学微观机理的分析与研究。笔者发现，在人力资本理论中，将劳动者的劳动效率大小直接与个体劳动者的受教育年限和工作经验因素密切挂钩，进而将劳动者的工资报酬与劳动力形成的教育等成本相联系，导致人力资本的工资理论明显与劳动的实际付出或劳动绩效缺乏联系，也忽略了劳动者集体行动的协调性对个体劳动效率产生的直接作用。该理论突出了劳动分工、职业特化对劳动效率提升的作用，但是却忽略了协作劳动对分工的潜在劳动效率转变为实际劳动效率的关键意义。

进一步研究还可以发现，现阶段国内外的劳动经济学理论体系都将研究内容的重点放到中观与宏观的劳动经济领域，而对微观的以企业为平台的社会产品生产过程的劳动效率产生的集体劳动行为、机制、契约等相关问题则有所忽略。主要关注的是劳动力市场交易的供需关系、用工结构的变化及其影响因素，以及劳动力行业与空间转移模式、路径及充分就业的实现等问题；对于企业层面的劳动效率实现和微观的劳动力资源优化配置问题却疏于关注和研究，如企业员工的技能等级与劳动效率的相关性研究；对于技术要素与劳动要素的替代与产出效应等机理的实证研究。涉及劳动分工协作过程所发生的员工行为、协作模式和协作机制等问题的研究更不多见。在劳动经济学需要解决的公平问题方面，研究主要集中在劳动与资本分配、工资与利润的比例关系等领域，对企业员工之间收入分配的公平问题却疏于深入的讨论。

  劳动经济学理论研究的这种倾向导致学科的微观理论发展缓慢，对企业层面的直接劳动过程的经济机理研究也明显薄弱，将许多劳动经济学必需的研究领域让位于人力资源管理学和行为心理学等其他学科，而这些学科的基础理论与经济学有较大的差异，在学术概念、机理分析等方面难以有机地接轨。

  目前许多微观领域的劳动经济学问题需要微观理论加以支撑，如当前和未来所面临的人工智能、机器人对劳动力的替代现象对协作劳动的影响分析；对不同技能水平、不同岗位的劳动者之间的互补效应机理分析；发展高质量经济的"工匠精神"的劳动协作因素与内涵分析；协作劳动中非理性经济行为对劳动效率和企业经营效率的影响分析；劳动者之间的不完全契约和非市场交易契约对劳动效率乃至企业劳动关系的影响分析；等等。这些问题都需要通过加强对劳动经济学的微观理论构建来为其提供科学的学术支撑。

二　劳动分工与劳动协作的经济机理认识问题

  劳动分工与协作是基于集体劳动的异质劳动力之间所发生的群体活动现象。如英国作家迪福在其名著《鲁滨孙漂流记》中所描写的与世隔绝孤立生存的鲁滨孙最初就不存在劳动的分工与协作问题，但是一旦星期五这个人出现并且被收留后，鲁滨孙与星期五之间就形成了劳动的分工与协作关系。他们之间所形成的劳动协作模式类似于主辅协作模式和师徒协作模式。人类在进入工业化社会以后,劳动分工日趋复杂化和专业化,劳动产品的生产与社会财富的实现越加需要科学的劳动协作来加以支撑。如何对多层次的劳动协作进行经济学的机理分析?劳动协作机理分析的研究工具是什么?这些问题都需要加以研究和给予回答。目前劳动经济学在劳动力市场的分析中主要依据市场的供需平衡模型和市场交易成本、机会成本等概念工具。但是在企业的劳动协作过程中,劳动者与劳动者之间的关系并不是市场交易关系,因此劳动力市场供需均衡模型与交易成本等工具的使用也就出现了理论对接不当的问题,需要对其劳动协作的经济机理和在劳动协作中所产生的有别于交易成本的成本性质、特征等加以科学的定义。劳动分工与协作活动和所有的经济活动一样都存在经济的外部性现象,但是协作劳动行为的"外部性"现象体现为对其他参与人员的行为影响,而不是对外界的其他事物的影响,所以在机理分析方面具有一定的特殊性。另外,如果按照经济学最基本的成本收益关系来分析劳动协作的效益问题,企业的协作劳动应该存在劳动者个人和协作人员集体两类收益与成本的基本关系,以及随着参与协作人员数量增加所出现的"边际收益"与"边际成本"的效用函数关系。从劳动协作的公平性评估角度,劳动协作还进一步存在劳动协作体综合效益实现的劳动协作行为的"帕累托改进"的经济机理和公平性评估标准等问题。这些问题都需要进行深入的理论探讨和建立较为科学的逻辑分析框架。此外,对企业劳动协作成员之间的收益分配显然不能够按照市场交易利益分配的机理来加以分析,需要建立新的理论工具和用非市场交易利益分配的机理分析方法来加以科学的解释。这些问题都需要在研究中寻求令人满意的合理答案。

三 企业层面劳动协作的员工劳动行为的理论界定问题

经济学作为一门研究人与社会财富有关的行为科学,必需依据个人或集体的行为规律为经济决策提供理论分析支持。对经济行为性质的界定无疑是古典经济学和现代经济学的理论逻辑起点。劳动力要素是任何经济活动不可缺少的要素构成之一。现代社会的所有劳动都是在劳动者之间通过不同协作类型(家庭协作、企业协作、市场协作和社会协作)而发生的。作为企业层面的员工劳动协作行为是一种集体性的直接劳动行为,同时又是异质劳动者个体行为的有机结合。古典经济学将劳动行为界定为具有"经济人"基本动机的经济行为,即人们参与社会劳动的付出是出于自利以满足其生存、发展、享受等多层次需求的趋利性经济行为,但是这种利己的自我行为在客观上又能够产生互利的效果。按照古典经济学对人的经济行为的理论假设,利己的行为具有经济理性的行为规范,市场交易双方的讨价还价现象就是最好的经济人"理性行为的体现"。人的经济行为以实现收益最大化或成本最小化为经济活动的目标。

但是在经济领域中,以互利目的为基础的互助行为也是较为常见的现象。由于人类本来就是一种群体性生存的动物,在劳动过程中更需要相互支持和帮助来加以支撑。人们通过互利的行为来达到自利的目的是非市场经济活动中人们普遍行使的行为规则,但是,在市场交易性质的直接劳动过程中也需要这种互利的行为来加以支撑。可以发现,人类以逐利为目的的互利行为在劳动协作的集体性活动中表现最为突出,参与劳动协作的人们之间的关系并不属于市场交易的关系。因此,如何科学地解释整个企业的劳动协作关系及其形成与运作机理,对这种在非市场交易条件下的劳动者之间所建立的互利经济关系无疑是一件较为新颖的理论创新课题。进一步说,劳动协作活动是否要求每个参与者的个人行为都符合经济理性?符合经济理性的劳动协作行为有哪些类型?这些个人行为和集体协作劳动效率的关系是什么?劳动协作参与者是否会出现非理性的劳动协作行为?如果劳动协作的参与者存在非理性行为,其产生的原因和背景是什么?非理性劳动协作行为表现的形式有哪些?多个成员共同的集体理性劳动协作行为与个别成员的非理性劳动协作行为之间的冲突及其后果是什么?集体的劳动协作行为的"帕累托最优"实现的条件是什么?这些问题都很有必要加以深入的探讨和予以科学的解答。

四 企业劳动协作的运作机制与多种机制的耦合问题

企业对于经济资源优化配置的作用在科斯的开拓性研究中曾经得到较为完美的解释。科斯在《企业的本质》等经典文献中,将市场的交易成本作为企业经济组织形态产生的基本原因来看待,认为在市场机制和价格机制作用下,社会的经济资源可以按照供需关系实现均衡和优化配置，但是市场机制的运作也必然会产生一定数额的交易成本，如果市场机制的交易成本过高，人们就会选择成本较低的组织机制（微观的计划机制）来代替市场机制，从而导致"企业"（firm）这个经济组织形态产生。企业创立的经济机理就是以成本较低的企业管理机制来配置经济资源以从事社会财富的生产经营活动。企业所配置的经济资源大体划分为资本和劳动力两种类型，而现代企业主要通过对人力资源管理来对企业的劳动力资源以及员工的劳动行为进行调控。企业的员工管理计划和劳动制度无疑是保障企业劳动效率实现的主导形式。

目前劳动经济学理论将企业的人力资源管理机制进一步分解为3种类型：组合机制、约束机制和激励机制。认为企业人力资源管理部门可以按照生产经营的需要对员工进行合理科学的组合和动态调控，从而实现组合机制的运作；企业可以通过对内部员工的劳动纪律、劳动定额规定等管理手段来实现约束机制的运作，对员工的劳动行为加以约束和管制；企业还可以通过与劳动效率直接挂钩的工资薪酬和奖励等手段对员工实施激励机制，以调动员工劳动的主动性、积极性和创造性。但是，从理论上也可以发现，由于信息不充分等原因，企业的人力资源管理机制不可能使员工的劳动行为都符合人力资源优化配置的要求，尤其是对于员工之间劳动协作行为的管控，还需要参与劳动协作的员工之间发生一系列机制运作来加以配合，才能够达到管理机制运作的基本效果。正如篮球教练可以对上场的球员协作战术进行安排和指导，对球员的行为加以约束与规范，且对比赛所取得的成绩加以奖励，但是却无法代替队员之间在比赛中的默契配合与自主应变决策的能动性一样，参与劳动协作的员工之间也必须建立一系列的运作机制，才能够保证协作劳动实现良性运行。

但是，企业的管理机制对员工协作劳动效率的影响程度有多大？企业员工的劳动协作机制有哪些？企业管理层实施的机制与协作体实施的机制的共同运作能否实现成本最小化？这些机制的运作是如何结合在一起的？其相互之间的耦合效应是否具有冲突性？机制的运作在不同的协助模式中的地位和作用大小次序如何？这些问题都需要进一步深入研究后才能够得出较为科学的认识与结论。

五 企业员工劳动协作的人力资本投资与回收问题

企业员工的劳动能力与技能的形成都是人力资本投资的结果，因此企业员工的劳动协作也涉及职业技能分工背景下的人力资本投资（形成职业、专业知识与技能）的回收和投资收益的回报过程问题，同时也涉及企业内部异质劳动力要素之间的收益分配过程。由于企业的协作劳动者之间知识、技能和工作态度都处于信息不充分和动态变化的状态下，对于参与协作劳动的各个不同技能的劳动者之间的收益分配是否合理、科学，显然对企业参与劳动协作员工关系的稳定维系和协作效率的最大化目标的实现都具有重要意义。经典的人力资本投资理论将人力资本投资的形式归结为6个方面：教育、在职培训、抚育小孩、保健、寻找职业和流动迁徙，但其核心是最无异议的人力资本投资形式为正规教育和在职培训。不难发现，该理论对于人力资本投资形式进行了大量卓有成效的分门别类研究，但是对于人力资本投资的回收形式却缺乏系统、深入的研究，一般只大体将就业后的员工工资薪酬等劳动收入作为职业技能人力资本投资基本或主导的回报途径看待。而事实上市场就业所获取的工资报酬以及福利只是人力资本投资回收的一种途径，其他途径还应当包括大量的非工资薪酬和福利形式的收益，如家庭劳动（无市场劳动报酬的有效劳动）所产生的效用与福利，等等，都可以看作是个人人力资本投资的回收形式。此外，企业家和雇主的管理劳动所获取的收入也是其本人的人力资本投资的回收所得。

同理，企业劳动者以基础教育、职业教育为背景的人力资本投资活动最终形成了不同的职业和劳动技能，再通过市场就业获取工资等收入，从而对过去的人力资本投资进行了回收。职业教育形式的人力资本投资活动使社会劳动者的技能高度异质化和分工专业化，其人力资本投资的回收也必须依赖不同模式的劳动协作才能够实现，其中企业员工参与各种类型的协作劳动即是其回收人力资本投资的主体途径。但是，企业员工在就业期间还需要进行各种类型的技能培训和参加"继续教育"，即还需要在回收人力资本投资的过程中追加对人力资本投资，企业员工还可以通过"干中学"的方式来追加人力资本投资项提升技能水平和提高工资收入的水平。以上说明企业员工的劳动就业不单纯是人力资本投资回收过程，还包含人力资本的再投资过程。

企业劳动者通过参与集体性协作劳动来实现其人力资本投资的回收是在多种劳动协作模式下实现的，个人在劳动协作体内的作用也有差异，企业的工资制度安排及运作机制等，都可能使其劳动付出不一定与参与协作劳动的收益完全符合。多种因素都会对参与协作劳动的个人的人力资本投资回收产生不同程度的影响，这些影响因素有哪些？企业协作劳动过程中的"干中学"与"继续教育"对员工的人力资本投资回收期和回收途径有何影响？如何对集体性超时劳动和加班工资等人力资本投资的加速回收现象及其风险加以科学的解释与评估？这些问题都需要通过深入的机理性理论探讨和实证研究来给予解答。

六 企业劳动关系的多元化形态和协作劳动关系问题

在传统的劳动经济学理论中，劳动关系一般是指企业（雇主）和劳动者（雇员）之间的经济关系，该关系是在以经济利益分配为核心的雇佣劳动过程中形成的。所以学术界又常常将企业雇佣劳动关系称为"劳资关系"。这种认识导致劳动经济学对于劳动关系的理论研究也基本上局限在资本与劳动之间的市场交易约定、企业收益分配的制度安排和分配的公平性等问题的讨论上。传统政治经济学理论将工人的劳动时间付出和工资报酬量的合理关系作为衡量企业劳动关系是否协调、和谐的基本标准。但是严格讲，广义的企业劳动关系实际上还涉及劳动要素与资本以外的多种生产要素之间的经济关系和分配关系，如技术要素与劳动要素之间的收益分配关系（具体如知识产权和技术专利所有者与一般运用该专利的员工之间的收益分配关系），因为除了资本和劳动要素外，企业的生产经营活动还存在技术、管理、知识等其他必不可少的生产要素，这些要素直接或间接地也会与劳动要素形成以利益分配为联系的劳动关系。在现实的经济活动中，企业的劳动关系十分复杂，如企业在手工工场的发展阶段，由于雇主往往具有技术、管理要素的人格化身份，即雇主集合资本、技术和管理要素于一身。雇主的收益绝不仅仅体现为资本要素的收益，而是资本、技术、管理等要素的综合收益。因此，工人与企业的劳动关系就体现为劳动要素与雇主的资本、技术和管理要素之间的劳动关系。又如在现代企业的委托代理制度安排下，企业劳动关系体现为资本所有者（股东）、企业管理者（企业家、经理）和劳动者（多类型员工）之间类似于三角形的劳动关系：一方面股东和经理结合为资本要素形态以建立与劳动要素形态之间的雇佣劳动关系，企业由职业经理进行经营决策，代表企业与劳动者签订劳动契约；但是另一方面企业的职业经理又具有企业雇员的身份，其收入体现为工资薪酬而不是对利润分享，企业的经理与一般劳动者都以雇员的身份与企业雇主（股东）之间建立有雇佣劳动关系。在劳务派遣制度下的企业劳动关系就更为复杂。其中的劳务派遣企业与劳动者之间建立了书面形式的劳动契约关系，但是劳务派遣企业却并不直接使用这些劳动力而是要派单位实际使用这些派遣工人，但是要派单位却不与劳动者签订劳动合同，劳动者的工资报酬通过派遣企业来支付。这种用工模式形成了一种三角形的特殊的劳动关系。目前劳务派遣的特殊劳动关系在理论层面的界定未能形成统一的意见和看法，从而给相关的劳动管理带来许多难点与问题。

在企业员工劳动协作的运作过程中，也可以发现特殊劳动关系形态的客观存在。相对于"资本—劳动"（$K-L$）形态的劳动关系，企业员工在劳动协作中所发生的直接劳动过程的经济利益关系，客观上就形成了"劳动—劳动"（$L-L$）形态的劳动关系，这无疑是企业内部员工之间在劳动协作过程中所产生的一种特殊劳动关系。但是迄今为止对于"劳动—劳动"（$L-L$）形态的劳动关系在现有的劳动经济学理论中还缺乏全面、系统的研究，其运作的经济学机理也尚未得到科学的解析。即使是最直观的比较后也可以发现，企业劳动协作员工之间的劳动关系具有普遍的非正式、不完全、边界不明晰等特征，由此该形态的劳动关系也具有较为明显的不稳定性、模糊性、随意性和风险性等特点，可能对劳动协作带来效率损失和收益分配不公等许多问题。

企业劳动协作的理论研究客观上向劳动经济学提出建立"广义"的企业劳动关系理论框架的要求。如是否需要对"劳动—劳动"（$L-L$）与"资本—劳动"（$K-L$）的劳动关系进行经济机理的比较研究？是否应当对企业员工之间所发生的协作劳动利益关系按照劳动关系对待？是否需要探讨两种劳动关系是如何对参与协作员工的劳动行为产生效应和影响的？员工劳动协作形态的劳动关系的收益分配要素有哪些？企业与员工之间的劳动契约如何体现员工劳动协作形态的劳动关系？对这些理论与实际问题的研究无疑对于深化和拓展市场经济体制下的现代企业劳动关系理论建设有重要的现实意义。

七　企业员工劳动协作的契约形态界定与契约性质问题

契约经济学理论主要探讨的是市场交易领域的契约形态，契约双方的利益关系是基于市场交易活动的背景。然而，在现实社会生活中所存在的契约类型众多，并不仅仅局限于市场交易类型，如国际的协议、公约与条约，政府部门上下级之间签订的目标责任协议，以及城乡社区居民公布的各类类型的乡规民约，等等，这些类型的契约的双方或多方行为主体之间原则上并不具有市场交易的关系。同理，在企业的生产经营活动中，由于企业通过内部的管理机制代替了市场机制对资源进行配置，故企业内部的车间、工段、作业组等机构之间的许多经济关系原则上也属于非市场交易的契约关系，这些机构之间所发生的利益关系一般都由企业管理层来处理与协调。在契约经济学理论中，显然不应当用市场交易性质的契约关系来对此加以认定。我们还看到，现代股份制企业内部的员工与企业所建立的劳动关系继续维系了劳动力市场交易的关系，并且依靠劳动合同的形式确立了双方的劳动契约关系。但是在企业内部，还存在协作劳动过程中员工之间所形成的劳动关系，所以协作劳动过程中也就相应存在通过劳动协作而建立的劳动契约关系。企业员工之间的劳动契约形态具有特殊的非市场交易的契约性质。企业员工既与企业建立市场交易性质的劳动契约，还与协作体内部的其他员工建立非市场交易性质的劳动契约。但是目前劳动经济学和人力资源管理学都没有对这种客观存在的劳动契约加以系统的理论认定。

如果我们在理论上认定企业参与劳动协作的员工之间在协作劳动的过程中存在劳动契约关系，那么在企业内部市场交易形态的劳动契约和非市场交易的劳动契约的本质区别是什么？企业内部市场交易形态的劳动契约和员工劳动协作形态的劳动契约之间的联系与制约关系是什么？如何对企业员工在协作劳动中的多种类型的契约形式进行科学的规范？企业劳动协作的运作机制和分配制度安排与劳动协作契约的相互影响关系如何？这些问题都需要加以深入探讨和作出科学的解答。

八 企业员工劳动协作的模式类型与运作特点问题

企业层面员工的劳动协作是在技能、工种、岗位分工基础上基于生产实践的需要和技术流程等要求发生在员工之间的集体性劳动过程。现代企业在产权制度、生产性质、生产规模、技术装备、生产流程、工艺水平等方面都具有明显的差异，这就导致不同生产经营条件下的企业员工参与企业生产实践的劳动协作模式也呈多元化特征。同时，在企业的生产经营活动中，各个劳动协作模式之间还可能出现相互交叉与互补的复杂格局。20世纪60年代，中国学者晓亮曾经对计划经济体制下的企业劳动协作模式进行研究，他将企业内部的劳动协作划分为"上下、左右、前后"三种模式，但他未对有关模式运作的经济机理做进一步的分析。迄今为止，国内外学者没有进一步讨论企业员工的劳动协作模式类型和不同类型模式的运作机理等问题，而是笼统地按照所谓"团队"的劳动协作模式的运作进行研究，如钱峻峰指出团队协作模式中激励机制的核心是团队成员在"互利"与"自利"中寻求博弈平衡，认为团队协作模式的核心在于互动行为构成的有效心理基础。但是也可以发现，这些所谓的"团队"是泛指劳动协作体或两人以上的劳动者参加协作劳动的单位。由于这些研究将所有的劳动协作体都称为"团队"，所以并没有真正对员工劳动协作的模式及其运作机理进行研究。

从企业经营管理活动的实践要求出发，企业内部明白无误地存在多种类型的劳动协作模式。其中有简单的劳动协作模式，也有较为复杂的劳动协作模式。这些模式在劳动组合、工种配合、收入分配等方面都存在较大的差异。企业员工劳动协作模式的基本类型有哪些？企业员工劳动协作模式选择的基本因素是什么？企业员工劳动协作模式运作效率提升的决定因素有哪些？不同类型劳动协作模式下员工协作劳动运作的特点是什么？这些问题都需要结合实践加以深入研究和探讨。

九 企业员工劳动协作的个人绩效贡献评价与远期不确定收益的分配问题

企业劳动协作活动是许多员工在不同类型的协作模式下从事的集体性劳动的活动。由于参与协作劳动的个人劳动相互交错和融合，难以对每个参与劳动协作活动员工的绩效和贡献直接加以界定和区分，协作劳动者之间也存在较为复杂的收益分配问题。按照协作劳动的收益评价和支付时间来划分，企业员工的收益可以大体被分为：即期收益和远期收益两种基本类型，对于这两种类型的收益评估在理论与方法都存在较大的差异。其中即期收益往往可以与协作劳动的产品或阶段性（月、年度）的协作体或企业的经营效益挂钩，利用结构工资对参与协作劳动的员工进行即时的分配；而远期收益则存在许多不确定性或偶然性的因素，往往要在多年后才能够出现和处理相关的收益分配问题。如在劳动协作团队模式的运作过程中，一些劳动协作所取得的科研成果往往在多年后才能够通过不同层次的评奖和取得专利费等不同途径获得收益。这些物质与精神收益分配的科学、合理与公平程度对参与协作劳动的员工的效率发挥会起到直接或间接的影响作用。因此，对参与协作的员工进行个人劳动绩效贡献的合理、公平评估是协作劳动收益分配不可或缺的环节之一。而对于一些复杂的劳动协作过程中个人的绩效贡献做出科学、客观的评价并不是一件容易的事情。如类似于屠呦呦对青蒿素的个人贡献与其他参与协作人员和单位的贡献的评价就曾经出现过较大的争议。该研究是在计划经济特定时期采取跨部门和单位的社会性大协作模式下进行的。该成果的研究方向选择、关键技术性突破、效率性技术规范标准化、工业批量规模化生产等环节的关系复杂，涉及的个人与单位甚多，从而对该科研成果的个人绩效贡献的评价也存在较大的意见分歧。但是在50年后，该成果获得了诺贝尔奖等一系列个人性的荣誉和收益。我们发现，在强调个人独创性贡献的西方国家和强调集体主义协作劳动贡献的中国，对于协作劳动成果的集体与个人贡献的评价理念存在较大的文化差异。由于对集体性协作劳动的个人贡献评价的文化理念差异及相应的评价标准的不同，会对人们参与协作劳动的行为规范产生不同的影响。许多个人或单位之间能够在协作劳动的过程中和睦相处、同心协力地从事协作劳动，但是却在劳动协作结束后为成果的个人和单位的贡献评价和远期收益的分配而发生矛盾和冲突。因此，在对于企业员工劳动协作的研究中，对协作劳动个人的绩效贡献评估和远期收益分配问题的研究是不可忽略的。有关的理论探讨可以为劳动协作个人绩效贡献评价与收益权界定提供科学依据。

涉及企业员工劳动协作的个人绩效贡献的评估问题，核心是解决评价体系的指标及不同指标的权重选择问题。劳动协作的个人绩效贡献评估指标有多元化的特征，但是哪些指标是个人绩效贡献评价所必需的？选择这些指标的理论依据是什么？传统的企业人力资源管理收益分配制度对个人参与集体性协作劳动的绩效贡献评价存在哪些不足？反映协作劳动的个人绩效贡献指标之间的权重如何确定？如何在基本的权重选择基础上对不同的劳动协作模式的指标权重进行调整？如何协调西方与中国对于协作劳动的个人贡献的价值取向差异？如何对个人劳动在关键环节和突破点选择的贡献付出进行科学合理的评价？如何对企业劳动协作所取得的知识产权科研成果奖励等远期收益进行合理公平的利益分配？这些问题都需要通过深化研究以取得较为科学的解答。

十　企业员工劳动协作的运作主体、元素构成与转化问题

企业员工劳动协作是企业内部劳动者直接的具体物质财富产生的生产经营过程，具有明显的实体而非虚拟的协作运作性质。企业员工的劳动协作依托的是企业管理体系的机构单位，如车间、工段、小组、科室等。这些机构单位不仅仅拥有一定数量的职工，也还拥有数量不等的生产资料和流动资金，以及拥有相对稳定的生产流程和管理规程等生产经营必备的"软件"构成。企业内部的有关机构是劳动的协作体。企业内部的劳动协作体的存在是员工直接性劳动分工与劳动协作活动得以进行的平台所在。但是目前人力资源管理学的研究往往将团队（team）作为研究劳动协作活动的运作平台对待。一般认为团队的概念较为抽象，与协作体有重叠的时候，但又有区别。这种简化处理的方法事实上隐含了协作劳动所配备的生产资料充分等条件的理论假设。但是这种假设也可能出现与实际运作的条件要求发生偏差的情况。因此，是按照团队还是劳动协作体来作为企业员工劳动协作的运作平台？在哪种情况下采取团队作品研究分析平台较好？采取劳动协作体为平台研究劳动协作运作的优点或弊端是什么？这些问题有必要结合案例的实证来加以探讨。

企业员工劳动协作的影响或制约因素众多，可能存在内生性和外生性因素的区别，也可能存在因素的作用大小和发生作用的顺序等差别的情况。只有较为充分地了解这些因素的内容和影响劳动协作的运作方式，

我们才能科学地把握其规律和进行合理高效的决策。初步可以将劳动协作的影响因素从行为、机制、契约、分配制度、模式等方面加以归纳。不过这些因素是否全面和完整地代表所有的影响员工劳动协作的因素？这些因素之间在发生作用时的相关性如何？以及在企业员工劳动协作的运作过程中因素的发生序列和作用大小如何？这些问题都需要通过研究来加以明晰和验证。

跨行业、部门、地区和经营单位的生产协作体是市场经济高度发达的产物。现代经济领域各种类型的生产协作体和经济联合体大量存在的事实表明，劳动协作活动既可以发生在企业内部，也可以发生在企业之间；劳动协作的活动可以是市场性的，也可以是非市场性（社会性）的，因此企业员工的劳动协作运作也就可能发生企业或经济单位之间的外延或内嵌现象。在企业之间发生生产协作或经济协作的关系时，其运作的经济机理显然不同于企业内部的运作机理，其运作的机理具有哪些基本的特征？不同企业或经济单位的员工如何才能够有效地参与协作劳动而达到跨经济单位联合运作的目的？在不同的经济体制下企业参与市场性协作和社会性协作的特点是什么？中国在进入市场经济的发展阶段后有哪些市场性劳动协作和社会性劳动协作的运作形式？这些运作形式的主导机制和制度安排的背景是什么？这些问题也需要通过研究来加以回答。

第四节 企业员工劳动协作研究的基本框架与研究思路

一 企业员工劳动协作研究的理论价值与实践意义

（一）研究的理论意义与学术价值

本书在学术思想上拟通过广泛吸纳和梳理相关经济学理论，基本建立企业层面员工的集体性协作劳动的行为、机制、契约、分配、模式等构成的理论框架；提出与本书有关的行为外部性、劳动协作摩擦成本等新的学术概念；对劳动协作体的"帕累托最优"状态的劳动者行为规范进行界定。本书在理论上拟界定企业劳动协作参与者的个人劳动行为与集体劳动行为的关系，较全面系统地论证参与协作劳动个人具有的经济理性的行为动机。提出在协作劳动中体现为"互利"的正面行为规范；

以及参与协作劳动成员普遍具有通过集体性协作劳动以实现共同收益增进，从而达到"自利"与"共赢"有机结合的理性行为的机理认知。本书在理论上提出以协作劳动的集体效率为坐标的参与企业协作劳动的个人的正面行为与负面行为的基本判定标准，系统研究了员工在协作劳动中的正面行为和负面行为的具体表现形式。本书还从理论上将企业员工劳动协作的效率最大化状态界定为"帕累托最优"状态，即当劳动协作参与者都处于正面行为和协作体内部不存在绝对收益受损者的状态，也就是协作劳动的人力资源配置的效率最优与分配公平兼顾的状况。

本书的学术价值在于以现代微观经济学的基本理论和方法为基础，构建了市场经济体制下的企业内部的员工劳动协作研究的基本理论框架。重点探讨了企业内部员工参与劳动协作的正、负面行为机理及其外部性效应，提出了基于企业内部劳动力市场的管理和劳动者协作过程的员工劳动协作的双重运作机制及机制的耦合运作机理。本书还对目前的劳动关系理论和劳动契约理论提出了修正完善的意见，认为客观上在企业中存在劳动协作体内部员工之间的劳动关系和非市场交易性质的不完全契约关系。本书还对劳动协作不完全契约的完善、规范等问题提出了对策与措施。本书还讨论了员工个人远期收益的不确定性等问题；研究了企业内部员工之间所建立的互动、互利和互律等机制的运作机理以及相互耦合的经济机理；以及将参与协作劳动的员工个人劳动的边际效用和不可替代性指标纳入个人绩效贡献的评价体系，从而使相关的评价指标体系更为综合全面和具有可操作性。

（二）研究的应用意义与推广价值

本书通过采集较大范围的第一手问卷调查数据和多种类型的统计分析为核心的实证研究，结合若干典型案例的研究分析，探讨了在中国现阶段的市场经济体制下不同类别的企业员工在劳动协作中存在的负面行为倾向、机制运作缺陷和契约制度短板等实际问题，重点对参与协作劳动员工的"搭便车"等形式的劳动协作负面行为进行了较为系统的探讨，按照相应的经济机理分析提出有针对性的对策与管控措施。同时也对改进与完善现有的劳动协作机制、契约形式和收益分配方式等提出了对策措施和制度安排的可行选项。从劳动协作体整体角度提出了提升企业劳动分工与劳动协作的综合效率优化路径。由于学术界对于企业层面员工劳动协作缺乏基于第一手问卷调查数据的实证研究，尤其是对于微观经济领域的企业内部劳动协作的经济学理论研究成果更是鲜见，因此本书在基础理论和实证研究方面都具有较大的开拓性和创新性。

本书所提出的一系列的措施对策，对完善、改进企业人力资源管理，构建企业和谐劳动关系，引导员工发扬"契约精神"，以及推动"大众创业、万众创新"等政策的落实都具有一定的现实意义。

本书对于完善事业单位和政府机关公务人员的工作协作关系和提高协作效率等具有一定的运用价值，对完善市场性劳动协作和社会性劳动协作的运作机制和提升运作效率也具有较大的借鉴意义。

本书虽然是对企业层面的员工劳动协作的经济学原理进行探讨，但由于目前该领域的研究成果偏少，可供借鉴的劳动经济学文献的有益成分有限，笔者在摸索中得出的许多理论观点还有待深化和接受实践检验；另外本书限于经费来源和人力不足等原因，所收集的第一手资料的统计数据和所调查的问卷数量也有所不足（近500份），所调查的企业的行业分布较为狭窄（主要是从事煤化工、能源生产的大中型企业5家），因而对实证分析的结论性意见会产生一些片面性的问题。希望能够通过进一步的较大规模的全面性行业覆盖和多种类型的企业调研来满足实证研究的数据要求，以及通过广泛的学术交流和文献收集来进一步提升企业员工劳动协作理论构建的学术水平。

二 企业员工劳动协作理论的基本概念界定

"企业员工劳动协作"是指企业所雇用或聘用的员工为完成企业所安排的某种产品及服务的生产经营所实施的集体性的直接的劳动过程。企业员工劳动协作活动是企业劳动协作或企业协作活动的主体或核心部分，因为企业劳动协作还可能包括企业与企业外的其他人员和单位所发生的市场性或社会性的劳动协作；但企业参与的社会性协作和市场性协作活动所涉及的直接劳动相对较少，往往是企业生产经营活动劳动要素投入的非主体部分和非核心部分。企业员工的劳动协作是企业劳动分工行为的集合所对应的劳动行为集合，一般由企业内部的不同工种、不同技能水平、不同工作岗位的员工按照一定的劳动协作模式通过人员的组合形成的。企业劳动协作的过程一般是由企业管理层所进行管控的、按照一定的生产经营目标引导的参与协作员工相互配合和协调运作的集体性直接劳动过程。

在高度的社会分工和劳动分工背景下的现代企业内部，每个员工都不可能参与企业的某一个产品生产的全部过程，也不可能凭借个人的技能独立完成一个复杂的最终产品，甚至对于一些半成品也是如此。企业员工个人劳动只是作为企业所生产的商品所体现的市场价值的一部分。尤其是在经济全球化的背景下，许多复杂的大型资金、技术密集型产品的生产更是由全世界多个企业通过市场协作所完成的最终产品，如美国波音飞机的制造就不仅仅是波音公司的多家企业、部门之间的协作活动，还需要与其他企业开展市场协作和跨国市场协作才能够完成。因此，参与企业劳动协作的每个人都具有通过与其他劳动者协同工作，依靠最基本的协作体的协作劳动平台，来实现企业及自身的收益最大化的动机和愿望；同时员工还需要通过参与协作体内部的不同岗位、工种的员工之间的"互动""互律"和"互利"机制运作来达到"共赢"的目的。企业员工劳动协作活动具有企业内部劳动力市场交易的经济背景，但是参与协作劳动的员工之间则属于非市场交易的经济关系，而是一种劳动行为的协同运作关系和共同的劳动协作成果的利益分割关系。因此其参与协作劳动的收益分配不可能全部由企业管理层的分配机制和分配制度安排来实现。

在大量的经济学文献中，人们对于"协作"（collaboration）与"合作"（cooperation）概念的界线往往较为模糊，也没有严格的区分标准。因而在文献检索工作中，常常会出现一些困扰，如有的所谓的"合作"其实又讲的"协作"，而有的"协作"其实是讲的"合作"。

但是在具体使用这两个词汇时还是可以发现有一定的区别。"协作"往往指较为具体的直接劳动过程的互动行为关系，如劳动者之间在具体的生产经营活动中的劳动行为的配合联系；而"合作"往往指不同的经济利益主体之间为实现某一个目标或任务的相互业务往来与配合的非直接劳动的经济联系，其中社会合作活动往往由政府部门或社会团体作为主导方来进行协调联系和组织管理等工作。而企业内部的劳动协作往往是由企业管理层通过生产经营的规章制度和管理指令来运作车间等协作体及其参与人员的直接劳动过程。显然"合作"的使用要更为广泛一些。

其中经济合作往往强调的是不同利益主体之间的联系与运形活动的协调关系。例如，政府与政府之间、政府与企业之间、企业与企业之间基于市场规则的项目投资等方面的业务联系和行动。经济合作往往以双方或多方的协议、合同等方式来规定有关的责权利和运作模式，如房地产公司与建筑商、银行借贷机构、销售广告商、物业管理机构、法律事务机构等构成的业务关系。但是它们之间较少发生具体的员工之间的直接劳动配合关系。因此一般称之为合作关系而不是协作关系。

"企业劳动协作体"是指企业管理层在企业内部根据生产经营的要求所组建的车间、工段、工区、班组、科室、团队等一些基本的集体性劳动协作组织单元；也指二人及更多的劳动者具有直接的劳动配合行为和技能性分工劳动运作的组织单位。这些企业内部劳动协作的基本运作单元或组织机构都可以称之为劳动协作体。企业的生产经营活动过程是对劳动力、生产资料、资金、技术等生产要素进行组合与配置的过程。其中劳动力要素是通过外部劳动力市场交易后进入企业的，由企业按照生产经营的产品（服务）要求，对不同人力资本存量、构成的异质劳动力进行岗位、工种等方面的劳动分工；同时又基于企业内部的生产规模、生产工艺、技术流程、生产任务、时间进度等因素，在企业内部组织或多或少员工参与的各种劳动协作体。企业内部的劳动协作体之间原则上不存在市场交易关系，其生产经营活动主要按照企业管理层的计划指令和管理制度来进行。企业劳动协作体内部员工之间建立有非雇佣性质的劳动关系和非市场交易性质的劳动契约关系。为了克服信息不充分等因素所带来的协作劳动的效率损失，企业管理层对部分劳动协作体也可以赋予一定的生产经营决策自主权、劳动组合权和收益分配权。

"企业劳动协作的摩擦成本"是指企业在生产经营过程中实施员工的劳动协作活动所产生的有形费用开支和无形经济耗损，最终体现在对协作劳动的效率损失及负面影响等方面。摩擦成本是相对于市场性交易成本的非市场性质成本费用支付。在企业的员工劳动协作动态过程中，由于人员组合不当、员工之间利益出现矛盾和非理性劳动行为等，都会产生一定的摩擦成本。由于企业内部的劳动力市场存在和企业需要对员工劳动协作的活动进行管理，故企业的劳动协作活动客观上需要支付3种类型的成本：企业与员工之间的市场交易成本，企业对员工实施管理和劳动组合的组织成本,参与劳动协作员工之间的摩擦成本。减少企业员工劳动协作过程中所发生的摩擦成本的基本途径为:规范参与劳动协作的员工的劳动行为,增加正面行为和减少负面行为;完善各种机制的运作和耦合关系;健全企业劳动关系和员工劳动协作关系,规范劳动协作的契约;完善企业收入分配制度和劳动协作体内部的分配机制等等。

三 企业员工劳动协作研究的思路与分析框架

(一)研究的思路

企业劳动协作理论在劳动经济学理论体系中属于一个有待深入探讨和开拓的领域。本书通过对所涉及的经济学理论的梳理,从劳动者的经济理性和劳动行为动机的基本机理分析出发,以企业的工种、岗位、技能水平的分工和各种劳动协作模式的实际运作过程为背景,集中研究微观经济层面的企业内部员工之间的直接劳动协作行为、机制、契约规范、收益分配等要素的经济机理问题,以及这些劳动协作要素在不同劳动协作模式下运作的效率与公平问题。

本书重点运用现代经济学的分工协作理论、经济行为理论、人力资本理论、劳动关系理论和劳动契约理论,对有关问题进行逻辑演绎分析、经济模型分析、统计实证分析和典型案例分析。同时还按照中国改革开放前后的企业产权制度和人力资源管理体制的历史变迁轨迹,运用制度变迁理论和制度比较分析等方法对中国企业劳动协作的劳动效率问题和协作劳动的分配公平问题进行考察和评论。本书还通过充分借鉴人力资源管理学的组织行为理论、劳动组合理论、团队合作理论、经济博弈理论等对企业员工劳动协作的运作机制及其运作等问题等进行机理性探讨。本书通过有关的理论创新,提出一整套有利于健全企业员工劳动协作行为、完善机制运作、规范劳动契约和劳动制度安排的路径、措施和对策建议,为广大企业加强人力资源管理和企业文化建设提供决策的科学依据。

(二)研究的方法

本书主要采取理论与实证、定性与定量有机结合的方法。其中在理论分析部分,具体采用文献归纳法、逻辑演绎法、效用函数法等方法;在实证分析部分,采用专家经验法、问卷调查法、计量统计法、案例分析法等方法,对影响企业员工劳动协作的多种因素以及因素之间的相互关系进行多视角、全方位的解析,对相关的理论加以验证与修正。通过对相关理论的进一步完善,提升整个企业员工劳动协作的经济学原理的科学性。

第二章

企业员工劳动协作的
行为及其影响因素

第一节 企业员工劳动协作的行为特征

一 经济行为与生产行为的机理分析

社会科学的本质目的在于对人类在社会生活中的行为（behavior）作出科学认知与规律归纳。按照社会心理学的理论，整个人类行为科学的核心内容是研究人类满足自我需求而对外部环境所采取的一系列有目的的运作的机理。这里所谓的机理（bisis），简约的定义是指事物的产生、发展和运作规律与原理。行为的运作需要建立在一定的条件或背景之下，通过对行为运作的目的或归属以及包含有若干基本的要素的设定，对这些要素之间存在和发生的相互影响、相互作用的关系与运作规律的科学描述即是所谓机理分析的主要内容。

人类行为与其需求具有天然的因果性质的联系。人类的需求包括：生存需求、享受需求、发展需求和精神需求等多方面内容。按照著名社会心理学家马斯洛的社会需求层次理论，人的需求还具有按层次递进的特征，人在满足需求的行为中首先在于满足一些低层次的需求（如解决温饱问题的生存需求），一般只有在低层次需求得到一定程度满足的基础上，人们才会进一步考虑一些较高层次的需求（如享受需求和发展需求）的满足问题。马斯洛将人的需求划分为7个层次，基本反映了人类通常存在的由低级需求向高级需求过渡的依照层次递进的关系。其次是人们普遍都是在自身的需求得到满足以后才会产生照顾及满足他人需求的行为，即利己行为属于主导性和经常性的行为，而利他行为属于非主导性的和非经常性的行为。在人类行为中，大体可以划分为生理行为、经济行为、社会行为、政治行为等多种类型。不同类型的行为之间存在不同的联系和影响关系，其中经济行为是人们在社会财富生产、交换、分配和消费的过程中所发生的行为，但是在不同程度上受到人们的生理行为、社会行为和政治行为的影响和制约。

行为心理学认为：动机是产生行为的基本原因。行为的动机是一种难以直接观察的内在力量构成。动机可以通过内在力量的引导和外部力量的激发和强迫而形成，最后在一定的条件下转化为实际发生的行为。动机往往可以决定行为的取向。社会生活中人们的不同行为表现很大程度上是不同的动机所导致的。

经济行为是人类发生在经济活动中的行为类型，是发生在人类从事社会财富的生产、交换、分配和消费活动的行为类型。经济行为产生与人们对物质对精动财富的需求直接相关。受人类历史上生产力发展水平的局限和需求的层次性增进等因素的影响，社会上多数人的经济行为普遍是出于对最基本的生存需求和获得衣食住行等物质利益的动机与意愿。因此，经济行为和动机意愿往往具有较为明显的庸俗性、自利性特征，因而经济学理论对人的经济行为的假设不具有高尚情操的动机特征。

经济学对人类在经济领域的基本行为的科学抽象无疑是其理论的逻辑起点所在。历史上许多学者曾经萌发过一些有关人类经济行为的观点与思想，但是都没有对此进行系统的科学抽象。直到18世纪古典经济学的鼻祖、英国经济学家亚当·斯密在《国富论》一书中，才对处于经济领域的人的行为做出了理论假设，并且建立了"经济人"（Economic Man）的科学抽象学术概念。"经济人"自利特征的经济行为规范无疑是古典经济学得以确立其科学地位的核心建树。该概念被后来的经济学人普遍接受，使之成为经济学理论体系不断发展与完善的逻辑起点。"经济人"这一对人的经济行为的假设虽然受到不少质疑，但是迄今为止并没有受到真正意义上的挑战，而是在长期的讨论中得到完善和发展。

自从古典经济学创立以来，经济学家对亚当·斯密所提出的"经济人"概念的研究经久不衰。人们发现，亚当·斯密其实在发表《国富论》之前，就在《道德情操论》一书中将社会行为与经济行为做了明确的区别。他认为从事经济活动的人的行为虽然体现为"自利"行为特征，但是在社会生活中的人则往往表现为友善、帮助等"利他"行为。人们在经济领域最典型的市场交易活动中的讨价还价行为，以及投资者在生产经营活动中的逐利行为，这些自利的经济行为是物质财富再生产得以持续进行所要求的行为规范。亚当·斯密在讨论自由市场经济的经济行为规范时，特别强调人们在追求自身利益的同时又必须满足他人的需求和顾及他人的利益。即市场交易所提供的商品必须能够满足他人的某种物质或精神需求。人们的经济行为虽然是出于自利的本意，但是客观上却为他人带来了一定的利益。即在没有非经济因素干预的前提下，人类以产品交换行为为代表的经济行为其实是自利行为和互利行为的有机统一结合体。即自由竞争条件下的市场交易具有互利性。

迄今为止，现代经济学对经济行为的理论假设仍然是以古典经济学的"经济人"行为假设为基础，并且进一步建立了逻辑更加严谨的"经济理性"概念。在所谓"经济理性"的行为假设中，强调人们经济活动的行为与目标具有一定时间阶段的稳定性特征，同时强调人们从事经济活动面对多种路径选择时，总是依照自我评价选择最为有利的途径而行动。人们在他们认为有较好的谋利途径情况下，绝不会故意去选择另一种较差的谋利途径。"经济理性"是对经济领域内人的普遍行为规范的最基本的理论界定。

人类社会自进入工业革命时代以来，经济活动领域与规模日益广泛和扩大。但是无论是处于何种社会形态之中，人类的经济活动都可以大体按照财富创造的过程划分为生产、交换、分配和消费等4个相互区别又相互联系的阶段或类型，各种类型的经济活动中人的行为表现也具有一定的差异。其中：生产行为是发生在生产过程中的经济行为；交换行为、分配行为和消费行为分别发生在交换、分配和消费过程之中。在人类物质财富的生产过程中，客观上表现为是对劳动力、自然资源和资本等要素的有机结合下用来满足人们多种需求的产品和服务的生产行为，最终是对效用的创造和福利的提供。

在大量的人的日常活动中可以发现，从事经济活动的人的自利行为主要表现在交易行为和分配行为当中。人们在交易过程中的计较和在分配活动中的反复谈判等行为，即是人的自利行为的充分体现。而在消费领域，人们主要通过对物品和服务的消费追求其效用最大化。同时在家庭的消费活动中，互利行为往往超过了个人自利行为。在贝克尔等人所创立的现代家庭经济学中，对基于血缘关系的利益共同体的家庭成员之间的互利行为进行了详细的描述和分析，认为在家庭的最终消费领域中，家庭成员的互利行为有利于家庭综合功能的发挥，有利于每个家庭结构的稳定，也有利于家庭成员的终生福利最大化目标的实现。

相对于交换、分配和消费领域的行为，人在生产领域的行为具有许多特殊性质。这在于生产行为是财富创造过程的起点，财富生产的参与者都不可避免地带有明确的逐利动机。其中在市场经济体制下的以赢利为目的的企业的经营活动中，资产所有者（投资人）和劳动者无疑都具有自利的行为和追求收益最大化的动机。生产领域的人的行为都首先直接表现为各自的逐利行为（谋求利润或薪酬），实际运作的企业生产活动的参与者更为广泛和复杂，如现代企业持有不同份额的股东、作为委托代理身份的职业经理、债权人等各种利益攸关者、不同岗位，工种和技能水平的员工，等等，也要直接或间接地参与到生产领域的活动中，也都表现出同样的逐利行为。但物质财富的产生在于多要素的结合，只有通过要素的结合才能够创造出新的效用价值，因此所有的生产经营活动参与者之间的行为又必须体现为互利共赢的目的。也只有通过生产领域的可持续的和相对稳定的"共赢"利益分享关系的建立，才能够实现各个参与者利益增进的目的。也就是说，如果在生产过程中无法实现互利与自利的有机结合，也就不可能实现企业效率提升和收益增加的目的。

与此同时，不难发现企业生产活动的核心是协作劳动，企业的盈利必须通过参与协作的劳动者之间集体性直接劳动过程才能得以实现。因此，只有通过参与劳动协作的员工之间在生产过程中所建立的互利、共赢的经济关系，以劳动协作参与者的普遍互利行为为基础，才有可能达到企业产品增值和参与者收入增长的目的。

二 企业内部劳动力市场背景下的员工劳动协作行为机理分析

在人类物质财富和精神财富的生产过程中，劳动力要素及其投入是生产成果的效用创造和资本增值的核心所在。企业直接生产过程中劳动力要素的投入具体表现为不同职业、工种、技能或作为人力资本要素的劳动者对企业生产经营活动的劳动参与，并且通过企业内部的劳动分工与劳动协作过程创造出新的产品或服务。员工作为劳动力要素在企业的生产经营过程中所表现出来的行为即是生产劳动行为。企业的全体成员（包括投资人、管理人员和各类劳动者）的生产行为具有综合性特征，一方面是由投资人和管理人员所组成的企业管理方对资本（K）和劳动力（L）资源进行配置的经济行为，另一方面则是由不同技能工种和岗位的劳动者之间发生劳动协作的经济行为。前者具有企业内部劳动力市场交易性质，后者则通常不具有市场交易性质，而是一种特殊的劳动者之间发生的与利益相关的劳动关系和经济关系。

在以企业为平台发生的人类生产行为中，劳动行为无疑是其最基本的行为类型。在市场经济体制下，雇主通过对劳动力和资本技术等要素的组合，从事社会所需求的产品或服务的生产，从而获得生产经营的利润及其他经济收益；而雇员则通过有效的劳动行为实施获得一定数额的工资等劳动报酬。

按照企业内部的分工与协作关系，企业员工（雇员）的劳动行为又可以分为：劳动分工行为和劳动协作行为。企业层面的劳动分工行为体现在企业对有关人员的岗位、工种的安排、配置行为与员工对岗位、工种的选择、接受的行为。企业层面的劳动协作行为是指企业内部员工按照岗位、工种和劳动组合的分工安排，依托不同的协作体（车间、工段、作业组等）通过不同的劳动协作模式而协同其他成员工作的生产行为。

就企业层面的劳动过程而言，参与企业劳动协作的员工虽然主观上是为自己的利益而参与劳动协作活动的，并且企图通过协作劳动获取一定的工资报酬以满足自身及其家庭成员生存、发展等需求，但企业协作劳动的参与者在企业劳动分工的背景下从事不同岗位和工种协作劳动的员工客观上都必须顾及其他参与者的利益，保持与其他参与者之间的行动协调和技能的正常发挥，以实现共同集体劳动的有效性，而后才能够达到最终的利己的实际收益目的。因为只有参与协作劳动其他成员的利益也获得了满足，才能够获得自身利益的满足。因此，在企业层面的协作劳动过程中，劳动者在主观上普遍具备互利的行为动机和自觉、主动参与协作劳动的常态性行为规范。

企业是社会从事物质、精神产品和服务等生产性活动的基本经济组织单位。现代社会的绝大多数物质财富与精神财富都是由企业所创造出来的。在市场经济体制下,企业大体可以划分为营利性企业和非营利性企业。其中营利性企业是市场经济体制下经济组织的主体类型。发生在企业组织机构下的参与者的生产行为是为了满足市场交换或购买消费需求的经济行为,企业员工通过对企业所从事的具体物质产品或服务产品的有目的的生产经营活动的参与,最终在生产、创造出新的效用价值的过程中也获得自己所追求的收益。

人们可以发现,企业对于经济资源的配置方式与市场的配置方式具有较大的区别。市场对资源的配置主要通过价格机制和市场交易来加以实现,市场机制对供需的变化以及经济资源的稀缺状况非常敏感,企业可以利用市场价格机制来确定和调整从事市场交易的策略和生产经营目标。而企业对于内部经济资源的配置却主要采取管理机制和计划配置的方式来进行,即通过管理者的生产经营指令和计划安排来进行企业内部的资源配置。类似于计划经济体制的政府宏观管理所采取的对经济资源的计划配置方式,企业依靠管理者的指令和行政安排等对资源配置方式可以被视为一种微观的计划配置方式。企业之所以采取计划配置资源方式来代替市场配置资源的方式,是基于企业家对不同的资源配置机制的效率差异的理性认知。

从经济学理论上对企业存在和企业采取管理机制来配置资源的理性认知是由科斯首先确立的。科斯在1939年发表的《企业的本质》(Nature of Firm)以及后来发表的其他论文中提出这样的问题:既然市场和市场机制具有经济效率和可以实现对经济资源的优化配置,那么为什么还会有企业这种组织机构和管理机制存在?科斯认为,传统的市场理论框架忽略了"交易成本"的存在和变化问题,而事实上任何市场所发生的交易都会付出一定的成本费用,如信息搜寻的费用、交易谈判的成本费用,等等,这些成本费用便构成了"交易成本"。如果市场交易活动所采取的市场机制所支付的交易成本超过了通过管理机制来配置资源所支付的成本费用,人们就会建立企业和通过企业运作的管理机制来配置经济资源。科斯认为这就是企业产生的本质和企业存在的经济机理所在。也就是说,企业的存在取决于市场经济活动的交易成本大小和变化。

案例：厂币的改革试验与交易成本

现代市场经济体制下的企业内部组织机构（如车间、科室等）往往不具有独立的法人资格和资产所有权，因此企业内部组织机构之间所发生的劳动协作关系不属于市场交易性质的关系。但是在20世纪80年代中国改革开放初期的国有企业扩大生产经营自主权的试点过程中，有的企业为了提高企业内部的生产经营效率，曾经考虑使企业内部车间一类的劳动协作体之间的关系具备一定程度的市场交易性质，从而增强车间等组织的成本效益意识，于是就试点推行了一种称之为"厂币"交易的内部管理模式。顾名思义，"厂币"即在工厂内流通的货币，当车间等单位发生劳动协作的人员或物资的来往关系时，双方需要就劳动付出或物资付出给予对方一定金额的"厂币"。这一企业经营管理改革的措施是将市场机制和价格机制引入企业内部以部分取代计划管理机制，使企业内部车间等组织机构之间形成类似于市场交易的经济关系。如加工车间需要对机器进行大修，机修车间派出人员进行修理，但需要加工车间向机修车间支付一定数额的"厂币"，所支付的数额由双方根据实际的耗费和劳动投入等协商来确定。但是，经过一段时期的改革试验后，通过"厂币"来开展的企业内部单位之间的劳动协作管理措施最后被取消，仍然恢复了过去所采用的通过企业管理层来指令安排车间之间开展劳动协作活动的老办法。其根本原因在于这种企业内部的市场交易关系所付出的交易成本过高，如两个组织机构之间对劳动协作活动的劳动量及物资付出和对效率的贡献缺乏统一意见，往往导致企业内部单位之间的经济利益矛盾升级，反而影响了企业劳动协作的效率提升。相反，由于企业内部采取管理机制所付出的组织成本比采取市场机制的付出的交易成本要少，所以企业就倾向于仍然恢复由管理层来安排、指令跨车间之间的劳动协作活动的层级管理运作方式。这一曾经发生过的案例说明，科斯对企业性质的理论定位是基本正确的。

企业存在的本质还可以从自然物质的效用组合机制方面来予以机理

解释。因为企业的生产经营活动并不仅仅是一个经济学意义上的价值再生产过程，还是一个生产要素的物质属性变化的再生产过程。市场交易活动所反映的是所交易的商品价值形态的运动和变化，而产品与服务的实体形态的形成过程则需要企业一类物质重构场所存在。在企业的生产经营活动中，各种不同的物质、能量和信息在人的劳动作用下得到重新组合或融合，从而形成某种新的能够满足人们效用需求的产品与服务。作为经济再生产的必要条件，这些新的产品或服务的市场价值扣除成本之后一般应当大于所投入的各生产要素的价值，即通过企业使生产要素的新效用创造产生了企业剩余，企业剩余是企业产生、存在与发展的基础。

1954年美国经济学家克拉克·科尔（Clark Cole）等人提出企业内部劳动力市场理论。认为劳动力市场不仅仅存在于企业的经营活动之外，而且也存在于企业经营活动之中。劳动力市场交易活动并没有止步于企业之外，因为劳动者在企业外部的劳动力市场上接受了企业的雇佣条件进入企业后，劳动者作为雇员仍然具有独立的经济利益主体地位。这在于劳动力的市场交易是不完全的产权交易，劳动者所出让的仅仅是其使用权，而劳动力的所有权具有天然私有和不可能让渡的性质，劳动力的所有权仍然为劳动者所保持或拥有。因此，雇佣劳动者在进入企业后基于劳动力产权的个人所有，仍然是一个具有交易行为和谈判地位的利益主体。劳动者在进入企业之前所确定的工资等收入报酬只是一个初定的劳动力市场价格，真正的劳动使用价格要在企业的生产经营活动中通过双方对劳动的实际付出与收益评估后的进一步交涉与谈判来确定。企业内部劳动力市场理论认为，市场配置资源的方式和市场机制在企业内部仍然存在，但是主要体现在企业对劳动力资源的配置方面。不过，企业内部的劳动力市场运作机制也具有许多特殊性。如劳动力要素在企业内部的交易主要采取劳动合约的交易形式实施；劳动力要素在企业内部的利用体现为对不同的技能、工种与岗位异质劳动力的利用。企业管理层对劳动力要素的配置除了管理机制外，还需要采取市场机制和价格机制来调控员工的劳动行为和调动劳动者的积极性发挥。

在企业内部存在劳动力市场和市场机制的背景下，企业员工的劳动协作行为也具有许多特点。劳动协作行为一般指多个劳动者按照分工协同的目标完成一项或多项工作的劳动行为。基于企业内部员工劳动协作的工艺流程、技术要求、操作联系等因素的区别，劳动协作行为也可以划分为简单劳动协作行为和复杂劳动协作行为两种类型。在现代企业高度分工的环境下，每个人的劳动技能都具有局限性，都无法单独或独立完成一个产品生产的全部生产过程。许多复杂产品生产的劳动协作组合关系往往也十分复杂，通常处于多种劳动协作模式交织的混合状态。在企业的经营活动中，作为员工或雇员的劳动者的劳动协作行为首先是需要接受管理方的工作指令和劳动组合为内容的组合机制控制，同时又要在企业劳动力市场交易活动运作所需要的约束机制和激励机制下进行。但是，劳动协作参与者的行为还需要通过参与协作的劳动者之间其他机制的运作来加以调控，从而才能够实现高效率的互动等行为为特征的协作劳动过程。

企业员工劳动协作的运作机理十分复杂，具体体现在参与协作的员工参与劳动协作的自利动机与互利动机需要实现有机的包容性的行为结合；而参与劳动协作的员工之间的互利行为又需要进一步通过在不同劳动技能水平、工种和岗位劳动者之间形成密切的互动行为而进行。在企业的劳动协作过程中，还需要建立劳动协作参与者之间行为的互律机制和形成一定的对行为的契约规范，从而最大限度地发挥劳动者的契约精神和职业道德等所体现的有效率劳动行为的作用，最终实现企业员工协作劳动的效率最大化和收益最大化目标。

第二节 企业劳动协作行为属性与行为决策的机理分析

一 经济外部性与劳动行为外部性

所谓"经济外部性"或"外部效应"（external effects）是指人们在从事经济活动时非出自本意而为其他人带来一定程度的经济后果的现象。亚当·斯密所表述的具有"经济人"特征的人在自由市场经济活动中，虽然其本意并不是为他人的利益，但在一个自由交易市场条件下，其客观上会起到影响他人利益的效果。"经济人"行为即隐含着一定的经济行为外部性。对于人类从事经济活动所存在的外部性问题，虽然在古典经济学建立的初期就受到一定的关注，但是直到 19 世纪英国经济学家马歇尔在他的《经济学原理》一书中才得到较为全面的论述与机理性分析。马歇尔将经济外部性划分为正面（positive）的和负面（negative）的外部效应两种类型，在他所举出的最为经典的例子为养蜂人在他人的果园附近放养蜜蜂的正外部性现象。所谓经济的"负面外部性"现象也十分常见，如建设高层房屋后对邻居的采光和居住视野等带来一定的负面影响现象；又如工厂的排污和废弃物对环境公共产品的无偿"消费"现象。

经济外部性往往是通过人的"行为外部性"来实现的。因为经济外部性通常是个人、企业等经营主体的经济行为对外部所产生的经济效应。人们在生产、交换、分配和消费过程中所发生的行为产生的外部经济效应即为经济外部性。美国经济学家斯蒂格利茨（J. E. Stiglitz）曾进一步试图从成本的角度对负面经济外部性加以定义，他认为："当个人或厂商的一种行为直接影响到他人，却没有给予支付或者补偿时，就出现了外部性。"

经济活动所产生的经济外部性会为自身和他人带来一些超出该经济活动本身的附加效应或客观影响，以及对其他经济利益主体带来一些具体的经济收益变化。同理，在一定的经济社会环境下每个人的行为也都存在经济外部性问题。人们在一定的经济环境条件下从事的经济活动都不可避免地会产生一些正面（postive）或负面（negative）的经济行为外部性。其中在企业的生产经营活动中，员工之间发生的劳动协作行为也都具有经济外部性问题。

在企业层面发生的劳动协作过程的本质是劳动者经济行为的集合与叠加，因此，在企业的协作劳动过程中无疑也会发生一些员工的行为对其他员工行为的影响或效应问题。这在于企业的劳动协作是一个集体性的生产活动过程，每个劳动协作参与者的劳动行为客观上都会或多或少对其他的劳动协作参与者的行为产生影响，而会对这些成员的劳动协作绩效乃至整个协作体的协作劳动效益也产生正面或负面的影响。

由于参与协作的员工劳动行为最终表现为对协作体集体劳动的整体效率产生不同程度的影响。因此，按照劳动协作的整体效率变化作为评价参与劳动协作员工行为的规范性标准较为科学。这里，可以将其中导致协作体整体的劳动效率下降或经济效益降低行为认定为"负面"的劳动协作行为；而将能够保持或提升协作体的整体劳动效率或经济效益的行为认定为"正面"的劳动协作行为。

企业员工在参与协作劳动中所发生的负面行为往往会使整个劳动协作活动的生产成本增加和效率下降，从而使劳动协作收益相对减少或绝对减少。但是，具有负面行为的个人不一定体现为个人的收益也相应减少，甚至还可能出现其相对劳动收益增加的情况，所以可能导致劳动协作中出现部分成员行为外部性的负效应增加，使劳动协作体的整体劳动效率进一步下降。如果企业管理层对协作体的组合、约束、激励等机制运作不健全，员工层面缺乏相关的互利、互动、互律等机制，以及协作契约不规范等，这些因素都是劳动协作过程中发生员工负面行为的内生性基础。

企业员工参与协作劳动所发生的正面行为，如技术带头人在劳动协作中所起的技术示范效应，会对其他劳动协作参与者技能水平提升起到正面的外部性作用；又如一些具有良好职业道德参与劳动协作的成员以其良好的职业道德行为发生的感化效应，会起到一定的带动其他成员互助、互动等正面行为的作用。企业员工劳动协作的正面行为往往会提升协作体的协作劳动整体效率和效益；或者可抵消一定的其他成员的负面行为所带来的效率损失。但是参与劳动协作的个人正面行为不一定会获得相应的经济收益，如受企业层面的劳动协作运作机制不健全、协作体内部的劳动契约不规范，以及收益分配制度不合理等因素的影响，个人的劳动协作正面行为就有可能出现逐步减退的情况。

二 企业员工参与劳动协作个人行为的机理分析

(一) 企业员工参与劳动协作的正面行为表现

按照企业员工劳动协作行为具有由互利主导的动机假设，在一般情况下，企业协作劳动中劳动者的经常性主导行为应当表现为正面行为，即个人行为的外部性效应有益于全体参与劳动协作员工行为取得正面效应，由此可以达到每个参与者个人利益最大化目标的实现。

企业劳动协作的参与者基于个人劳动收益的获取需要依从于集体性劳动理念，往往普遍具有维持劳动协调、合作、互动的主观能动性，配合主动性等常态性行为，甚至可以放弃劳动协作过程中一些局部的、暂时的利益，而采取顾全大局、同心协力的主动合作的劳动态度。在绝大多数情况下，劳动协作的参与者普遍能够从整体、集体、长远利益出发，将局部、个人、短期利益放在次要的位置。通过协作劳动的互动、互律等常态性行为，来实现参与者集体的互利和共享。

企业劳动协作体内部员工的正面行为具有一定层次性，其表现特征有：

——遵守劳动纪律和依然基本的劳动制度规定参与劳动协作。该行为表现主要体现在普通参与者和一般性成员层面，即这些员工能够较自觉地遵守企业对于参与协作劳动员工的劳动管理基本规章制度。在企业劳动协作与其他员工配合作业的过程中，个人能够履行劳动协作最基本的劳动作业要求，能够自觉地履行基本的职业道德规范和具有最基本的职业道德品质。在协作劳动中自我约束"搭便车"等负面行为的发生。能够服从协作体组织者（负责人）的具体劳动协作安排与工作调遣。

——积极、主动配合参与集体协作劳动。能够以主动、积极的态度去实现协作体成员之间的劳动互动，如在劳动组合不合理或临时缺员等情况下，能够主动补缺和对技能不达标的参与人员进行一定程度的指导和力所能及的帮助；在一定程度上愿意多付出劳动而不计较报酬，或能够接受超时工作为他人顶班等行为。这些行为有利于协作体的生产任务完成和减少或避免经济损失。

——以专注的敬业精神与发挥带头作用参与集体协作劳动。在一些长期性传统产品生产过程中，个人对技艺精益求精，长期坚持不懈锲而不舍努力对协作体劳动的整体效率提升具有突出的意义。这些行为对于协作劳动所产生的正面外部性也十分明显，尤其是对青年劳动者的技能水平提升与职业道德培育都有积极的意义。

——克己奉公，牺牲个人利益达到团结目的。一些成员能够长期主动发挥劳动协作的模范带头作用，在内部发生意见分歧或利益矛盾时，能够以大局为重，不计较个人得失，根据协作体的整体利益来采取有利于团结的行为，甚至做出一些牺牲个人利益的行为。

——积极履行管理职责和科学协调团队的运作。劳动协作体的负责人或组织者是劳动协作机制运作的核心人物，通过他们的尽心尽责、努力协调与带头参与劳动协作，对协作体普通成员的行为规范会发挥重要的作用。如通过民主协商和民主集中等方式，可以使一些成员的负面行为得到及时纠正和处理；也可以通过他们的行为使劳动协作体内部的契约得以健全，使劳动协作参与人员正面行为普遍化与常态化。

(二) 企业参与劳动协作人员的负面行为表现

企业员工劳动协作负面行为是指参与企业劳动协作的成员所做的有损于协作劳动整体效率的相关行为。这些行为在个人行为动机上有故意行为和非故意行为的类型区分。

——"搭便车"行为。指在集体性协作劳动过程中，某些参与者主观行使的个人劳动收益大于个人劳动付出的投机性行为。在集体的劳动过程中，本来需要各个参与者都能够发挥各自的技能和行使正面行为，主观上要使自己的能力得以充分发挥，以体现协作劳动员工的互利目的。但是个别人却利用其他协作参与者所具备劳动技能和积极主动行使正面行为的条件，按照相对收益最大化的行为来参与集体协作劳动。"搭便车"行为往往出现在参与人数较多的劳动协作的过程中，由于人们对个别成员的负面行为难以直接察觉，导致有些人可以借助其他成员的正面行为外部效应来掩盖其负面的消极的行为及其效应，但是客观上是对其他参与者的劳动利益构成了损害。一些缺乏集体劳动的契约精神和职业道德的人往往会在劳动协作中表现出不同程度的"搭便车"行为。但是"搭便车"行为作为典型的经济活动中自利行为的表现形式，在主观行为动机上还没有损害协作劳动体整体利益的目的。只是从长远而言，"搭便车"人员的存在不利于协作团队劳动关系的正常维系，有损于协作团队整体收益最大化目标的实现。如对积极努力工作的员工会产生消极的负面影响，使有的员工也因此而加入到消极应付工作人员的行列，造成协作劳动整体性效率下降。

奥尔森（Mancur Lioyd Olson）在其著作《集体行动的逻辑》中最早从经济行为的角度系统阐述了"搭便车"行为的经济性机理，以及建立了人类各种公共产品性经济社会行为的基础性理论。该理论认为，在多个具有经济理性的社会成员共同追求某一物品产出或收益的集体性行动中，每个成员都有在别人付诸努力的同时使自己能付出较少的成本获得较大的收益的利己行为倾向，即在经济活动的过程中利用他人的行为所产生的正面外部性来减少个人成本支付的相对收益最大化。毋庸讳言，企业内部的员工在参与劳动协作过程中，也必然存在"搭便车"等负面行为，该行为的初衷也许是员工希望个人从集体的劳动协作中占小便宜，即未尽力提供与收益相应的劳动付出而分享集体性劳动成果。但是在企业的基本劳动协作单位中，如果有一个或多个成员发生"搭便车"行为，长此以往，往往会导致该基本协作单位的劳动协调性变差，整体性的劳动积极性衰退，集体劳动效率下降，甚至使得生产任务和目标难以正常完成，甚至导致基本协作单位的人员组合解体。

在现实生活中，企业员工劳动协作的负面行为远远不止"搭便车"一种形式，而"搭便车"的内涵也难以概括所有其他劳动协作负面行为。这里将"搭便车"作为广义的员工劳动协作的负面行为统称的词汇。通过对中国不同经济体制下的各类型企业员工劳动协作行为的调查发现，在企业劳动协作过程中参与协作员工的负面行为可以进一步归纳为以下一些表现形式：

——"出工不出力"行为。指在集体性协作劳动中消极应付、不愿尽责的劳动行为。这种劳动行为在经济机理上源自人的极端自利的"经济人"行为规范。具有"出工不出力"行为的劳动者虽然参与了协作劳动，但是却并没有充分发挥其可以达到的劳动能力和技能水平。这种行为主要发生在实行计时工资制和劳动与绩效缺乏直接挂钩的劳动协作过程中，是劳动者"相对收益最大化"负面劳动协作行为的一种表现。

"出工不出力"的负面劳动行为曾经在中国计划经济体制下的公有制企业和城乡集体经济组织中普遍存在。具体表现为该时期的企业员工或社员的集体性、普遍化、习惯性消极怠工和偷懒的劳动行为。这一现象与当时企业管理的激励机制不健全有较为直接的关系。其中国有企业的固定工资制度，农村集体经济组织的劳动评工计分、年终决算制度，都会通过劳动者的"出工不出力"行为带来集体协作劳动效率普遍低下的问题。在那个年代，协作劳动的运作动力主要依靠对劳动者虚拟的"主人公"地位假设和公而忘私的集体主义精神劳动行为的普遍认定，以及不断开展对员工的典型先进人物的先进思想教育来消除偷懒不出力现象；同时企业管理层往往还需要依靠安排监工性质的人员来督促或驱使员工正常劳动。但这些措施也导致协作劳动的直接或间接管理（监督）成本的增加，最终影响到企业和农村集体组织生产的经济效益提升。因此，当时企业或农村集体的管理层针对吃"大锅饭"的弊端,往往私下将劳动的计时制度改为计件制或承包制,以减少协作劳动者普遍存在的"相对收益最大化"行为的发生。但是,计件制或承包制通常适合在简单协作模式下实行,对于复杂劳动协作模式的生产经营活动则难以实施,特别是对于复杂的协作劳动模式下个人劳动绩效贡献评估的科学性问题难以解决。在市场经济体制下,通过对企业收入分配制度的改革,使劳动协作参与者普遍化的"出工不出力"行为有明显减少。

——"滥竽充数"行为。一些参与协作劳动的成员不具备协作劳动所要求的技能水平,其参与协作劳动的努力程度也不够。但是在对协作劳动技能水平衡量和劳动监督手段和机制不健全的情况下,一部分参与者利用其他人的正面行为加以掩盖而敷衍塞责地对待其本职工作的行为。一些企业管理层人员对参与协作人员的组合安排不合理,以及利用职权谋求某种利益的情况,如一些企业领导利用人事权故意安排自己的亲属进入协作团队,试图依靠团队其他人的劳动来为一些不达标的人员从事一项简单辅助性工作但是却享受集体性收益。企业个别劳动协作参与者的"滥竽充数"行为对其他员工客观上构成不公平的分配关系。

——不当兼业和不合理兼职行为。一些企业员工由于在企业外从事第二职业或兼职活动,往往会在作为主业的协作劳动投入中不全力投入,以便将精力用于下班后的第二职业活动;也有员工甚至在上班期间从事个人商务活动的联系工作,或利用协作劳动时间为亲属的其他经营活动服务。在一些事业单位的工作中,有的团队成员在参与一项课题项目的同时又另外加入或主持其他项目课题,对所参与的课题项目工作采取敷衍塞责,或消极应付和不积极配合的态度,将工作的担子撂给其他的课题成员。在时间稀缺与精力有限的情况下,员工个人兼业和兼职或多或少对其本职工作有所影响,使劳动协作的配合程度与劳动质量带来一定的负面影响。基于这一事实,许多企业及事业单位从保障员工协作劳动整体效率的角度出发,对员工的业余兼业行为和企业外部兼职行为加以限制或持否定态度,如通过对员工的人力资源管理制度和有关规定来加以限制和禁止。

——中途退出等"撂担子"行为。指参与劳动协作的一些成员利用团队劳动协作体的不完全契约的一些漏洞,在未完成原承担的工作任务的情况下而找一些理由和借口不再承担协作劳动的任务所采取的退出协作体或单方面终止协作协议等行为。包括一些协作团队成员的中途跳槽和离职行为。这些负面行为往往造成劳动协作体的人员组合解构、劳动进程安排被打破和协作体整体性利益受损等严重后果。这些负面行为往往会导致劳动协作体人员组合解体所带来的运作成本增加，甚至导致劳动协作的运作中断以及最终成果不能够完成等后果，从而也往往使企业的生产经营遭受不同程度的经济损失。

三 企业员工劳动协作的非理性经济行为分析

在现实的经济活动中，人们的经济行为主要出自于理性行为准则，但是也并不排除在一定条件下部分人的经济行为带有一定程度的非理性倾向和特征。所谓非理性的经济行为是指不按照趋利避害和收益最大化目标的主观故意的一类经济行为。非理性的经济行为不是也不可能是经济活动中的人们主流行为和常态行为。非理性行为的存在往往会干扰正常的经济活动的顺利开展，对企业等经济单位的生产经营产生不同程度的负面效应。现代行为经济学之所以对人类大量的非理性经济行为进行研究，其目的就在于避免非理性经济行为对正常经济活动的干扰与破坏现象的发生。非理性的经济行为在生产、交换、分配和消费领域都有发生。最典型的非理性经济行为如人们在消费生活中的攀比行为，由于攀比的心理驱使，往往使一些人的商品购买行为脱离了合理的价效比区间及支付能力，或者花费巨额资金买回一些毫无用处的物品。而这些非理性的经济行为显然对个人的经济利益是有损的。

在企业员工协作劳动过程中，也往往存在许多出自员工之间的消极的非理性行为。企业员工之间所发生的非理性经济行为属于生产领域所发生的经济行为和劳动行为，产生于直接的多人从事的集体性劳动过程当中。企业劳动协作参与者之间所发生的负面行为不一定属于非理性行为，但是非理性的劳动协作行为肯定是负面行为，即有损于劳动协作的整体效率和经济收益的行为。这类发生在企业员工劳动协作中的非理性行为具体表现如下：

——部分员工明知个人的收益会受损仍然对集体协作劳动采取消极应付的态度的行为。这些劳动协作的参与者不愿意正常发挥体力和智力，

"做一天和尚撞一天钟";也不主动配合他人的劳动,使协作劳动的组合机制难以产生正常的协作劳动的协调效果。在缺乏"搭便车"的条件下,这些参与劳动协作的个人明知道其收益会减少,但是他们仍然继续实施消极应付的负面劳动协作行为,这些劳动行为显然是一种非理性的劳动协作行为。如果一个劳动协作体内部出现众多的对集体性劳动采取消极应付态度的员工,那么整个劳动协作群体的人们就是一群"乌合之众",不可能取得集体劳动的分工与协作应当取得的经济效率。这种非理性的劳动协作行为在计划经济的"吃大锅饭"收入分配体制下十分普遍,由于该行为带有"相对收益最大化"的行为取向,所以也可以认定为是一种"理性"的非理性经济行为。

——企业参与劳动协作的部分员工对内部一些参与者实施的劳动歧视行为。社会经济学家贝克尔曾经对劳动歧视行为进行了较为深入的研究,他所建立的劳动歧视个人偏好模型就假设在一个自由流动就业和供需均衡的劳动力市场结构下,一些雇主出于一些非经济、非劳动效率因素的个人偏好(如性别、年龄、社会身份、种族)在用工和工资待遇等方面采取差别对待的行为,这类劳动歧视行为往往会导致雇主的经济损失,显然与企业的收益最大化的经济理性行为规范相违背。而按照个人偏好来实施歧视的雇主也明知其后果却仍执意为之,所以这一经济行为是非理性的。但是,劳动歧视理论认为劳动歧视行为不完全来自于雇主,还有一些劳动歧视现象发生于参与劳动协作的雇员之间。其原因在于参与劳动协作的成员存在种族、宗教、政治观点、性别、文化、社会身份等性状因素的差别,一部分企业劳动协作的参与者出自他们对人际关系和社会观念的偏见,就会对参与劳动协作的另一些成员实施劳动歧视。这些由偏见所产生的劳动协作歧视行为属于非理性负面行为。在企业劳动协作体内部成员之间因为一些非经济原因而出现不同程度的劳动歧视的负面协作行为,往往导致协作体内部成员之间的人际关系恶化,相互不尊重,劳动配合消极,甚至发生冲突,相互导致参与协作劳动的人员难以同心协力地去完成集体性的工作任务,从而使劳动协作的摩擦成本增加和协作劳动的效率降低。

——参与协作劳动的员工之间出于个人意气的相互抵触、对抗行为。企业员工协作劳动的正面理性行为往往表现为员工对于协作劳动中组织者决策安排的认同和服从的行为。反之,也有成员对于协作体内部的领导决策和劳动组合安排不认同,从而由个人意气出发,采取对于劳动协作的效率发挥不利的消极行为甚至故意拆台的负面行为。企业管理层对于协作体协作劳动的决策权指令不明晰,从而产生的多头领导和政出多门的情况,也往往容易造成员工之间不团结、相互抵制甚至发生冲突的情况。如民间就有一个俗语为:"艄公多了要打烂船。"就是表明在一个船上只能够有一个舵手,其他的船员都需要服从舵手的支配,否则在经过急流险滩时会出现船毁人亡的风险。也有劳动协作体主要负责人或技术骨干之间意见不统一,于是在劳动协作的过程中发生互相推诿责任或不配合的情况。这些行为都属于当事人明知道存在劳动协作的效率与经济损失的后果而不顾的主观故意行为,因此是非理性的劳动协作行为。为避免出现此类非理性的劳动协作行为,应当要求劳动协作体内部实行一元化的管理制度。不同的意见应当在协作劳动开展前通过协商统一思想来加以解决。在劳动协作的运作过程中应严格禁止出现互相抵触、多头管理的现象发生。在劳动协作体内部,一般成员对带头人的劳动协作指令应当主动服从;劳动协作体内部的互律机制也可以对个别因个人意气出现的非理性行为加以及时纠正。

——部分参与劳动协作员工的"老鼠仓"行为。该行为指一部分劳动协作参与者利用参与协作活动的机会来干私活;或利用劳动协作的参与机会来窃取他人所掌握的技术、配方等商业机密或内部信息等。其行为发生的目的一是为个人获取更多的利益,如为自己退出协作团队后另外从事同类产品的生产、研究获取相关的技术和经验;二是为企业或研究团队的市场竞争对手服务。这些行为在形式上是出于个人收益最大化的经济理性行为,但是其参与劳动协作的目的都是基于主观的损害自己所在的协作劳动体整体利益的非理性经济行为。在企业与单位之间市场竞争激烈的社会背景下,一些不正当失职违法的竞争手段也往往渗透到企业内部的劳动协作过程当中。持"老鼠仓"行为的员工往往以"积极"、主动的方式参与到劳动协作活动当中,以便达到其不可告人的目的。虽然"老鼠仓"行为表面上对直接的协作劳动运作效率没有构成损害,但从企业的生产经营可持续性和劳动协作的职业道德规范而言,则往往会造成企业所组织的劳动协作活动中断及夭折,或者在市场竞争中遭受严重的经济损失，以及增加企业对劳动协作成员违反职业道德行为的监管成本和对企业知识产权保护的管理费用开支。因此，许多企业和公司对该行为的发生严加防范，如规定掌握核心技术的员工流动、辞职后从业的限制条件和企业技术保密规定，以及利用法律手段在事后追讨该非理性负面行为所带来的经济损失。

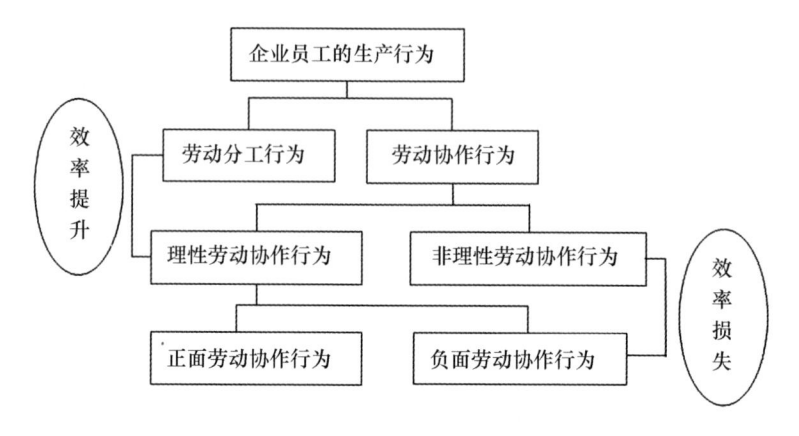

图 2-1　企业劳动分工与协作行为的分类

第三节　企业员工劳动协作行为的影响因素与行为假设

一　企业员工劳动协作行为的影响因素

企业员工劳动协作的活动并不是在一个封闭的环境下进行的，同时参与劳动协作的员工是具有思想意识和能够相互影响的人而不是物。因此，企业员工劳动协作的外部和内部的影响因素众多且交织，会对员工劳动协作的行为产生不同程度和方式的影响。对于企业内部员工劳动协作行为的影响因素分析，可以根据不同的行为理论假设或对行为的不同的运作性质为标准来加以分类。如可以按照企业劳动协作体内部和外部进行因素分类，也可以按照市场与非市场的运作标准进行因素分类，等等。这里，为了与企业员工劳动协作的实证研究衔接，特从劳动经济学的有关劳动协作的机理对影响劳动协作行为的要素构成与关系出发，对企业员工劳动协作行为的影响因素加以分类和分析。经济学理论对所谓的经济机理的认知在于：经济活动的运行是人们根据一定阶段的预期目标，按照收益最大化或成本最小化的经济资源投入产出原则，通过对若干要素的相互制约和相互影响关系的调节和控制，最终实现有效率和可持续的经济过程。在企业劳动协作的经济过程中，其包括的核心要素主要有：行为、机制、契约、分配和模式。就参与劳动协作员工的行为而言，对其产生影响和制约的因素是企业劳动协作活动的运作机制、契约规范、分配制度和运作模式等要素。这些要素对企业员工的劳动协作行为所产生的效应体现在以整体劳动效率为标准的正面行为和负面行为之上。

（一）企业员工劳动协作的运作机制对员工劳动协作行为的影响

企业员工劳动协作的运作机制是由参与企业生产经营的人们根据劳动协作的效率实现要求所采取的手段与措施，它是由多层次和多个利益主体实施的。机制的运作合理与科学会直接影响到参与劳动协作员工的劳动意愿和行为。企业员工劳动协作由企业管理层所运作的机制主要为：约束机制、激励机制和组合机制。其中约束机制和激励机制是企业管理的最基本运作机制，都能够直接对劳动者（雇员）的劳动行为产生影响和作用；而组合机制则对劳动协作人力资源配置的优化起核心和关键作用。如果以上来自于管理层的机制存在一定的缺陷或运作障碍，则会增加劳动协作的交易成本和员工的负面行为发生概率。在企业内部的劳动协作体层面也存在若干必不可少的运作机制，主要是：互利机制、互动机制和互律机制。其中协作劳动的互利机制对劳动行为产生有别于激励机制的内生性动力效应，从员工参与协作劳动的动力来源方面为协作劳动的可持续性与有效性提供保障。而互动机制的核心作用在于使企业管理层的组合机制得到员工主动回应和产生能动的配合行为。员工之间的互律机制是管理层所实施的约束机制的重要补充，可以使部分员工的负面行为在协作劳动的运作过程中及时得到纠正。通过这些机制的优化耦合和合理实施，可以使参与协作员工的劳动行为基本上符合正面行为的要求。

（二）企业员工劳动协作的契约规范对员工劳动协作行为的影响

契约是人类处理社会关系和经济关系的一种基本手段，也是市场经济活动中体系交易信用的基本载体。企业员工劳动协作活动也必须依靠各种类型的契约来加以维系。企业员工劳动协作活动有关的契约来自于两个层面：一是企业管理层代表企业与员工建立的劳动雇佣契约，一般以劳动合同为法定的文本和以劳动纪律制度、劳动组合规定等作为劳动协作活动的契约，从而对参与劳动协作员工的劳动行为加以规范。二是劳动协作体内部员工之间所建立的劳动协作契约，该类型的契约除了部分具有文本形式外，大多数契约都属于非正式的、行为边界模糊的、临时约定的、口头的契约形式，但是也能够对员工的劳动协作参与行为加以规范，对有关的具体的协作劳动行为产生一定程度的影响。此外，企业内部员工与管理层还存在所谓"心理契约"，通过市场经济的契约精神和诚信原则对有关的劳动协作行为起到一定程度的规范效应和影响作用。企业员工参与劳动协作的劳动行为在较为完善的契约的影响下，就可能在较大程度上处于正面行为范围或区间；相反，如果企业劳动协作的契约不健全或不规范，就会导致参与劳动协作员工的负面行为增加，最终导致劳动协作的效率降低和企业的生产经营效益受损。

（三）企业员工劳动协作所涉及的分配制度安排对员工劳动协作行为的影响

收入分配是经济过程的一个代表公平价值规范的最主要的环节，对人们参与社会财富创造和参与企业生产经营活动的目的实现至关重要。企业员工劳动协作活动的劳动行为要受到分配制度安排的影响。社会分配制度安排具有多层次的结构，现代股份制企业内部的收益分配制度基本由管理层按照投资人的资本运作规则在多生产要素之间进行分配。其中对于作为劳动要素的员工是按照市场交易关系以工资等支付方式来实现对一般劳动要素的分配。企业对劳动者个人的工资等分配主要依照其劳动效率高低和人力资本投资水平以及为企业服务年限等因素来决定，但往往与劳动者在劳动协作过程中的实际付出不完全符合，就会导致一些员工出现劳动协作的负面行为。在一部分企业劳动协作体内部也往往存在一定范围的自主性收入分配制度安排，对参与协作劳动员工的收入按照实际绩效加以调节或补偿，如果这方面的制度安排不合理或背离了公平原则，往往会引起协作体内部员工闹不团结和对工作推诿等负面劳动行为发生。此外，企业外部的劳动力市场所代表的社会同类型劳动者之间的"公平工资"价格标准,在一定程度上也会对企业内部劳动者的劳动行为产生影响,如引起员工流动和跳槽等劳动力市场行为,间接影响企业内部其他员工的工作情绪和产生负面的协作劳动行为。

(四)企业员工劳动协作的运作模式对员工劳动协作行为的影响

企业员工的劳动协作发生在各种类型的劳动协作体(如班组、车间、工段、科室、团队)内部与之间,同时受企业的生产经营条件、工艺技术、生产流程等因素制约。企业员工劳动协作的运作模式存在多种类型,目前初步归纳有:流水线、循环、层级、板块、主辅、师徒和团队等。这些劳动协作的运作模式并不是并列关系,对于一个劳动协作体而言可能存在多种运作模式的情况。企业员工劳动协作的运作模式大体可被分为简单运作模式和复杂运作模式两大类型。企业劳动协作的运作模式差异对参与劳动协作员工的劳动行为会产生不同程度的影响与主导性行为的区别。如在劳动协作的简单运作模式(如流水线运作模式)条件下,前一工序员工的负面行为所生产的不合格产品会直接影响到下一个工序员工的工作正常进行和产品质量,因此员工之间的负面行为往往会直接影响到协作劳动的绩效。员工的负面行为也往往会及时被发现并得到较为及时的处理;而复杂运作模式(如团队运作模式)条件下,个别员工的劳动协作负面行为(以及非理性行为)和工作实际绩效等问题难以及时被发现和处理,其参与者之间的收益分配关系也相对复杂和难以协调,从而使相关人员多种负面行为容易发生,以及可能对协作劳动带来较大的危害。如调查发现"搭便车"、滥竽充数等负面行为基本上都发生在主辅、团队等复杂劳动协作模式的运作当中。

二 对企业员工劳动协作行为研究的若干基本理论假设

经济社会生活是人类多种行为的混合体。对于经济社会现象的研究除了进行机理分析之外,还需要对相关的现象进行实证研究。在开展实证研究之前需要依据相关机理分析提出一定的理论假设,通过实证研究对这些理论假设加以验证和修正。这里,依据现代行为经济学的理论框架对企业层面从事生产劳动的人的经济行为以及参与劳动协作的员工劳动行为做出一些基本的理论假设。

假设1:企业参与劳动协作员工的主体性劳动行为是符合经济理性

规范的"互利"行为。企业员工劳动协作行为是直接的生产性经济行为。依据劳动者从事生产性劳动的经济动机与行为的有机联系，可以认为企业员工的主导性劳动行为也相应符合经济理性行为规范。作为理性的"经济人"的企业员工个人参与企业生产实践的目的是实现自我效用最大化，而这种"利己"的自我效用最大化目标的实现必须通过"互利"的行为达到个人所在的协作体乃至企业的收益最大化。

假设2：企业员工参与劳动协作行为的基本决策是依据个人协作劳动付出与收益的评估。劳动者在参与企业内部协作劳动的过程中，按照经济理性会根据他所从事的岗位、工种，以及他的劳动技能水平在协作劳动中发挥劳动效用大小，对协作劳动参与所获取工资报酬等相关收益进行评价。他们一般会将自己的劳动付出与协作体内部其他劳动者的劳动付出和收益加以比较和评价，根据参与协作劳动的预期收益来确定其即期和预期的劳动协作的行为，这些行为直接影响到个人劳动效用发挥的程度与水平，以及整个劳动协作体的协作劳动效率。

假设3：在参与协作劳动过程中，企业员工劳动协作行为既有保障协作劳动效率提升的正面行为，也有导致协作劳动效率下降的负面行为。在正常生产经营状态下的企业员工常态化主体行为无疑是正面劳动协作行为，但是受多种因素的影响，企业员工在劳动协作的过程中也会发生一些负面行为。在生产经营实践中，减少和消除劳动协作负面行为对企业员工协作效率的提升有明显的促进作用。

假设4：企业员工在协作劳动过程中的行为受多种因素的影响和制约。这些因素包括：运作机制、契约规范、收入分配制度安排和劳动协作模式类型等。其中运作机制既有源于企业管理层面的组合、约束、激励等机制，也有源于协作体员工内部的互利、互动、互律等机制；劳动协作的契约包括市场性和非市场性等不同类型；收入分配制度主要由企业相关分配制度管控，但是也存在劳动协作体内部的分配制度安排；劳动协作运作模式对参与劳动协作的员工行为也会产生一定的影响作用。这些因素共同作用导致企业员工劳动协作行为差异。影响企业员工劳动协作行为的因素之间在一定程度上具有联动性，且存在因果等相关关系。此外，企业外部劳动力市场的劳动价格变化等经济因素和企业文化等非经济因素对员工劳动协作行为也产生一定的影响。

第四节　企业员工劳动协作行为影响因素的实证研究

一　企业员工劳动协作行为影响因素的实证分析

（一）实证研究的问卷调查设计

经济学的基本研究方法可以分为逻辑演绎方法和实证归纳方法。现代经济学具有严谨的逻辑演绎理论体系，但是也需要对理论演绎的结论加以经验性验证。企业员工劳动协作的经济活动广泛，普遍存在于企业的直接生产经营活动当中，有关的理论假设是可以直接加以验证的。

本实证研究的问卷调查主要围绕企业员工劳动协作行为的影响因素分布和减少企业员工劳动协作负面行为的措施等来进行，问卷设计依据理论分析将员工劳动协作负面行为产生的核心因素归纳为：人力资源配置不科学、协作运作机制不健全、利益分配不合理、劳动关系和劳动契约不规范等具体表现形式，以及这些因素对员工劳动协作行为的影响程度等。

本实证研究以某省某钢铁集团有限公司、某焦化煤气有限公司、某化工集团公司、某煤炭加工有限公司、某能源有限公司五家大中型企业的基层员工为调查对象，采用随机便利抽样的方法对五家企业的部分员工进行问卷调查，重点对这些员工的劳动协作负面行为及其影响因素进行分析。

本实证研究的调查问卷分为 4 个部分，涉及单选题、多选题和排序题以及简答题。其中，第一部分主要为单选题，针对调查对象的基本特征，旨在分析不同个体特征企业员工的协作负面行为差异；第二部分包括单选题和多选题，旨在分析员工的工作特征与协作负面行为之间的关系；第三部分为单选题，旨在分析企业管理层面和员工层面因素对调查对象协作负面行为的影响；第四部分是排序题，旨在分析员工主观上对劳动协作行为的认知及其倾向分布。

（二）问卷的基本情况分布

本实证研究利用 SPSS23 统计软件对预调研得到的 77 份有效问卷进行信度、效度检验，测得 Cronbach Alpha 系数为 $0.859 > 0.7$，KOM 为 $0.788 >$

0.7，表明问卷可靠性较高。本次调查累计发放问卷 500 份（五家企业各 100 份），回收有效问卷 459 份，有效问卷回收率为 91.8%，得到问卷的基本分布如下。

（1）从年龄结构来看，被调查者多为 21—30 岁的年轻人（49.7%），31—50 岁之间人数占 33.3%，且 31—40 岁（18.3%）与 41—50 岁（15.0%）的人数分布相近，整体呈正态分布。

（2）就学历而言，大多数员工为大专/本科学历（64.1%），初中及以下学历的员工只占 2%，可见企业员工的受教育程度较高。

（3）从工作年限来看，本次调研的企业员工的工作年限较均匀（13 年左右），且 20 年以上工作年限的员工相比较多（22%）。

（4）就岗位分布而言，普通工人占比较大（51.8%），其他岗位级别员工的比例相近，且一半以上的员工（58.4%）没有职业等级。

（5）就劳动合同性质而言，近一半的被调查者是固定工（49.5%），长期工（与被调查企业签订两次以上劳动合同）占 27.2% 较临时工的比例（23.3%）稍高。

（6）就收入而言，被调查企业员工的月收入情况符合正态分布，54.5% 的员工的月收入在 3000—8000 元之间，且月收入在 3000—5000 元和 5001—8000 元的员工各占 27%，极高和极低的收入比重均较小。

（7）工资结构为计件工资、计时工资、效率工资以及股权分红的员工分别占比为 15.5%、38.1%、48.1% 以及 5.4%，即效率工资和计时工资为被调查企业员工的主要工资类型。

（三）企业员工劳动协作负面行为的相关性分析

1. 个体特征差异下员工所采取劳动协作负面行为的可能性

企业员工作为异质劳动力通过劳动分工与劳动协作参与企业的生产实践，不同的个体特征下员工采取负面行为的可能性也有差异。①企业员工的劳动协作行为会随着年龄的变化发生一定的变化：企业员工的协作负面行为多集中在 20—30 岁的年龄段（31.37%），采取负面行为的可能性高达 63.16%；30—40 岁年龄段的企业员工采取负面行为的可能性也较大（14.81%），采取负面协作行为的概率为 80.95%，是所有年龄段内付诸负面行为可能性最大的群体；而 40—50 岁和 50—60 岁年龄段中企业员工采取负面行为的比例为 4.35% 和 7.41%，即 40—60 岁年龄段的企业员工倾向于劳动协作正面行为。②随着企业员工受教育程度的增加，其参与劳动协作的互利意愿增大，表现出来的正面行为逐渐成为行为主体：初中及以下学历的被调查者负面行为占该教育程度人数百分比为 66.67%，占总人数的 1.13%；高中学历的被调查者负面行为占该教育程度人数百分比为 41.67%，占总人数的百分比为 6.54%；大专/本科学历的人数占比最多，负面行为占该教育程度人数百分比为 30.61%；而硕士及以上学历的被调查者负面行为占该教育程度人数百分比只有 7.14%。③企业员工采取负面行为的概率随工作年限增加呈现先升后降的倒 U 形分布，在工作 1 年以后达到较好的协作状态：工作年限在 20 年以上的被调查企业员工劳动负面行为的比例只有 4.23%，占总人数的 0.65%；工作年限在 5—10 年和 10—15 年的企业员工负面行为占该工作年限人数百分比分别为 14.29% 和 13.04%，占总人数百分比分别为 2.61% 和 0.65%；而工作年限在 1 年以内的被调查者负面行为的可能性为 47.62%，工作年限在 1—3 年的被调查者负面行为的可能性为 48.72%，而 3—5 年工作年限的被调查者发生负面行为的概率最高，高达 58.90%。④提升企业的职位等级在一定程度上可以降低企业员工付诸负面行为的可能性：基层领导和技术工人采取负面行为的概率远小于企业普通员工，一般的普通工人采取负面行为的可能性为 41.59%，而技术工人只有 18.03%，基层领导采取负面行为的可能性在 14.81%—27.94% 之间。⑤职业技能等级不同采取劳动协作负面行为的可能性也不同：五级及以上职业等级的被调查者负面行为发生的可能性最小，只有 8.33%，占本次调研人数的 0.22%；没有等级的企业员工采取负面行为的可能性为 30.22%，占本次调研人数的 17.56%；被调查的一级工、二级工、三级工和四级工的负面行为发生的可能性分别为 21.81%、9.09%、12.24% 和 14.29%。

2. 工作特征差异下企业员工采取劳动协作负面行为的差异性

企业员工的劳动协作行为不仅受到自身素质的影响，也受到工作特征的影响：①与本单位签订两次以上劳动合同的员工负面行为占该合同性质人数百分比只有 4.80%，占本次调研总人数的 1.31%；与本企业签订两次以下有固定期限的固定合同、无固定期限劳动合同（特指技术顾问/法律顾问等资格型劳动合同）和签订临时劳动合同的被调查者采取负面行为的可能性为 26.43%、28.30% 和 33.33%。②当月收入在 1500 元及以下时，被调查者负面行为占该合同性质人数百分比为 27.91%，占总人数的 2.61%；月收入为 1501—3000 元、301—5000 元、5001—8000 元的被调查者负面行为占该合同性质人数百分比分别为 53.73%、9.68%、14.29%；但月收入为 8001—10000 元和 10001 元及以上范围的被调查者负面行为占该合同性质人数百分比为 42.86% 和 5.26%。通过对收集到的问卷数据进行分析可知收入在 8001—10000 元范围的企业员工的学历多在本科、硕士及以上，且这个范围的被调查者工作年限在 1—3 年，这在一定程度上说明被调查者负面行为发生的可能性受到多种特征因素的综合作用。③参与部门（板块）式劳动协作模式的企业员工采取负面行为的概率最小，只有 9.23%，而层级式劳动协作模式、流水线劳动协作模式的企业员工发生负面行为的可能性分别为 16.67%、18.18%，参与循环式劳动协作模式和师徒式劳动协作模式的员工发生劳动协作负面行为的可能性均为 20%，而团队式劳动协作模式、主辅式劳动协作模式下的企业员工发生劳动协作负面行为的概率依次为 31.86%、33.33%。说明参与协作关系复杂和交接劳动频繁的协作模式的员工发生劳动协作负面行为的可能性较大。

3. 对反映劳动协作行为指标的分析与判定

调查中发现，最普遍的劳动协作正面行为是遵守劳动纪律和规章制度以及认真完成本职工作，而富有团队精神和提高个人职业技能紧随其后，将团队利益置于个人利益之上以及主动帮助他人完成工作是企业员工认为最不常见的劳动协作正面行为。而最普遍的劳动协作负面行为是消极怠工，其次是"搭便车"，"吃大锅饭"和偷懒也是较为常见的负面行为，而中途退出和将他人劳动成果据为己有的劳动协作负面行为比较少见，但仍具有一定的发生可能性。

问卷统计表明，企业员工认为判断个体行为是否有利于劳动协作的指标，若按照重要性从高到低排序依次为：保证合作任务的完成、自身工作效率提升、整个协作单位效率提升、其他成员工作效率提升、建立员工和谐及互律文化；而员工的"吃大锅饭"行为导致降低了其他成员的劳动效率，是判断员工个体行为是否有害于劳动协作的最重要指标；次重要的因素是降低集体效率与导致集体任务失败；"搭便车"但不影响他人效率和只顾自己的工作完成而不帮助他人的行为是相对无害的负面行为。

此外，问卷统计还表明企业员工个体间的劳动协作效率最重要的因素是职业技能是否匹配，以及劳动报酬分配的合理与否，二者的平均综合得分为 3.73 和 3.70；次重要的因素是参与劳动协作的员工之间相互熟悉程度、个人的职业道德以及合同/协议的规范性。在影响基本协作单位整体效率的因素中，最重要的是工资结构和分配制度，平均综合得分为 6.33 和 6.13，即工资中是否包含协作相关的奖金以及企业的报酬分配制度是否合理；次重要的影响因素是人员配置（相互熟悉程度、技能匹配程度），表明企业管理机制中的组合机制对企业员工劳动协作行为有重要影响作用。此外，92.2% 的被调查者认为"激励机制"是提高员工劳动协作效率的有效措施，而有 75.2% 的被调查者认为"工资结构"中增加协作效率工资能够改善员工劳动协作行为，64.7% 和 63.2% 的被调查者觉得"监督"、"人员配置"有助于企业员工规范劳动协作行为，而"职业道德培养"和"企业文化塑造"对提高企业员工劳动协作效率也有一定的作用。

（四）企业员工劳动协作及其影响因素的模型分析

本实证研究采用二元赋值法，以企业员工劳动协作负面行为为观测对象，将劳动协作负面行为定义为 1，劳动协作正面行为定义为 0，用二元逻辑回归分析对企业员工劳动协作行为的影响因素进行分析。

1. 建立模型

设企业员工实施正面劳动行为的概率为 P，且 P 的取值范围是 $(0, 1)$，则 $1-P$ 表示企业员工实施劳动协作负面行为的概率。这里将 $\ln\dfrac{P}{1-P}$ 作为因变量（dependent variable），建立包含自变量（independent variable）为 x 的二分类 Logistic 回归模型：建立关于主要影响因素的回归方程：

$$Y = \beta_0 + \beta_1 x_1 + \beta_2 x_2 + \cdots + \beta_{12} x_{12},$$

其中，$y=0$ 表示员工发生劳动协作正面行为，$y=1$ 表示员工发生劳动协作负面行为。

2. 研究方法

（1）企业员工劳动协作行为被分为正面行为和负面行为两种，故采

用二元 Logistic 模型进行分析：$P_i = F(\alpha + \sum \beta_{ji} x_i) = 1/\{1 + \exp[1 - \alpha + \sum \beta_j x_j]\}$，整理为 $\ln \dfrac{P_i}{1 | P_i} = \alpha + \sum \beta_j x_j$。

P_i 表示第 i 个员工发生劳动协作正面行为的概率，x_j 表示第 j 个自变量因素。

（2）用 SPSS、WEKA 等软件对样本进行回归分析和模型检验，得出各个变量的估计系数、Wald 值、发生比例以及 P 值。

$$P = \frac{\exp(\beta_0 + \beta_1 x_1 + \cdots + \beta_p x_p)}{1 + \exp(\beta_0 + \beta_1 x_1 + \cdots + \beta_p x_p)}$$

其中，β_0 表示常数项，β_i（$i=1, 2, 3, \cdots, m$）表示回归系数（regression coefficient），x_i 表示第 i 个变量矩阵。

3. 回归分析

本实证研究用软件 SPSS23 对自变量和因变量做二元 Logistic 回归，得到结果如表 2-1 所示，影响企业员工劳动协作行为的显著因素有 9 个。

表 2-1　　　　　　企业员工劳动协作因素 Logistic 回归结果

变量	B	标准误差	Wald	自由度	显著性	exp(B)	exp(B) 的 95% 置信区间	
							下限	上限
监督力度	-2.619	0.444	34.830	1	0.000	0.073	0.031	0.174
技能岗位匹配度	-0.948	0.383	6.118	1	0.013	0.388	0.183	0.821
收入满意度	-1.179	0.474	6.178	1	0.013	0.308	0.121	0.779
协作模式复杂度	1.249	0.303	17.007	1	0.000	3.488	1.926	6.316
互动状况	-2.006	0.653	9.431	1	0.002	0.135	0.037	0.484
明确的协作规定	-1.937	0.369	27.551	1	0.000	0.144	0.070	0.297
负企业文化	3.821	1.058	13.038	1	0.000	45.645	5.737	363.162
激励制度	-1.186	0.460	6.656	1	0.010	0.305	0.124	0.752
互律情况	0.943	0.345	7.465	1	0.006	2.567	1.305	5.048
常量	-0.952	1.039	0.839	1	0.360	0.386		

一是监督力度的偏回归系数为 -2.619，其 P 值为 $0.000 < 0.05$，具有统计学意义，这意味着员工受到企业的监督力度与劳动协作负面行为

呈显著负相关，即一定程度上，企业对员工劳动协作行为的监督越强，员工采取劳动协作负面行为的可能性越小。

二是劳动协作模式复杂程度的偏回归系数为 1.249，其 P 值为 $0.000 < 0.05$，具有统计学意义，这意味着相较于简单劳动协作模式，参与复杂劳动协作的企业员工更容易表现出劳动协作负面行为，一定程度上意味着劳动协作模式的复杂程度与员工劳动协作负面行为的可能性呈明显的正相关。

三是明确的劳动协作规定的偏回归系数为 -1.937，其 P 值为 $0.000 < 0.05$，具有统计学意义。这表明企业对员工劳动协作规定越明确，员工采取劳动协作负面行为的倾向越小，即企业完善严谨的规章制度对员工劳动协作负面行为有明显的制约作用。

四是负企业文化的偏回归系数为 3.821，其 P 值为 $0.000 < 0.05$，具有统计学意义。这表明企业员工间存在矛盾、恶意竞争等负面文化是造成企业员工劳动协作负面行为的因素之一，即企业文化对企业员工劳动协作行为有较为明显的影响，企业营造和谐、友好关系的协作文化有利于减少员工在协作劳动中的负面行为发生。

五是互动情况的偏回归系数为 -2.006，其 P 值为 $0.002 < 0.05$，具有统计学意义。意味着相互之间的技能、情感等交流互动越多，企业员工采取劳动协作负面行为的倾向越小，且互动情况与正面行为呈非常明显的正相关。

六是互律情况的偏回归系数为 0.943，其 P 值为 $0.006 < 0.05$，具有统计学意义。意味着基本协作单位内员工互律程度越高，员工采取劳动协作负面行为倾向越大。这与本书理论分析结果差异较大，后通过深入访谈了解到互律方式往往容易导致员工关系恶化、背后说坏话穿小鞋和不愿意交流情感等负面效果。

七是激励制度的偏回归系数为 -1.186，其 P 值为 $0.010 < 0.05$，具有统计学意义。意味着有效的激励制度与企业员工劳动协作正面行为呈正相关，即企业员工感受到企业对于劳动协作有效激励，如协作奖金、口头表扬等，员工就会明显减少劳动协作负面行为。

八是职业技能与岗位匹配度的偏回归系数为 -0.948，其 P 值为 $0.013 < 0.05$。这表明企业员工的职业技能与其岗位不能匹配时，其往往采取劳动协作负面行为，且二者的变化程度接近于 1，即岗位不匹配程度

增加一倍，员工劳动协作负面行为发生的可能性增加0.948倍。

九是员工对收入满意度的偏回归系数为 -1.179，其 P 值为 $0.013 < 0.05$，具有统计学意义。即员工对收入越满意，其发生劳动协作负面行为的可能性就越小。

十是常量的偏回归系数为 -0.952，但其 P 值为 $0.360 > 0.05$，说明该常量没有统计学意义。但不将其纳入变量的话，则二元 Logistic 模型是没有意义的，无法对企业员工劳动协作行为做出判断。

4. 结果分析

根据二元 Logistic 回归结果可知，本模型表达式为：

$$P = \frac{\exp(\beta_0 + \beta_1 x_1 + \cdots + \beta_p x_p)}{1 + \exp(\beta_0 + \beta_1 x_1 + \cdots + \beta_p x_p)} = \exp(-0.952 - 2.619 \times 监督 +$$

$1.249 \times$ 劳动协作模式复杂程度 $-1.937 \times$ 明确的劳动协作规定 $+3.821 \times$ 负企业文化 $-2.006 \times$ 互动情况 $+0.943 \times$ 互律情况 $-1.186 \times$ 激励制度 $-0.948 \times$ 技能与岗位的匹配度 $-1.179 \times$ 员工对收入的满意度）／[$1 + \exp$ （ $-0.952 - 2.619 \times$ 监督 $+1.249 \times$ 劳动协作模式复杂程度 $-1.937 \times$ 明确的劳动协作规定 $+3.821 \times$ 负企业文化 $-2.006 \times$ 互动情况 $+0.943 \times$ 互律情况 $-1.186 \times$ 激励制度 $-0.948 \times$ 技能与岗位的匹配度 $-1.179 \times$ 员工对收入的满意度）］

就方程而言，变量系数的绝对值越大，表明该变量对结果的影响越大，系数为正表明该变量与企业员工劳动协作负面行为呈正相关，系数为负表示该变量有利于企业员工劳动协作正面行为。具体分析有以下两点。

一是影响程度。九个因变量对企业员工劳动协作负面行为的作用程度不同，大致可以分为以下几方面：（1）负企业文化对企业员工劳动协作行为影响程度最深，是改善企业员工劳动协作行为最有利的着手点；（2）监督对企业员工劳动协作行为影响程度仅次于负企业文化，能够以2.6倍的系数作用；（3）互动以及明确的劳动协作规定能够以约2倍程度影响企业员工的劳动协作行为，即加强员工之间的互动交流，规范企业协作规定均有助于改善企业员工协作现状；（4）员工参与劳动协作模式的复杂程度、员工对收入的满意程度、激励机制均是导致员工产生劳动协作负面行为的重要因素，且三者与负面行为的倾向性约呈 $1:1.2$ 的负

(正）相关比例变化；（5）技能与岗位的匹配程度、互律机制对企业员工劳动协作行为的影响小于1，即二者对协作行为影响的作用较小。

二是影响方向。偏相关系数的正负用来衡量两个变量间的正负相关性，九个变量的偏回归系数有正负之分，即九个因变量与企业员工劳动协作负面行为的作用有正负相关之分。监督、技能与岗位的匹配度、员工对收入的满意度、互动情况、明确的劳动协作规定、激励机制与企业员工劳动协作负面行为呈负相关，即这些因素会在不同程度上减少企业员工劳动协作负面行为；劳动协作模式复杂程度、负企业文化以及互律机制均会增加企业员工劳动协作负面行为。

以上的实证研究基本证明了理论研究的假设是成立的。此次研究仅有企业员工劳动协作的协作体层面的互律机制出现与理论分析有一定偏差的情况，说明参与劳动协作的员工相互之间所开展的直接的面对面的批评行为，不一定有利于员工劳动行为的融洽与互动，需要把握好互律机制运作的方式和尺度，如可采取间接通过管理层的约束机制来加以运作，从而达到互律机制消除部分员工劳动协作负面行为的目的。

二 提高企业员工劳动协作效率的若干措施

由于本实证研究对企业员工劳动协作行为及其影响因素问卷调查的行业覆盖有限，员工样本的数量也不多，因而通过实证分析所得出的企业员工劳动协作负面行为的影响因素关系等初步结论带有一定的局限性。同时利用问卷调查的方式对企业员工非理性劳动协作负面行为的获取也存在一定操作性困难。但是本实证研究的结论仍然对这一研究领域的开拓与企业人力资源管理的改进具有一定的参考价值。

根据相关的理论分析和实证分析的结论，另结合访谈、案例等其他方法的研究，笔者提出改善企业员工劳动协作行为的主要措施如下。

第一，完善企业内部对劳动协作的管理机制。企业内部劳动力市场是存在于企业内部的劳动力市场，存在的前提是企业通过各种规章制度的契约关系对企业员工的劳动行为进行规范。要减少企业员工的劳动协作负面行为就要重点对企业内部劳动力市场的管理机制加以完善：一是合理配置组合协作体的人员，要充分考虑到异质劳动力的人力资本存量、个体特征、职业规划等诸多因素；二是严格企业的约束机制，在不断完善企业的规章制度、加强监督基础上防止"过犹不及",把握适当监督的原则;三是加强企业激励机制的有效性,增加对员工劳动协作正面行为的奖励和对负面行为的戒律。

第二,加强企业劳动协作体内部员工之间协作劳动契约的规范。目前企业与员工之间普遍建立有较为全面的以劳动合同为形式的劳动契约关系,其中也包括了一定的劳动协作内容。但是企业内部普遍缺乏协作体内部员工之间的劳动协作契约。参与协作劳动的员工往往是口头的、责权利不明晰的不完全契约,从而带来较大的发生负面行为的风险。调查表明,即使是非正式的较为明确的口头劳动协作协议,也能够以近2倍的效果减少企业员工的劳动协作负面行为。这就要求企业不仅要完善企业规章制度中对企业员工劳动协作行为的约束性规定,还要加强协作体内部员工之间供实际操作使用的一些书面文本形式的劳动协作契约规范。其中对于参与人数较多、内部组织结构和利益关系复杂的科研型劳动协作团队,更需要对员工的劳动分工与劳动协作关系进行明确的约定,并对员工劳动协作所产生的不确定预期收益(如专利、成果奖励)的归属权、名誉权等进行界定、规范和约定。这些工作都有助于企业员工同心同德的集体协作合力的形成,进而也有助于企业管理效率的提升。

第三,构建有利于员工劳动协作正面行为发生的企业文化。企业文化作为企业成长壮大的软实力对企业的生产经营至关重要。应当通过在企业中营造有利于互利、互动、互律机制运作的互助、自律、团结等和谐氛围,来对企业员工的劳动协作行为加以引导与规范。努力减少与消除企业员工存在的"负企业文化"(如"搭便车"、"社会身份歧视"等文化)。也可以通过减少外部劳动力市场的变化对企业员工稳定性的消极影响,减少不合理的人员流失与跳槽等行为发生。通过逐步建立起良好的企业文化,形成企业员工之间的和谐凝聚关系,以提高企业员工劳动协作的效率。

第四,加强企业员工职业道德培养。职业道德是企业员工在职业活动中应遵守的道德行为准则,包括守劳动纪律、履行岗位职责、恪守契约承诺等。加强企业员工的职业道德建设既可以减少企业的管理成本和协作体内部的摩擦成本,也可以提高生产经营效率减少成员在协作中

"搭便车"等负面行为,进而提高劳动协作体的运行效率。企业员工个人也能够通过提高自身职业道德。构建良好的道德形象,获得参加协作劳动的其他成员的认同,进而在融恰和谐的协作劳动中增进自身的收益。

第三章

企业员工劳动协作的机制与机制耦合

第一节 企业人力资源配置的机制运作及其效应

一 企业的经济机制和人力资源配置的机制运作

现代经济学理论中所谓的"经济机制"（economic mechanism）通常是指经济活动中引导相关经济要素发生相互联系与作用的方式和途径。如市场经济体制下引导经济资源配置活动运作的市场机制。该机制是指通过市场价格的变化、供给与需求的变化和市场交易主体对利益的追求和应对竞争、风险的心理等经济要素所形成的经济运作的联系。市场机制又可以具体分解为：价格机制、供求机制、竞争机制等。经济机制的概念是对工程机械学概念的借用，用来反映经济领域的事物运动规律和机理。由该概念的内涵可以看出，所谓经济机制一方面体现了经济领域的事物之间客观存在的运作机理，另一方面则体现了人对经济要素相互联系和作用具有主观能动性的经济行为。研究经济机制的核心目的在于科学地认识机制发生和运作的内在机理，以及人对机制运作的有效调控的手段和途径。

20世纪30年代以来，"机制"作为一个重要的经济术语在经济理论分析中得到广泛的使用，其中在劳动经济学理论中，诸如激励机制和约束机制等术语即用来反映企业（雇主）针对劳动力的实际效率发挥所采用的两个最主要的生产经营活动的运作手段和运作途径。约束机制主要通过企业与劳动者签订的劳动合同规定、企业所制定的劳动管理条例、生产劳动纪律规定等制度安排来加以体现。约束机制运作合理和健全的关键在于相关的契约和制度是否规范、全面与公平。而激励机制主要是企业对劳动者的利益追求和实际效率发挥所建立的以工资福利等收益为核心的劳动行为调控手段。机制运作的有效性主要通过企业生产经营活动的效率发挥和效益目标实现来加以体现。而企业员工在生产经营活动中的劳动行为积极性、主动性的发挥程度是激励机制运作的关键所在。

在企业对人力资源配置的经济活动中，所存在的机制大体可以划分为市场配置机制与计划配置机制两种基本的类型。市场配置机制包括外部劳动力市场配置机制和企业内部劳动力市场配置机制，后者可以视为是外部劳动力市场机制在企业内部的延续，其机制的运作中工资率即劳动价格的变化仍然对劳动力供需数量的均衡配置起主导性的作用。在企业内部的市场机制运作下，企业的劳动者仍然是作为劳动力市场交易的利益主体一方，与企业（雇主）之间存在再谈判、再交涉、再协商的市场平等的身份和地位。企业内部引导劳动者发挥要素效用和正常参与企业生产经营活动的计划配置机制则以组织（管理）机制为主导。这里的人力资源配置组织机制（institutional mechanism）指企业利用管理的计划、制度、权威、指令等手段来进行人力资源配置的机制。

在企业内部的生产经营活动中，传统的企业管理制度往往将劳动者仅仅作为一种生产要素看待，员工作为生产要素由企业管理者加以使用和支配，企业要求员工遵从企业对他的安排、指令和管控，即在直接的生产经营过程中劳动者客观上丧失了市场平等交易的利益主体身份和地位。企业对于员工的这种生产劳动行为的支配权是通过双方的劳动契约（其法律形式为劳动合同）予以确定的。企业还进一步通过各种人力资源管理制度与劳动纪律规定来保障其对劳动力的使用支配权的行使。因此，劳动者一旦以生产要素的角色进入到企业的生产经营领域，其劳动行为就将在企业管理层的指令和支配下按照组织机制的运作来发挥其劳动效应。在常规的情况下，所谓企业内部劳动力市场的机制只能够发生在生产过程之外，如果在生产流程中发生劳动与资本之间的谈判、交涉和协商等市场交易性质的行为，则属于非常态情况下的极端的劳资纠纷行为。

二 传统计划经济的企业人力资源配置机制与运作效应

传统的计划经济体制理论认为，公有制经济的企业劳动者不再具有劳动力市场交易一方的利益主体地位，一旦进入企业成为员工后就获得了生产资料"主人公"的地位。因而企业员工在集体性协作劳动中的劳动行为上只存在思想觉悟高低和劳动积极性程度的不同。理论上所认定的公有制经济劳动者协作劳动行为的主流都是正面的，将劳动者的负面劳动行为归咎于思想觉悟不高等原因。因此，在理论上认为生产资料公有制性质的企业人力资源配置机制的主要目标是对员工进行科学合理的劳动组合与调配，以及对负面劳动行为进行先进性思想政治方面的鼓动与教育。此外，企业在对人力资源实施组织机制的同时，也需要实行一定的约束机制和激励机制，如健全劳动监督制度和给予一定的精神和物质奖励的措施，但是这些机制的运作都属于起辅助作用的性质。实践证明，计划经济体制下的国有企业在人力资源配置机制运作中存在许多明显的难以避免的缺陷与较大的劳动效率损失。

首先，计划经济体制下企业生产活动缺乏经营独立性，仅仅是政府主管部门的按照计划指令进行生产活动的下属单位或机构。计划经济体制下的企业不具备对企业生产管理活动的决策权，企业的经济活动严格按照行政主管部门的指令性计划安排来进行，所生产的产品绝大多数属于计划内产品，由政府的物资部门进行统筹分配和调拨安排。在这种体制下不可避免使企业的生产供给与社会实际有效需求脱离，企业的生产活动难以适应动态的发生变化的社会最终需求和中间需求。企业的生产与需求脱节所体现的经济运作盲目性痼疾也带来企业生产的经济效率低下等普遍性问题，其中对人力资源的配置与管理也缺乏科学性、灵活性和有效性。如企业为完成突击性任务往往采取"大兵团"作战方式，抽调、集中人力来进行生产。其次，政府主管部门考核企业管理业绩的核心指标是生产计划等要求的完成程度和任务执行程度，从而企业必然将一切可以利用的经济资源集中配置到与任务完成有关的事务方面，对企业经济资源的综合利用效率往往不予重视。企业的人力资源的配置和管理最关心的是对核心产品生产所需要的人员安排问题，而对企业员工构成的合理性等问题却往往被忽略。此外是计划经济时代的企业在人力资源管理方面缺乏自主权，企业对人力资源的管理机制也缺乏机动性。为了完成上级下达给企业的生产任务，企业在人力资源管理上采取"多多益善"的用工原则，造成企业尽量争取多配置一些人员定员以保障任务的完成，使企业普遍存在人员闲置、机构臃肿、人浮于事的现象，企业职工的劳动纪律松懈现象也非常突出，企业人力资源配置的约束机制运作乏力。加之计划经济时期企业的工资分配制度不合理，员工的工资福利与实际的劳动绩效脱钩，收入分配的平均主义的制度安排使得激励机制难以运作，员工普遍缺乏劳动积极性、主动性和创造性。

计划经济时期的政府主管部门为了约束企业普遍存在的不合理用工行为，主要采取"三定"（定员、定编、定岗）的人力资源管理制度和编制指标审批办法来加以控制，但是也难以从根本上解决企业在人力资源配置方面的科学合理与员工劳动效率的提高问题。

传统计划经济体制下的国有企业在企业员工劳动组合的决定权主要集中在企业最高管理层面及企业人力资源管理部门，企业的车间、班组等直接从事生产活动的劳动协作体却普遍缺乏必要的自主用人和调配权力。企业内部人力资源配置的信息不对称状况成为常态。国有企业在人力资源配置的动态运作中也往往发生一些经济行为的变异，如企业领导层不恰当地安插子女和关系户到劳动协作团队里面，变相允许"搭便车"现象在企业内部存在。但是为了维持企业的基本生产经营正常运作，他们也要保留一些技术骨干和一些能干活的人，因为只有这些人的存在才能够使那些"搭便车"的人员得以保留，而且也可以掩盖人力资源不合理配置的效率损失问题。国有企业的超员现象在计划经济时代十分普遍，直接或间接影响了积极努力工作员工的正面行为的发挥，导致"劣币驱逐良币"的情况发生，如一些优秀员工流失。劳动协作体的超员状态还助长了一些低素质员工的消极工作态度，对工作缺乏基本的责任心，进一步使企业劳动风险程度提高以及事故发生概率提升。传统的计划经济体制下国有企业的一线职工往往人员比例偏少，管理人员和非一线人员比例偏多，在许多许多企业内部，"工作三五人，开会十几人，领奖几十人"。加上许多企业内部的机构层次复杂，各种机构和岗位人员之间的业务责任不清，也对劳动协作的运作带来许多负面效应和消极影响。

从企业劳动协作的效率发挥与实现角度来看，计划经济时代的国有企业在协作劳动的技能组合与人员配置管理方面存在许多内生性机制缺陷，不仅仅存在人力资源管理制度运作设计等方面的问题，如用工制度的"铁饭碗"和收入分配的"大锅饭"制度等，还存在协作劳动的内部绩效考核和激励、约束等机制问题。此外，传统计划经济国有企业单位的工作氛围往往不利于员工之间的协作互动，如传统的用工制度使一些不努力工作的员工长期滥竽充数；又如企业内部人事制度讲人际关系，一些与企业负责人没有关系的员工缺乏升迁机会。计划经济所宣扬的企业员工"主人公"地位和政治觉悟导向、无私奉献等要求与职工的思想实际脱节，企业缺乏普通员工自觉劳动的利益驱动机制。尤其是一些企业领导容忍劳动协作体内部"搭便车"现象长期存在，使得劳动协作参与人员的工作积极性进一步受到挫伤。

三 市场经济体制下企业人力资源配置的机制及其运作效应

20世纪90年代实行改革开放政策以来，中国的公有制企业开始向现代企业管理制度转变，逐步由最初的扩大企业经营自主权过渡到依靠市场机制配置企业的资源和调控生产经营活动，最后到建立起独立企业法人地位的现代股份制企业管理制度。在企业用工的市场化改革方面，使企业拥有充分的自主权、能够根据生产经营活动的实际需要在劳动力市场上招聘员工；企业对员工的工资报酬支付按照市场交易谈判的方式来加以决定；企业与员工建立以劳动合同为载体的具有法律效力的劳动契约关系；等等。

在20世纪80年代以后，中国的民营经济得到长足的发展。在一些私有产权的股份制企业内部，人力资源管理制度和运作机制以适应市场经济体制的企业成长、发展的要求为原则，企业的人力资源配置转为以劳动效率提升为中心来进行运作。相对于过去计划经济体制下的国有企业，民营企业基本上破除了员工雇佣的终身制，采取劳动合同制度来为企业配置生产经营所需要的人力资源。在企业内部的员工劳动协作方面，加强了对不同技能人员科学合理的组合与调配。在分配上加强了对员工的激励机制运作,普遍实行了绩效工资制度。对参与劳动协作员工的约束机制运作也明显有所强化。市场经济体制下的民营企业显然是以效益最大化来作为企业生产经营的基本原则,更加积极主动地按照企业所经营的产品或服务的市场需求来灵活配置与调控劳动力要素投入;同时根据工资等人工成本的变化来做出企业的市场招聘、工时安排和辞退解雇等人力资源配置的决策,使得企业的人力资源利用效率相对同期的非营利企业要高出许多,企业职工收入也随着企业经济效益提升而得到较为明显的提高。

但是私营企业经营投资者的逐利动机本能也使得这些企业在人力资源配置方面出现了一些新问题,其中涉及协作劳动的问题,如一些超过国家规定的高负荷、高强度用工现象时有发生,使相当部分协作劳动的参与者难以适应这种劳动环境;部分员工经常性超时用工等普遍化,长期性加班加点带来协作劳动内部的劳动安全问题和劳动者健康损失,以及发生"过劳死"等问题。这些问题最终反映为企业参与协作劳动者的个体福利损失和整体性福利损失等问题。与此同时,私营企业也同样存在雇主的亲人家属及"关系户"在劳动协作体内部"搭便车"的现象,对劳动协作组合合理性和劳动协作收益分配公平性等带来许多负面影响。此外,私人企业还具有逐利本能所引导的"利润侵蚀工资、福利"的行为规范,特别是在企业缺乏劳动者集体组织谈判的市场交易机制和政府劳动监督缺位不力的环境下,企业员工的一些经济利益会被不合理利润侵害,从而在协作劳动过程中使员工产生消极态度和产生一些负面行为,如消极怠工和敷衍应付等劳动态度的行为,从而降低了协作劳动效率,影响产品质量的提升。也有部分员工对不合理的劳动协作组合采取"用脚投票"的方式,员工的不合理离职与流失使企业劳动协作基本队伍处于不稳定状态。劳动组合人员经常变化使劳动者之间的互动协调性受到不利影响,从而增加了劳动协作体人员重新组合和磨合的成本费用,对企业劳动协作的运作带来一定的负面和消极的影响,最终也会对企业的人力资源配置效率与企业生产经营效益带来不同程度的损失。

第二节 市场经济体制下企业劳动协作机制运作的机理分析

一 企业员工劳动协作机制运作的理论分析

（一）企业劳动协作机制运作的参与人员关系分析

企业（也包括按照企业管理机制运作的政府事业单位）的员工劳动协作活动发生在企业协作体（如车间、工段、作业组、科室等）和协作体内部的员工之间，并且通过企业员工集体性的劳动行为在一定劳动协作模式下来具体实施对某种产品的生产。作为市场经济体制下的以赢利为目的的企业，其员工劳动协作的效率最大化目标实现需要通过一定的机制运作来维系。企业劳动协作的机制运作目的在于：实现劳动协作的不同岗位、工种、技能水平人员组合的科学化，增强员工的正面协作行为和减少员工的负面协作行为，提高协作体的总体收益和降低运作成本，规范和改进协作劳动的契约关系，以及协调与完善协作的收入分配制度，实现企业员工劳动协作的效率与公平的合理兼顾。

由于企业存在内部劳动力市场，因此在企业内部的劳动协作活动中，参与劳动协作的企业员工与代表资本的管理层之间表现为企业内部劳动力市场的交易关系。而参与协作员工之间不具有雇佣关系，其劳动关系是一种非市场交易性质的特殊劳动关系。因此，在企业内部的劳动协作机制也存在两种类型。

企业内部人员可以简单划分为管理方和员工方。其中管理方是一个复杂的利益群体，由投资人、职业管理人、利益攸关者（土地出租人、贷款人）等构成。管理方的产权结构也较为多元化，产权所代表的各种利益关系也有一定的差异。其中现代股份制企业高级管理人员的身份非常特殊，他们具有企业雇员身份并以工资为收入来源。但是在委托—代理企业产权制下，管理人员是为企业管理方的实际操作人员，代表了投资者的利益，对作为人力资源的一般员工进行管理和资源配置。

在企业内部劳动力市场交易运作过程中，企业对员工实施一定的劳动纪律等约束机制是必要的。对员工劳动行为的约束表现为企业建立的涉及劳动协作良性运作的各种规章、制度劳动组合的技能水平规定与要求，劳动协作流程的人员工作岗位安排等，从而对参与协作劳动的员工行为加以科学合理的规范和约束。

来自企业管理层的对参与协作劳动人员行为的激励机制主要在于：通过与劳动付出挂钩的参与工资、奖金、福利、表彰、提级、晋升等对员工的劳动协作正面行为加以激励。参与协作劳动员工的基本工资由管理层按照企业内部的劳动力市场规则进行安排，往往与员工实际的协作劳动效率不一致。但是如果工资收入与实际协作劳动付出不符合的情况超出一定的范围且长期得不到合理的调整，就会使员工产生一些负面行为，如消极应付等劳动行为，从而影响协作劳动的效率发挥。

企业管理层对参与协作劳动人员行为的组合机制表现为：管理者对不同岗位、协作体的技能、工种等人力资源的科学配置；对参与协作人员的工作岗位转责的合理规定；对人员之间的变化有灵活性、变通性。反之，在缺乏合理科学的协作组合机制的情况下，劳动协作成员的负面行为发生在所难免，在中国古代和民间多有其现象的生动表述。其中最著名的为和尚取水的故事。寺庙派一个和尚取水，此时为独立无协作关系的劳动，于是这个和尚就只有自己挑两桶水。而在派两个和尚去取水的情况下，两个和尚就从不吃亏的角度协商，采取共同担一桶水的协作模式去取水，其劳动效率降低；而安排三个和尚去取水的情况下，三个人都不愿意吃亏，互相推诿和互撂担子，导致一桶水都取不回。整个故事体现了劳动协作组合的人员与劳动工具的配置不当，协作效率会通过参与协作人员的负面行为而蒙受损失。

(二) 企业员工劳动协作"摩擦成本"产生的机理

由于企业存在内部劳动力市场，所以从理论上讲，企业内部的人力资源利用活动具有一定的市场交易性质。企业对人力资源的配置工作首先发生在雇主与雇员之间，因此需要借助市场机制和价格机制来进行调控。在具有市场交易性质的有关活动中也必然会产生一定的"交易成本"（transactional cost）。如企业在完成某项产品生产经营的协作劳动过程中，由于企业与员工之间信息不对称和信息不充分，对人力资源的配置不当或调整不及时、企业管理层对员工的工资等的收益支付不合理或达不到员工的心理价位等，都可能导致人力资源配置活动产生正常的交易成本或费用。

"交易成本"的学术概念为科斯在1939年最先提出，后来又通过他发表的其他论文加以补充与完善，最终形成完整系统的制度经济学的交易成本理论。该理论建立与发展为科学地解释企业存在与运作的经济原因以及企业与市场机制的关系提供了机理分析工具。科斯认为，市场机制具有较高的效率，但是市场机制的运作也需要付出一定的费用或成本，当市场交易的成本大于管理机制的成本时，人们就会试图用企业这种经济组织机构的计划配置机制来代替市场交易的配置机制，从而产生效率相对较高的企业这种组织形态及其管理机制。企业组织出现与存在的合理性在于人的经济理性选择和遵循成本最小化的经济行为原则。

但是作为企业内部发生的协作劳动也会支付一定的成本或费用，其中的员工与企业管理者之间协作所产生的费用可以视为企业内部劳动力市场所发生的交易成本的一部分。但是参与协作劳动员工之间所发生的成本或费用就不能够用交易费用或成本来加以认定。如参与协作的劳动者的技术不达标、配合不当、操作不准确，人际关系不和谐，甚至协作劳动者之间发生的破坏性冲突所导致的经济损失，等等。为了与交易成本有所区别，这里将企业劳动协作过程中所发生的非市场交易协作成本或费用称之为"摩擦成本"（frictional cost）。摩擦成本在理论上相当于制度经济学广泛使用的交易成本的概念，在理论上二者具有一定的联系，但是又有一定的差别。在企业内部协作劳动过程中，只有部分费用属于企业内部劳动力市场交易的性质，即管理层与参与协作劳动者之间所发生的成本；还有一部分劳动协作所产生的成本则需要用摩擦成本的学术概念来加以科学认定。此外，企业参与协作劳动的人员之间并不存在雇佣关系即劳动力市场的交易关系，但是他们之间又具有实际发生的劳动关系，这种特殊的劳动关系需要通过一定形式的契约来加以规范。那么，为了履行协作劳动契约和对于违反协作劳动契约行为的经济损失的支付或经济费用，也可以视为是企业员工劳动协作的摩擦成本的构成之一。

二 企业层面员工劳动协作的管理机制

企业的本质在于通过对不同的生产要素（经济资源）进行组合、重构，为社会提供能够满足需求的效用与福利的产品。其中人力资源的投入是企业生产经营活动的重要内容，并且通过人工成本的构成影响企业的收益水平。现代企业内部的人力资源可以简单划分为高层管理人员和一般员工两个部分。在实行委托代理制的现代股份制企业中，高层管理人员可以视为企业的出资方执行运作机制的实际操作者，代表出资人按资本的利益诉求对企业的经济资源（生产要素）进行配置和调控。企业层面的管理机制（组织机制）主要指企业通过行政管理权威和执行指令等手段对企业的原材料、生产设施、人力资源、市场信息等生产要素进行配置、组合、调控的方式与途径。

企业管理机制（组织机制）对人力资源的的运作在于使分工与协作转化为现实的生产能力。现代企业主要通过完善人力资源管理来对企业员工的劳动协作加以调控，管理机制无疑是保障协作劳动效率形式的主导形式。常见的管理机制包括组合机制、约束机制和激励机制。其中，组合机制可以对参与劳动协作的员工进行合理组合、行动协调；约束机制通过企业的规章制度、劳动合同、企业文化等约束员工的行为；激励机制可以通过正激励和负激励对协作人员的行为发挥引导和规范作用。约束机制和激励机制是企业内部劳动力市场交易和谈判活动的基本机制形态。而组合机制则是管理方对企业各个协作体和协作体之间的人力资源配置进行调控的特有的机制形态。

（一）企业劳动协作组合机制运作的经济机理

企业为了实现收益最大化和成本最小化的目标，需要对企业及内部的组织机构进行各种资源和生产要素的合理配置，其中最重要的是对人力资源这一特殊要素进行优化配置。企业层会按照任务目标、协作资源、资源相互依赖程度等，依照行业等对同类产品生产的劳动定额、已有劳动组合安排的经验和变化预测，来进行劳动协作的人员组合配置。而企业员工在劳动协作过程中，也会按照任务目标、协作资源、资源相互依赖程度等因素，通过劳动协作运作前的规章制度过程中的口头契约等方式来实现管理层的安排，以保障生产经营任务的完成和基本效率的实现。

企业管理者与劳动者之间原则上代表的是资本与劳动之间的市场交易关系，是外部劳动力市场交易关系在企业内部的延伸。企业管理者为了实现企业利润最大化等目标，具有对企业内部的劳动协作进行人员优化配置与合理组合的主观能动性或动力源。具体组合机制的运作内容包括对不同岗位、不同技术工种、不同技能水平的员工进行配置与组合。首先，企业管理都要根据不同生产经营的特点和协作模式，针对不同的设备、动力、技术条件等对协作人员加以合理的组合；其次，企业的依据各种类型的管理制度规范和规程，提出人力资源管理的劳动组合标准，如合理配置资源数量（专业人员总量和不同岗位人员数量）和质量（技能种类和等级）的劳动定额标准和质量标准；此外，企业管理层还需要对不合理的劳动协作人员组合进行及时、适当的调整，如减少多余的人员或对短缺的岗位、工种人员及时补充或采取培训等措施。劳动组合机制运作的科学性、合理性一般可以通过管理层对劳动协作的生产经营成果的数量、质量保证、时间进度的保障和人工成本的控制等指标来加以判定。

但是由于信息不充分和信息状态变化等因素的存在，企业管理层对于协作劳动员工的组合机制不可能完全符合实际的要求。一些企业的管理人员对劳动协作员工组合配置还可能存在一些负面及非理性的行为。因此，组合机制的运作不可能引导员工在劳动协作过程中做到完全的正面行为。

案例：福耀集团投资美国所遭遇的企业员工劳动协作的文化冲突

中国民营企业福耀玻璃制品公司（企业家为曹德旺）于2016年投资10亿美元在美国的俄亥俄州建立汽车挡风玻璃生产企业。该企业雇请当地美国工人达2000多人。但是企业的主要高级管理人员和关键技术工人目前为中国母公司派遣的中国员工。由于中美员工之间在语言交流方面不顺畅，虽然也配有一些翻译，但是美国工人与中国技工之间难以密切沟通和直接交流，从而带来许多劳动协作方面的问题和效率损失。如许多由中国生产的机器只有中文标志，未及时配备英文标志,使美国工人对操作规程和机器性能等缺乏充分了解,对美国工人的技能提升就带来一定的负面影响。福耀集团在俄亥俄州的企业管理人员未及时按照美国企业的管理模式加强与普通员工的沟通与交流。如劳动安全方面的措施问题。又如带薪休假时间安排的协商问题,未从劳动协作的层面进行充分的研究,使美国员工产生误解,受到工会组织对基于美国劳动法方面的质疑,从而被美国政府机关罚款 300 万美元。

此案例具体体现为:该企业的中方管理层与美国员工之间的信息不对称和信息交流不充分,安排的人员劳动组合存在语言障碍和交流困难等问题,于是产生了一定的劳动协作的摩擦成本。中国企业海外投资可能普遍遇到劳动协作问题,尤其是在投资的初期即磨合期,会产生很多对外投资的"水土不服"问题,其中有不少都与劳动协作的组合机制不完善有直接的关系。进一步体现为企业文化在国外经济社会环境下的重构问题。

企业员工劳动协作组合机制运作还要求能够适应协作成员的正常的变动安排如:员工工休假、病假、产假等岗位缺员对劳动协作组合的影响。对此,企业一般通过对休假的制度安排和机动人员的调配来加以解决。如探亲假、年休假等要求在业务周期的淡季进行,以及通过企业内部的人员借调、市场劳务派遣加以临时性人员替代,从而保证劳动协作人员组合结构符合生产经营活动的要求。对于劳动协作的一些技术骨干的退休对劳动协作所带来的负面影响问题,则往往通过延聘、返聘等方式来保证劳动组合的效率不受影响,以及对相对稳定的劳动协作体的人力资源进行长期性人员组合规划,通过预先培养接班人等机制对关键岗位人员退出、流动等进行预案安排。对于人员组合可能出现的风险,则需要配备替代性人员来完善组合机制的运作,如演出单位往往对节目的男女主角进行一号和二号的安排。一旦出现一号主角因故不能够出场时即安排由二号主角来代替出场。在许多情况下,企业管理层实施的组合机制还需要得到来自协作体内部人员的互动机制的配合才能有效地运作。

企业员工劳动协作组合机制的良性运作还可能存在一些非经济的影响因素,如协作体成员的性别比例因素。据有关的劳动心理学文献,有异性参与的劳动协作体的劳动效率更高。企业劳动者长期以来就有"男女搭配，干活不累"的说法。一般认为在男女合理搭配的劳动协作人员组合的环境下，男员工普遍会表现出更有能力和阳刚气质的正面劳动行为，以及掩饰其偷懒等负面人品形象，从而提高了整个劳动协作团队或协作体的整体劳动效率。考虑此因素对参与劳动协作人员进行合理的性别组合也具有一定机制运作的合理性。

（二）企业员工劳动协作约束机制运作的经济机理

新制度经济学认为，企业内部资源要素的配置取决于企业内部行政指令而非市场运行。而企业作为权威的科层组织，在与员工签定劳动雇佣契约的基础上通过指令来规范员工行为。作为采取管理机制来替代市场机制运作的企业，雇主一般在缔结契约（签定劳动合同）的基础上通过行政命令、规章制度、企业文化等手段来规范员工的劳动行为。但在这个过程中，传统的行政命令和规章制度约束存在效率损失、官僚成本以及激励低能等劣势。为此，现代企业往往通过提高员工负面行为成本来规范员工行为，具体有建立约束机制来引导员工行为，如道德约束、制度约束、压力约束、文化约束以及自我约束等方式。

企业对于员工劳动协作的约束机制主要通过劳动合同和企业内部的劳动规章制度，对劳动协作的行为进行规范，要求员工在参与协作劳动时积极主动配合，以及对消极的负面行为进行监督和处分。如传统的企业实行监工制度是典型的约束机制运作手段。对于简单劳动协作，监工制度能够较好地控制协作劳动中出现的负面行为，但是对团队协作等复杂劳动协作，则往往会增加监督成本和交易成本，影响协作劳动的效率的提升。来自于企业管理层约束机制对于协作体内部的创造性协作劳动，如产品质量技术攻关等活动往往会失去有效的过程管控效果，对于协作体内部的消极应付、"搭便车"的协作参与者负面行为发生也缺乏足够的直接的约束作用。

（三）企业劳动协作激励机制运作的经济机理

现代企业管理理论认为，企业人力资源管理的对象是具有自主性和一定决策能力的企业员工，仅仅依靠传统的企业人员组合机制和约束机制是难以保持企业员工积极、主动采取正面劳动协作行为的。企业需要进一步通过建立良好运作的激励机制来激发员工内在潜质、提升企业的劳动效率和增强企业核心竞争力。早期的激励理论以"经济人"假设为基础，重点解决纸质的劳动合同和工作协议有关工资报酬福利等条款的完善问题，注重分析二者之间建立在雇佣关系基础上的利益博弈关系。但近期学术界开始对企业激励理论进行微观基础上进行修正，从合作博弈的视角指出现代企业的激励机制要从雇佣双方达成利益联盟的角度出发。进一步通过激发员工的自信心和自尊心来有效提高企业员工的劳动效率并降低其道德风险。

对于企业劳动协作的激励机制，强调管理层对参与协作员工的劳动报酬的分配标准和办法（计时、计件、佣金、配股等）要与实际的劳动绩效挂钩；以及通过企业和协作表现好的员工签订合理期限的劳动合同、甚至终生雇佣的合同，形成员工对企业的归属感；又如对参与协作有显著正面行为表现的员工实行、表彰、晋升、培训机会、带薪休假等体现激励机制的一系列措施，引导企业员工在劳动协作中发挥正面效应，提高企业劳动协作效率和企业经济效益。企业对员工采取正激励措施的同时，还可以采取负激励措施，加大负面行为的成本来规范员工的协作行为，使员工行为朝着管理者期望的方向推进。企业对于劳动协作的激励机制需要在生产经营进行的过程中给予员工得到与行为相应的奖励或者惩罚，从而在企业生产经营中形成"有效激励—员工正面行为—高效的生产经营—有效反馈"的良性循环过程。但是由于信息不充分等原因，企业管理层的激励机制运作主要存在于企业与内部协作体之间，难以对企业协作体内部的个体成员之间的协作行为产生直接影响与作用，对于协作体内部部分员工的负面行为的识别、管控作用有限，需要结合企业内部协作体层面的互利机制运作来加以完善与补充。

三 企业内部协作体层面员工劳动协作的协调机制

现代股份制企业内部员工的队伍是由不同专业技能及水平的雇员所组成。市场劳动者通过企业外部劳动力市场交易进入企业，与企业（雇主）形成以劳动合同为法律依据的劳动契约关系。进入企业后的劳动者个人虽然还具有独立的劳动力所有权，但是其使用权却作为企业的人力资源（生产要素）需要接受企业生产活动的人事行政管理和劳动指令支配。但是企业对于员工的劳动协作管理机制运作的效力是有限的，尤其是对于员工的协作劳动及其劳动效率的发挥，还必须依靠协作体内部员工之间的其他机制运作来实现。正如篮球队的教练可以在比赛时对队员的组合、战术、配合等进行计划性安排与现场调控，但是篮球比赛的队员协作最终还是由场上运动员自己来灵活支配和随机处理。企业员工协作体内部的协调机制是企业生产经营活动的基础性机制，主要包括互动机制、互利机制和互律机制。不同的机制除了与管理层面的组合机制、激励机制与约束机制之间具有一定程度的耦合关系或联动关系外，其运作的经济机理也存在一些差异和特殊性。

（一）企业员工劳动协作互动机制的经济机理

企业劳动协作的互动机制运作类似于企业层面的组合机制运作。企业按照生产经营的需要对内部车间、班组等协作体员工进行工种、岗位等合理组织，但是参与协作的由不同人力资本构成的员工之间积极默契配合协作劳动，还需要通过协作体层面员工的互动机制运作来实现。基于劳动协作的组合机制运作的背景，通过互动机制形成协作参与者个人能够自我动态地调整与其他参与协作劳动人员的组合关系。在企业内部不同的人力资本构成、技术分工和岗位分工前提下，使协作体内部的不同形态的劳动和不同水平的技能都能够充分发挥，从而达到分工与协作的有机结合。

在企业协作体层面的互动机制运作中，每个参与协作的成员的行为外部性是有差异的。在实际的劳动协作过程中，往往一些核心成员的正面行为对互动机制的运作起关键性作用，通过协作体核心劳动者的带动和其他参与者积极主动配合，能够使互动机制实现高效率的运作。在企业劳动协作的互动机制运作中，管理层对于劳动协作人员组合安排的科学合理程度至关重要。如管理层面所安排的协作成员的技能水平要达到生产要求。不合理的人员组合配置安排会直接或间接地影响到协作劳动互动机制的运作效率。对于一些新建立的协作体，参与成员之间彼此缺乏了解和缺乏相互配合经验，也会对劳动协作的互动机制运作带来一定的不利影响，往往需要通过一段磨合与适应过程，才能够使互动机制的运作逐步走向正轨。在团队等复杂的协作模式运作中，团队内部的次级协作单位或个人之间的协调关系处理涉及面更广。如一些从事技术创新性项目的团队协作劳动，限于员工的专业知识技能障碍和分工不当，往往使次级协作体之间缺乏协作互动的节点与平台，产生协作体内部忙闲不均、袖手旁观的不合理现象。为了使协作劳动的互动机制得以运作顺利，许多企业要求参与协作的员工具备"一专多能"的劳动技能素质，以避免出现环节性的"一人干，众人看"的不合理劳动协作局面。由于企业对于劳动协作的人员组合是一个动态变化过程，如部分人员在协作过程中由于休假、生病、有事等原因而缺勤、临时离岗，都会影响劳动协作的正常进行，而企业管理层的组合机制往往难以顾及或处理，这就需要通过协作体内部其他成员的顶班、顶岗行为来保证生产经营活动的顺利进行，这些机制的形成来源于协作体内部成员的互助、互动行为。如果缺乏这种员工之间的互动机制的运作，也可能导致协作体内部的协作劳动效率损失，如有的生产经营活动因为关键性人员的临时离岗而导致协作劳动无法正常运行。

企业员工劳动协作的互动机制包含着一定程度的互助性质。因为每个员工都难免会有生病请假的情况，都希望依照互助的方式不影响自己所在的协作体的集体利益，从而对于他人的合理缺勤行为给予支持和帮助，这种为广大员工普遍认同的互助行为规范也体现了企业员工劳动协作的互动机制运作的性质。

企业员工协作劳动的互动机制也可以称为协同机制。在互动机制的运作中，每个参与协作成员的互动外部性是具有差异的，实际的协作过程中，往往是一些核心成员的正面行为对互动机制的运作起关键性作用。通过协作体核心劳动者带动其他参与者积极配合与联动。企业劳动协作体中往往都存在核心骨干成员或生产经营活动的"关键性人物"（key person）。其能力水平与努力程度对整个协作效率的高低往往起决定性作用。这在企业劳动协作的主辅协作模式中最为突出，其他模式中也不同程度地存在。与此同时，其他起次要作用的成员积极主动配合与协助也必不可少。企业劳动协作体参与者之间的心理契约的构建对互动机制的运作完善也至关重要，对互动机制的良性运作具有较为显著的作用。

在复杂的协作模式如团队协作模式的运作中，团队内部的次级协作单位之间的互动机制运作更为复杂。许多创新性项目需要经历多次失败才有可能成功，协作的计划推进安排往往难以如期实现。限于专业的障碍，次级协作体人员之间往往缺乏互动的节点。一些关键性的技术由于得不到突破，就会影响整个团队的协作劳动的人员配合。企业管理层对于团队的协作运作缺乏有效的管控手段，从而需要通过下放一些权力来间接推动团队协作的互动机制得以良性运作。

企业劳动协作体由多个参与者构成，假定每个参与者都是不可缺少的基本成员，则总劳动协作的效益分别为各个成员劳动协作的分效益的代数和。但是在劳动协作的互动过程上，各个协作参与者的能力作用是有区别的。如戏剧表演中的主角和配角的关系。所谓"跑龙套"的角色虽然不那么重要，但是对于这出戏演出的完美也是不可缺位的。企业员工劳动协作的互动机制的运作也是如此。

（二）企业员工劳动协作互利机制运作的经济机理

企业员工参与劳动协作的基本动力来源于劳动者对其自身利益的追求，劳动者必须通过劳动时间的投入和劳动能力的有效发挥，才有可能取得相应的劳动报酬。而劳动投入的效率不仅仅取决于个人的劳动技能发挥，也必须取决于与其他协作参与者的协调和配合。只有协作体集体共同的收益得到实现，才有可能取得个人的劳动收益。因此，协作劳动参与者在客观上都具有愿意努力工作和配合他人的协作劳动主观行为倾向，都希望通过与其他成员的有效率的协作劳动运作来降低摩擦成本，从而增加协作劳动的成果价值含量与总收益。在收入分配合理的背景下，协作劳动的总收益增加并达到预期目标，也就意味着个人的利益目标的达到。集体的共同努力可以带来每个成员的收益保证和增进。企业员工劳动协作的互利机制在于每个协作的过程中都具有通过协作劳动达到增进劳动收益和人力资本投资的有效回收目的，从而形成协作参与者普遍具有积极、主动协作劳动的动力源泉或驱动力来源。因此互利（有学者称之为"互惠"）机制也可以称为劳动协作的驱动机制。

企业员工劳动协作的互利机制实现高效率、可持续运作的核心在于协作参与者的收益能否符合"帕累托改进"（Pareto improvement）的原则，其中核心的工作报酬所得是否符合效率的实际付出，以及在协作体内部各个成员之间的收益是否符合公平的原则。假设参与协作的全体员工都处于努力工作的正面行为条件下，如果协作劳动总收益增加且没有一个人的收益出现绝对减少的情况，从理论上讲，该状况下的协作体，实现了企业协作劳动互利机制的合理运作状态。

企业劳动协作的互利机制运作也会发生障碍和形成较高的摩擦成本，以及出现因员工之间的互利关系破裂而导致协作体解构的情况。其原因主要为：由于信息不充分，企业管理的激励机制运作不当，使得参与协作的员工长期处于实际劳动付出与工资等收益不匹配的状况，于是便采取消极怠工等劳动协作负面行为。协作体内部因为歧视、偏见和容忍负面行为参与者，也会导致分配不公的情况，往往使一些、努力工作的员工对参与协作劳动的积极性减退，以及产生要求企业内部人员调整与辞职流动的愿望及行为。此外，企业管理层有意安排"搭便车"的协作参与者，也会导致协作体内部成员的自利倾向普遍化，而互利行为倾向则被削弱。这些问题往往都会导致劳动协作体的效率下降，以及部分参与者离心离德，直接有损于劳动协作的互动机制的良性运作。

（三）企业劳动协作互律机制运作的经济机理

企业与企业员工的行为目的差异和企业内部协作体成员之间的利益矛盾等因素，都可能使员工产生协作劳动的负面行为和增加员工职业操守等道德风险发生的概率。传统企业曾经采取在劳动协作的员工当中安排专职的监督人员对行为进行外部干预，但这一方式往往受到员工的抵制和社会的谴责。为了保障企业生产经营活动正常运行和实现利润目标，现代企业逐步采用完善劳动合同和劳动管理规章制度等手段来规范员工的劳动行为。但由于信息不充分性、契约不完全性和非理性行为发生可能性存在等原因，企业难以对员工的所有劳动行为和集体性协作行为加以规范。因此在企业管理方实施约束机制之外，还必须建立协作体内部员工之间的劳动协作互律机制以约束员工在协作劳动中发生的负面行为。互律机制运作的核心目的在于使员工在劳动协作过程中能够自觉采取正面行为，同时对其他成员的负面行为加以及时提醒、交涉、劝阻与纠正。由于员工之间协作劳动所形成的劳动关系不属于雇佣性质市场交易关系，其参与者对于负面行为的约束机制不同于企业管理层实施的协作劳动约束机制。但企业内部劳动协作所形成的劳动契约关系的本质最终是经济利益关系，因此协作体成员对于部分有损于自身利益的负面行为具有纠正和抵制等本能性的维权行为特征。

互律机制也可以称为企业员工协作劳动内部成员之间针对负面行为的约束机制。企业员工协作劳动互律机制的核心是围绕协作劳动过程发生的员工职业道德风险的防范措施来加以运作，主要通过树立劳动者的契约精神和互信互助原则的建立来作为背景。但是，参与协作劳动成员之间的履行契约精神程度存在个体差异；劳动协作的契约往往不够明晰，如通常采取非文书形式的口头约定等不太规范的形式，所以会导致协作劳动过程中出现不同程度的违约、毁约行为，企业管理层面也难以对劳动协作过程中出现的劳动协作负面行为进行处理。企业员工协作劳动的互律机制运作往往是劳动协作机制体系的薄弱环节。

企业员工劳动协作互律机制的核心是在非市场交易的劳动协作过程中参与者之间按照协作契约的规则及时控制负面行为发生，以及对部分参与者的极端自利性行为进行纠正甚至惩处。互律机制是针对协作劳动的道德风险而确立的机制。在企业劳动协作的过程中，如果该机制的运作不健全或缺失，一旦个别人员的道德风险出现时，就会对协作劳动的效率带来不同程度的损失。

然而在实证调查的过程中也发现一种悖论现象，即许多员工不愿意对其他协作成员出现的负面行为进行直接的"面对面"方式的批评，但是却私下又表示不满和"打肚皮官司"。他们在不满情绪积累到一定程度后，才往往采取向有关领导反映的方式，希望由领导出面来对这些劳动协作参与者的负面行为加以纠正和批评。该行为和诉求的方式本质上是一种间接运作的劳动协作互律机制，原因在于部分劳动者（尤其是弱势的员工，如普工和青年工人）认为对其他员工的负面行为进行直接批评的效果往往会适得其反，会导致协作体内部人际关系恶化甚至引发冲突，关系搞僵后不好长期相处，因此希望由具有管理权的领导出面来代替员工之间的直接互律行为对他人的负面行为加以纠正。这种行为也与中国传统的社会伦理规范影响有关，如不愿意轻易得罪人，当老好人。在劳动协作互律机制不健全的情况下，也有部分员工会采取"惹不起躲得起"的态度，用脚投票，发生员工不正常的离职流失和要求在企业内部调离原协作团队的现象。企业员工劳动协作的互律机制不健全或运作成本偏高，往往导致劳动协作的互动机制和互利机制运作也不健全，最终影响劳动协作效率提升。由此可见，企业员工劳动协作的互律机制的良性运作是提升企业劳动协作效率的不可缺少的机制之一，不可能用企业管理的约束机制来替代。机制效应的发挥需要通过与管理层面的约束（监督）机制耦合运作，以及劳动协作契约的完善和企业文化建设加以配合来实现。

企业员工劳动协作的运作机制体系见图3-1。

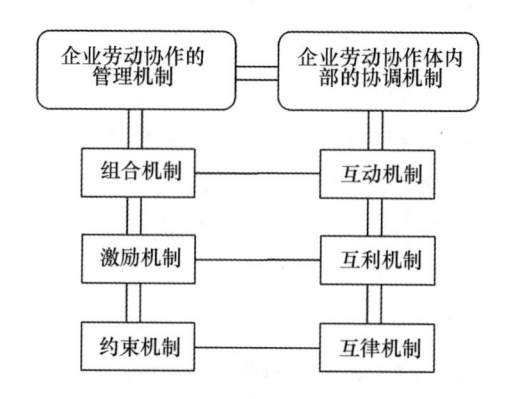

图3-1 企业员工劳动协作的运作机制体系

第三节 企业员工劳动协作机制对劳动行为的影响的实证分析

一 实证分析的背景

（一）实证分析的若干理论假设

企业员工劳动协作机制健全与完善的最终目的在于对企业员工的劳动协作行为产生影响，降低协作劳动的摩擦成本和提高协作劳动的效率与企业总体的经济效益。但是，出于两个层面的多种机制的运作对于企业员工的协作劳动行为影响的差异如何？不同层面机制运作对劳动行为的影响程度和关系如何？不同机制之间的联动性与相关性如何？这些问题都需要通过实证的研究来加以明确，并对理论分析的得出的结论加以验证。

基于对企业员工劳动协作行为的理论分析结果，实证分析将企业员工劳动协作行为做如下一些基本假设。

（1）作为理性的"经济人"，企业员工参与企业生产活动的目的首先在于实现自我劳动投入的效用最大化，而这种自我效用的实现是通过"互利"与"自利"行为有机结合来达到的。

（2）在参与协作劳动过程中，企业员工的劳动协作行为有正、负之分，其居主流和经常性的行为无疑是正面行为，即有助于协作劳动整体效率提升的劳动协作行为。但由于机制不完善等复杂原因，也很难避免参与协作劳动的少数或部分员工发生不同程度的劳动协作负面行为。

（3）企业员工在劳动协作过程中既会受到来自企业管理层的组合机制、约束机制、激励机制对运作状况的影响，还会受到来自协作体内部员工之间的互利机制、互动机制、互律机制对运作状况的影响，此外影响企业员工劳动协作行为的因素还包括企业系统之外的外部劳动力市场机制和企业经济系统之内的企业文化等。

（4）影响企业员工劳动协作行为的各种机制之间在一定程度上具有相关性与联动性。机制在运作过程中所发挥的效应具有一定的耦合关系。

（5）在企业员工参与协作劳动的实践过程中，通过完善与改进相关机制运作可以稳定和增加员工的正面行为，减少员工的负面行为。减少负面行为的发生是提升企业劳动协作整体效率措施的主要方面。

（二）实证研究的设计

1. 调研对象的选择

本实证研究主要致力于分析企业劳动协作各种机制对员工劳动协作行为的影响与相互关系。研究对象的选择分为两个方面，一是选择研究的目标行业与所属企业，二是选择企业中的基层员工个体。

为确保研究结果的准确性，本实证研究选择了五家中大型企业作为研究对象。为符合研究的目的，在选择具体目标、企业时将考虑下列原则：①该企业在行业具有一定的代表性；②该企业包含多数劳动协作模式；③该企业基层员工的岗位、工种、技能水平等容易界定；④该企业一线员工种类较丰富，确保研究具有一定的代表性和普遍性；⑤该企业中基层员工的劳动协作行为对企业生产有较为明显的影响。本次抽样调查的基层员工包括一线工作人员、基层和中层管理人员。本实证研究所选择的五家大、中型企业员工参与劳动协作的模式包括：流水线劳动协作模式、循环劳动协作模式、部门（板块）劳动协作模式、层级劳动协作模式、师徒劳动协作模式、主辅劳动协作模式、团队劳动协作模式。

2. 变量选择

本实证研究采取问卷调查、座谈会和案例访谈等调查方式开展。其中调查问卷分为四个部分，包括单选题、多选题和排序题以及简答题四种题型。其中，多选题是不定项的，因此对多选题进行分析时采用多选项二分法（Multiple Dichotomies Method），将每个可能的选项进行"0、1"编码，即将被调查者勾选的选项定义为1，未勾选的选项定义为0；排序题是将各个选项分别按照排列顺序进行反向分值赋值。对问卷调查有关数据的变量解释的信度和效度进行检验，均达到了统计分析的要求。

根据劳动协作相关理论分析与假设，结合已有文献研究，本研究取以下变量对企业员工劳动协作行为的影响因素进行实证分析，变量情况及其解释见表3-1。

表3-1　　　　　　　　　变量情况及其解释

变量类型	变量名		解释	
			关注重点	问卷中对应问题
因变量	劳动协作负面行为		负面行为	请在以下情境模拟下选择您认可的情境和行为。
自变量	企业层管理机制	组合机制	任务相关情况	您所在协作体内部成员工作任务的相关性是怎样的？
			人岗匹配情况	您的职业技能和您的岗位是否匹配？
			员工配置情况	您所在企业是如何对协作体进行成员配置的？

续表

变量类型	变量名	解释	
		关注重点	问卷中对应问题
自变量	企业层管理机制 - 激励机制	工资制度有效性	您所在企业的激励制度（工资制度）能否体现员工劳动协作效率和实际付出？
	企业层管理机制 - 约束机制	契约约定情况	您所在的协作体是如何约定协作关系的？
		监管情况	您在工作中主要受到谁的监督？
	协作体内部协调机制 - 互利机制	互助、利他情况	您所在协作体成员是否相互帮助与配合？
	协作体内部协调机制 - 互动机制	交流情况	您所在基本协作单位人员是否交流良好？
	协作体内部协调机制 - 互律机制	监督情况	发现协作体内其他人偷懒、"搭便车"时，您会怎么做？
	协作体内部协调机制 - 满意度	工资满意度	您对您的工资收入是否满意？
		员工配置满意度	您认为企业对您所在协作体中员工的配置是否合理？
	其他 - 企业文化	企业氛围	您认为您所在的企业氛围是否有利于劳动协作？
	其他 - 职业等级	职业资格	您的职业技能等级是几级？能否胜任岗位工作？
	其他 - 外部劳动力市场	企业外因素	您认为外部劳动力市场（工资、发展平台）对您的劳动协作行为是否有影响呢？

具体变量情况见表3-2：

表3-2　　　　　　　变量情况及其解释

变量类型	变量名	解释	赋值	
			因子分析	二元Logistic模型分析
因变量	劳动协作负面行为		1=有 0=无	1=有 0=无
自变量	企业管理机制 - 组合机制	基本协作单位	1=个人对个人 2=工段/班组 3=固定项目小组/车间 4=部门科室	1=有固定基本协作单位 0=无固定基本协作单位

续表

变量类型	变量名		解释	赋值	
				因子分析	二元 Logistic 模型分析
自变量	企业管理机制	组合机制	协作模式	1 = 流水线协作模式 2 = 部门（板块）式协作模式 3 = 层级式协作模式 4 = 循环式协作模式 5 = 师徒式协作模式 6 = 主辅式协作模式 7 = 团队式协作模式	1 = 复杂劳动协作模式 0 = 简单劳动协作模式
			员工配置方式	1 = 岗位分工 2 = 项目分工 3 = 辅助式分工	1 = 有固定岗位分工 0 = 无固定岗位分工
			任务相关性	1 = 相关 0 = 不相关	1 = 相关 0 = 不相关
			岗位与技能匹配度	1 = 匹配 0 = 不匹配	1 = 匹配 0 = 不匹配
		激励机制	工资结构 计件工资 计时工资 效率工资 股权分红	1 = 有 0 = 无	1 = 有 0 = 无
			企业对员工人力资本再投资支持	1 = 师傅教授 2 = 企业职业培训 3 = 他人帮助 4 = 自己摸索学习	1 = 有 0 = 无
		约束机制	约束机制	1 = 有 0 = 无	1 = 有 0 = 无
			契约规范性	1 = 规范 0 = 不规范	1 = 规范 0 = 不规范
	员工内部协调机制	互利	利他	1 = 有 0 = 无	1 = 有 0 = 无
		互动	相互交流		
		互律	相互约束		

续表

变量类型	变量名		解释	赋值	
				因子分析	二元 Logistic 模型分析
自变量	其他	满意度	收入	1 = 满意	1 = 满意
			工资制度	0 = 不满意	0 = 不满意
			员工配置		
		企业文化		1 = 影响	1 = 满意
				0 = 不影响	0 = 不满意
		职业等级			1 = 有
					0 = 无

备注：（1）有固定基本协作单位指员工间的协作方式是固定的。

（2）简单协作模式包括：流水线协作模式、部门（板块）协作模式、层级协作模式、循环（三班倒）协作模式；复杂协作模式包括：师徒协作模式、主辅协作模式、团队协作模式。

（3）企业对员工人力资本再投资支持包括：专门师傅教授、技能培训、外出学习。

（三）问卷调查分析

1. 数据来源

本实证研究采用便利抽样的方法进行调研，由企业将调查问卷发放给基层员工，并说明本次调查的实践意义和需要注意的事项。本次调研累计发放问卷500份（五家调查企业各100份），回收有效问卷459份，有效问卷回收率91.8%。

2. 样本基本情况

本研究利用SPSS23软件对问卷的第一部分，即个人情况，进行频数分析，得到样本基本情况分布为：

（1）被调查者多为21—30岁的年轻人（49.7%），31—50岁之间人数占33.3%，且31—40岁（18.3%）与41—50岁（15.0%）的人数分布相近，整体呈正态分布；

（2）大多数员工为大专/本科学历（64.1%），初中及以下学历的员工只占2%；

（3）员工工作年限较均匀，且20年以上工作年限的员工相比较多（22%）；

（4）普通工人占比较大（51.8%），其他岗位级别员工的比例相近，且一半以上的员工（58.4%）没有职业等级；

（5）近一半的被调查者是固定工（49.5%），长期工（与被调查企业签订两次以上劳动合同，占27.2%）较临时工（23.3%）的比例稍高；

（6）被调查企业54.5%的员工收入在3000—8000元之间，且月收入在3000—5000元和5001—8000元的员工各占27%。

二 基于问卷调查所收集数据的统计分析

（一）互动机制与组合机制的良性运行是形成劳动协作氛围的基础

在被调查者中，有45.7%的企业员工认为工作中彼此间的互动交流良好，24.5%的员工认为在劳动协作中会与他人相互帮助，且22.6%的员工认为彼此间的技能是相互匹配的，只有5.7%的员工认为工作中"很少关心他人，只认真完成本职工作"有1.6%的员工则认为工作中存在矛盾并影响到了与他人的协作。可见，所调查的员工间劳动协作的互动机制运作较好，同时对本企业管理层对员工配置的组合机制是比较满意的。

（二）管理层面的约束机制对劳动协作员工行为约定方式起主要作用

在被调查的五家大中型企业中，企业员工的劳动协作行为约定方式包括：公司制度规定、上级领导指示/安排、内部负责人安排、内部成员口头约定以及临时约定五种，分别占32.7%、31.6%、28.5%、4.5%以及2.7%。可见，在这五家大中型企业中，员工约定劳动协作的主要方式是基于岗位分工基础上的公司制度安排、上级领导指示/安排以及基本协作单位内部负责人的安排，而基本协作单位中成员间口头约定和临时约定的协作方式虽然存在，但所占比例只有7.2%，即这五家大中型企业员工的劳动协作约定方式是基于管理层的约束机制形成的，协作体内部员工之间的互律机制只是起一定的补充作用。

（三）企业协作劳动的组合机制和激励机制对劳动效率的影响最为显著

问卷调查反映影响企业员工个体间劳动协作效率的最重要的因素是员工职业技能是否匹配和协作体内部报酬分配的合理与否，二者的平均综合得分为3.73和3.70，次重要因素才是反映互动机制的相互熟悉程度、反映自律机制的个人的职业道德，以及反映约束机制的合同、协议、规则制度的规范性。相比之下，反映劳动协作互律机制的企业文化（企业的员工关怀氛围）对个体之间的劳动协作效率影响较小（见表3-3）。影响基本协作单位效率的因素中，最重要的是反映管理层激励机制的工资结构和分配制度，平均综合得分为6.33和6.13，即工资中是否包含与协作效率相关的奖金以及企业的报酬分配制度是否合理。次重要的影响因素是人员组合配置（相互熟悉程度、技能匹配程度），表明企业管理机制中的组合机制和激励机制对增进企业员工劳动协作的正面行为有重要作用。而企业的约束机制和互律机制位列第五位、第六位，紧随其后的是反映企业文化的员工关怀/氛围和协作单位规模，而相对最不重要的因素则是外部劳动力市场（见表3-4）。

表3-3　　　　影响个体间劳动协作效率的因素频率

选项	平均值标准误	标准差	方差	平均综合得分
技能匹配合理度	0.082	1.751	3.067	3.73
报酬分配的合理性	0.066	1.422	2.023	3.70
相互熟悉程度	0.062	1.322	1.747	3.44
个人的职业道德	0.076	1.621	2.627	3.14
合同/协议的规范性	0.077	1.650	2.722	3.00
企业员工关怀/氛围	0.074	1.581	2.499	2.25

表3-4　　　　基本协作单位劳动协作效率的因素频率

选项	平均值标准误	标准差	方差	平均综合得分
工资结构（是否包含协作奖金）	0.106	2.272	5.161	6.33
分配制度（是否按劳分配）	0.097	2.076	4.311	6.13
人员配置（相互熟悉程度、技能匹配程度）	0.084	1.807	3.265	5.53
激励机制	0.089	1.898	3.602	5.36
约束机制	0.081	1.731	2.997	4.62
互律机制	0.085	1.831	3.352	4.47
企业的员工关怀/氛围	0.081	1.740	3.026	3.35
基本协作单位规模	0.071	1.527	2.332	2.66
外部劳动力市场	0.085	1.824	3.327	1.93

(四)完善激励机制和互利机制是增进劳动协作员工正面行为的有效措施

据问卷调查反映,员工普遍接受对正面行为所给予的表扬、奖金、职位晋升、在职培训等正激励措施;同时也认为对协作劳动表现较差的员工给予口头批评、书面检查、处罚金等负激励是提高员工劳动协作效率的有效措施,而75.2%的被调查者认为"增加工资报酬中与协作相关的收入比重,如效率工资、协作奖金等"措施能够改善员工劳动协作行为。此外,也有64.7%和63.2%的被调查者觉得"加强监督、及时反馈,使员工的合作与协作行为得到及时调整"、"提高基层管理人员、基本协作单位负责人的机动性与自主权"有助于企业员工规范劳动协作行为。而"加强企业员工职业道德培养,加强企业管理的规范性"和"在企业中营造协作、互帮、互律的氛围",对提高企业员工劳动协作效率的有效性较低(见表3-5)。

表3-5　　　　　提高企业员工劳动协作有效措施频率

	响应		个案百分比	平均值标准误差	标准差
	个案数	百分比			
完善企业劳动合同和协议制度,用规范的纸质合同代替口头约定	200	11.4%	43.6%	0.023	0.496
提高基层管理人员、基本协作单位负责人的机动性与自主权	290	16.5%	63.2%	0.023	0.483
增加员工协作在激励机制中的占比,对协作较好的员工给予表扬、奖金、职位晋升、在职培训等正激励;同时,对协作较差的员工给予口头批评、书面检查、处以罚金等负激励	423	24.0%	92.2%	0.013	0.269
加强监督、及时反馈,使员工的协作行为得到及时调整	297	16.9%	64.7%	0.022	0.478
增加工资报酬中与协作相关的收入比重,如效率工资、协作奖金等	345	19.6%	75.2%	0.020	0.433

续表

	响应		个案百分比	平均值标准误差	标准差
	个案数	百分比			
加强企业员工职业道德培养，加强企业管理的规范性	138	7.8%	30.1%	0.021	0.459
在企业中营造协作的互帮、互律的氛围	66	3.8%	14.4%	0.016	0.351
总计	1759	100.0%	383.4%		

（五）加强劳动协作体内部的互律机制和互动机制建设十分必要

对于问卷中"您认为有助于加强您和其他员工劳动协作的建议有哪些？"的问题，不少被调查者给出的答案包括"增强个人技能，同时提高沟通能力和理解能力"、"合理配备队友"、"提升自己的同时也要提升其他员工，互相帮助"、"多交流""互帮互律"、"部门间多进行交流"、"加强企业合作文化培养以及促进建立完善的劳动协作制度"等答案。可见，提高企业劳动协作效率不仅仅取决于企业管理层的机制运作，还可以从完善加强协作体内部员工的互律与互动机制等方面着手，以进一步发挥其提高协作劳动效率的潜力。

三 完善企业员工劳动协作机制的一些基本措施

根据问卷调查的统计分析，可以发现本实证研究的有关理论假设都基本成立。由于这次调研涉及的企业面较为狭窄，样本的覆盖面也有限，所做出的统计分析不可能全面、系统与准确。许多问题还有待深入研究，如所调查的企业均处于正常的盈利生产运营状况，员工对劳动协作负面行为的反映也就不突出；对于劳动协作中的非理性恶意负面行为也难以通过对受访员工的问卷调查方式得到了解。但是结合访谈和案例等研究，也可以从中得出一些完善企业劳动协作机制方面的措施建议。

第一，注意完善团队等复杂协作劳动模式与效率—利益挂钩的工资奖金分配制度。对于团队等劳动协作模式的机制的实际运作信息，企业管理层往往难以及时地加以确切了解和掌握。应当提高基本协作体负责人对参与协作人员的组合配置、收入分配的机动性与自主权，以便完善劳动协作的激励机制与互利机制的运作与提高协作劳动的效率。

第二,严格限制来自企业管理层的安插人员"搭便车"行为。据了解,无论国有企业还是私人企业都有领导人或管理层安排的一些"搭便车"人员存在,对劳动协作产生了一定的负面效应。需要通过改进与完善企业以劳动人事制度为核心的约束机制的运作来加以解决。

第三,完善企业协作体内部的互律机制运作。由于协作体内部员工之间劳动契约的不完全特征十分显著,管理层对劳动协作中的负面行为发生缺乏有效的及时的约束手段与措施。应考虑在团队等复杂协作体内部尽量以文本形式对协作劳动契约关系加以明确和对行为进行规范,并且对员工公布和定期检查履行情况。加强对协作劳动者之间的以诚信为核心内容的协作劳动心理契约的规范。通过不定期的民主生活会等方式推动协作参与人员之间的批评与自我批评,健全员工劳动协作的互律机制的常态化运作。

第四,建立以劳动合同为核心的和谐企业劳动关系,增强员工在劳动协作中的凝聚力和对劳动协作体的归属感。要把树立员工的契约精神与建立企业的和谐劳动关系有机结合,认真履行符合"体面劳动"要求的劳资双方的行为规范。注意提高青年员工、低技能员工等在企业劳动协作体中的相对稳定性。推动企业员工劳动协作效率全面提升。

第四节 企业员工劳动协作机制运作的耦合及其效应

一 企业员工劳动协作多种机制运作中的耦合关系

企业员工劳动协作活动的运作存在来自于管理层与来自于协作体内部的多种类型运作机制,这些不同类型的机制之间往往具有不同程度或形式的耦合关系。所谓"耦合"是指两个或两个以上的事物存在相互影响和相互作用的能产生复合效应的机理性关系。与企业员工劳动协作活动有关的来自企业管理层的机制主要为:约束机制、激励机制和组合机制。来自企业协作体(单位)内部的机制主要为:互利机制、互律机制和互动机制。这些机制通过合理的耦合关系的建立,可以进一步强化有关机制运作的综合效应,促使企业员工之间的劳动协作摩擦成本减少和协作劳动的综合效率得以提升。

有关的劳动协作各个机制在运作中发生的耦合关系及其效应，可以通过理论分析和实证研究两个方面来加以认知。

（一）企业劳动协作的约束机制与互律机制具有一定的相互配合关系

从理论分析可知，企业层面管理部门所实施的对员工（雇员）劳动协作的约束机制主要是通过劳动合同、劳动管理制度有关条款的约定，得到雇员认可的劳动纪律制度、规章，以及具体落实到生产经营过程中的企业劳动行为要求来实现的。为了减少、消除员工直接的劳动协作的负面行为发生，还需要进一步通过监督性的约束机制来对劳动协作的负面行为采取警告、处分等严厉措施，以构成全面、完整的全过程的对员工劳动行为的约束。由于企业人力资源管理理论中的劳动者被假设为生产要素性质，不再具有独立的与雇主谈判与交易的地位，所以企业参与劳动协作的员工往往在管理层实施的约束机制面前处于被动、无条件接受指令的地位，即使是对于不利于协作效率发挥的约束指令，员工也只能够采取被动服从的态度。其中企业在针对刚刚进入企业的新职工的约束机制实施之前，会对许多新员工的一些不自觉的无意识的违反劳动纪律和制度规定的行为通过岗前集训就加以告诫，以便减少在实际劳动协作上岗过程中负面行为发生。但是，仅仅依靠约束机制来对员工之间所发生的许多劳动协作负面行为加以管控，仍然难以做到对消极怠工等负面行为的全面、有效的约束。所以传统的企业往往采取增加监督人员岗位的配置，来减少员工的劳动协作负面行为的发生，但是监督岗位和人员的增加同时也相应增加了企业的监督性人工成本。如果有的监督行为过于苛刻和不近情理，可能会增加员工的抵触情绪并强化员工的消极对抗甚至破坏性行为。所以，现代企业的人力资源管理往往在注意完善各种对劳动协作行为的约束手段的同时，注意建立参与劳动协作员工之间的互律机制来加以匹配，形成互律机制与约束机制的耦合关系。如在企业方面约束机制的运作处于弱化边缘的某些领域，会要求员工通过内部协商和自我行为规范，使协作体内部员工的互律机制得以形成与完善，并且结合管理层的约束机制的运作共同发挥减少或消除负面行为的效用。调查发现，一些企业往往会要求班组等基层协作劳动体内部的成员针对劳动纪律的落实，自主建立劳动协作有关的行为补充性规则，以体现劳动协作关系的行为互律及其对协作行为约束的正面能动性。劳动协作体内部的员工之间互律机制的建立与完善，还会起到强化企业管理方所实施的约束机制的作用，从而形成约束机制与互律机制在运作中的的耦合效应。

在开展实证研究所调查的五家大中型企业中，企业员工对于劳动协作行为的约束方式主要包括：公司制度规定、上级领导指示/安排、协作体内部负责人安排、内部参与劳动协作成员的口头约定，以及临时约定等五种。而基本协作单位中成员间以口头约定和临时约定形式运作的互律机制虽然存在，但所占比例很小。即这五家大中型企业员工的劳动协作行为主要是基于管理层的约束机制而形成的，协作体内部员工之间的互律机制在机制的耦合中只是起一定的补充作用。问卷调查中还反映出在协作劳动的过程中，员工普遍不习惯采取"面对面"方式直接开展对负面行为的批评，而是希望向领导反映情况、再由领导出面进行对负面行为的纠正，反映出这些企业协作劳动员工之间的互律机制运作尚不健全。

（二）企业员工劳动协作的激励机制与互利机制具有紧密的动力叠加关系

企业在对内部劳动力市场进行人力资源管理的过程中，面对具有劳动行为理性自利和互利能动结合的以异质劳动形态出现的员工群体，需要通过运作各种与实际劳动绩效挂钩的以工资、奖励为核心的激励机制来使员工的劳动积极性得到充分的发挥。在劳动力的所有权与劳动力的使用权分离的雇佣劳动情况下，企业要使员工能够积极主动参与协作劳动、充分发挥其参与协作劳动的正面行为的效用和自我约束负面行为，现代股份制企业建立了一套以绩效工资、期权分配、利润分享等为内容的激励机制。但是。从理论上也可以发现，由于信息不充分和协作劳动过程不确定因素的存在，企业的规模越大、管理体系越复杂，企业管理层就越缺乏对直接参与劳动协作员工的具体劳动绩效和劳动行为状态的了解，企业高度集权管理体制下的一般性激励机制往往效果并不显著，有的激励措施甚至还适得其反，如在许多情况下企业新出台的激励机制都难以做到在员工中"一碗水端平"，很难达到所有员工皆大欢喜的激励效果。又如企业在引进人才时激励过大，反而引起原有人才不满，使其在与新来的人才协作劳动中不予积极配合，甚至于出现"招来女婿气走儿子"的情况。因此，企业在协作劳动的激励机制运作的同时，还需要通过建立协作体内部的互利（互惠）机制，通过两个机制相互的耦合运作来达到真正的切实有效的激励效果。

企业劳动协作体内部的互利机制建立的核心是使每个参与劳动协作的员工在协作中都能够在共同利益的增进中满足自利的个人目的。即使是对工资报酬的相对比例进行调整，也应当尽量做到符合"帕累托改进"的原则，不要出现员工协作劳动努力程度不变但绝对收益的减少的情况。由于企业实施的激励机制和协作体内部的互利机制都有利于员工参与劳动协作的利益驱动力的形成，并且两个机制最终的目标也具有一致性和相容性，即在实现协作体成员的总体利益增进和个人的收益和福利增加的基础上，达到企业人力资源配置优化和效率提升的目的。因此，企业管理层所运作的劳动协作激励机制和协作体内部运作的互利机制之间形成不同程度的耦合关系具有行为目标统一的必然性。

在对有关企业的问卷调查中发现，参与劳动协作的员工普遍接受对其劳动协作的正面行为给予表扬、奖金、职位晋升、在职培训等正激励措施的实施；同时也认为对协作较差的员工应当给予口头批评、书面检查、处以罚金等形式的负激励的措施；对于能够较为直接提高员工劳动协作效率的有效激励措施，有75.2%的被调查者认为"增加工资报酬中与协作相关的收入比重，如效率工资、协作奖金等"举措，能够较好地改善员工劳动协作行为。此外，也有63.2%的被调查者觉得"提高基层管理人员、基本协作单位负责人的机动性与自主权"，有助于形成员工在协作劳动中的互利机制。

（三）企业劳动协作的组合机制与互动机制具有紧密的相互完善关系

企业的生产经营活动要达到优化劳动力要素配置和与固定资本、生产设备、原材料、劳动工具等其他要素优化组合的目标，需要对以企业内部分工为背景对不同工种、岗位和技能水平的员工进行合理组合，即实施企业劳动协作的组合机制。企业对员工劳动协作的组合机制运作往往建立在车间、班组和科室等劳动协作体（单位）的基础上，使得其组合的人员在配置上具有相对的稳定性。但是，对于劳动力要素的运作和能力的发挥，企业管理层所运作的组合机制只能够提供优化组合的可能性和为其提供必要的协调良性运作条件,而实际运作的劳动力协作组合最终需要通过协作体内部成员的互动机制的运作来实现。如果企业协作劳动员工之间的互动机制不完善,则企业管理层的组合机制也难以发挥应有的作用。因此,企业对于协作体的互动机制的建立是持积极态度的,希望通过协作体内部参与人员的主动、密切配合来实现劳动协作的效率提升。劳动协作的互动机制的建立可以弥补企业管理层安排的组合机制的不足,以及依靠员工主动灵活地相互配合,自我处理许多协作过程中所发生的问题。劳动协作体内部的互动机制的良性运作需要参与协作员工对技术的熟练掌握,对其他人员技能水平的了解,以及对突发情况的应对处理能力和经验,等等。因此,在协作体人员组合相对稳定的基础上,人员配备调整的灵活性等因素对互动机制的运作也非常关键。企业劳动协作的组合机制与互动机制的耦合关系主要体现在两个机制之间的互补作用上。

基于实证研究中对有关企业调查的问卷资料分析,反映影响企业员工个体间劳动协作互动机制的最重要的因素是"职业技能是否匹配",其平均综合得分为3.73,次重要的因素才是反映互动机制的"参与劳动协作员工相互熟悉程度"。表明企业管理机制中的组合机制对企业员工劳动协作效率发挥有重要影响,但需要通过协作体内部的协调机制中的互动机制的运作来实现。

二 企业劳动协作系统要素对劳动协作机制耦合的效应分析

企业劳动协作是一个复杂的运作系统。在该系统中,围绕机制的运作和耦合,还包括劳动协作模式、劳动协作行为、劳动协作契约与劳动协作分配制度等要素。不同的要素对于劳动协作的机制耦合的效应具有差异性。

(一) 劳动协作模式对劳动协作机制耦合的效应

企业劳动协作活动存在不同的劳动协作模式,在流水线、循环等简单劳动协作模式中,来自企业管理层主导的机制耦合对于协作劳动的人力资源优化配置能够发挥较明显的放大效应。但是,对于复杂的劳动协作模式,来自管理层的机制耦合的效大效应则不明显,且表现出存在许多运作机能的缺陷。其机理在于企业的层级越多,最高层管理者对基层协作单位的劳动协作的具体运作就必然会出现信息不充分等问题，如以激励机制为主导、员工互利机制体现不充分的耦合机制运作，对于员工在劳动协作的实际付出和真实协作能力大小等信息都缺乏有效的了解和动态的绩效考核手段，尤其是在团队协作模式的运作过程中，企业高层管理运作的机制往往缺乏变通性和灵活性，容易带来协作劳动的效率损失以及公平失衡等问题。因此，现代企业在管理中对一些复杂劳动协作模式的运作采取权力下放、扩大自主权的措施，使协作体如团队拥有一定的决策自主权，使劳动协作团队内部增加自我的管理、调控和收益分配的权力，从而使得相关的机制耦合关系较为合理。如将组合机制与互动机制的耦合关系调整为以协作体内部员工之间的互动机制的运作为主，以提高互利机制和互律机制在相关的机制耦合中的地位。在复杂协作模式中，使劳动协作体可以较大程度上自我决定和调整具体的一些劳动组合人员关系、机动地调整协作劳动的程序和劳动协作的微观行为规范，取得对参与协作员工的加班、休假的相关待遇的人力资源管理的决定权。企业管理层还可以授予团队负责人拥有较大程度的收益分配权，使团队领导协调者运用其权力来控制一部分工作经费使用，以及对一些预期不确定收益的分配权等，从而实现劳动协作的运作效率和协作成员取得与劳动绩效相对应的收益的公平性。

（二）劳动协作契约规范对机制耦合的效应

经济契约的不完全性是一个普遍存在的不争事实，也是市场交易风险产生的重要原因之一。企业内部的劳动契约不完全或不规范都会对企业人力资源管理带来效率损失。因此，现代企业需要加强内部劳动契约的规范性和完备性来增进机制耦合的关系，从而减少摩擦成本和提升劳动协作的效率。劳动契约规范对机制耦合关系的影响主要是通过约束机制和互律机制的耦合关系调整来运作的。对于企业的劳动协作运作，一是存在企业管理者与劳动者之间的劳动契约，二是参与协作劳动员工之间的劳动契约，二者都是不完全的契约。但是前者具有市场交易的契约性质，后者则属于非市场交易的性质。参与协作员工之间的契约往往不明晰，责权利界定不清楚。如果在协作劳动过程中两方面的契约都缺乏对劳动行为的约束力，就可能使劳动者的劳动协作负面行为大量产生，最终造成约束机制与互律机制耦合关系的松散，导致劳动协作的其他机制耦合关系的运作也出现障碍。

(三) 协作收入分配制度对劳动协作机制耦合的效应

企业员工劳动协作的收入分配制度对协作机制耦合运作具有明显的影响作用。企业对劳动协作活动的收入分配主要是通过企业人力资源管理的工资福利制度安排来实现的。但是以员工个人为考核单元的激励机制在一定条件下还不能够保障协作劳动的总体效率得到发挥，如部分成员负面劳动行为发生可能导致激励机制的运作失效。企业管理层实施的激励机制还需要通过与员工层面的互利机制的耦合运作，才能发挥出协作劳动的整体效率。其中机制耦合关系协调的核心是协作体内部各个成员之间的相对收益是否符合"公平工资"的原则。如果参与协作劳动的成员的工资报酬和其他收益较为长期地与实际的劳动付出脱离，或者其参与协作的收益与其他参与者的收益之间存在不公平的情况，则说明企业协作劳动互利机制的运作出现了问题，也会使得企业管理层所实施的激励机制难以充分有效地发挥作用。如果互利机制与激励的机制耦合运作不协调。往往会出现参与协作的劳动者出现负面消极行为，或发生参与协作的员工不正常流失现象。在市场经济体制下的现代股份制企业的协作劳动中，在体现分配制度安排的激励机制与互利机制的耦合关系上，劳动协作的互利机制对具体生产过程中的员工劳动效率的发挥显得更为重要。因为企业员工对收入分配的公平性的感受主要来自于直接的协作劳动参与者的收入与效率的关系；然后才是对企业内部不同部门、岗位人员的以及社会不同企业之间的收入分配水平比较。

第四章

企业员工劳动协作的劳动关系与劳动契约

第一节 企业劳动关系与劳动协作形态的劳动关系

一 企业劳动关系理论与形态特征分析

劳动关系是劳动经济学理论体系中最为重要的内容之一，所反映的问题属于典型的"规范性"经济问题，即需要作出"好"还是"不好"的价值、经济伦理甚至意识形态的判定问题。例如，"工时"（work hours）问题就包含有劳动关系的问题。在合理限度内经过平等协商并且由劳动法规所确定的工时标准被认为具有好的劳动关系性质，不符合劳动法规的非自愿超时劳动则被认为具有坏的劳动关系性质。劳动关系问题的研究以劳动力市场交易为背景，重点分析交易的公平性问题。劳动关系起始于企业外部的劳动力市场活动，但是却主要是对企业等用人单位内部的劳动力市场活动过程所产生的与人的劳动行为有关的经济关系进行研究。劳动关系的研究需有对劳动交易的公平性和经济伦理等提出规范性的判定标准和分析结论。因此，现实生活中的企业劳动关系就存在"好"的劳动关系与"不好"的劳动关系的区别。20世纪80年代国际劳工组织（IWO）所提出的"体面劳动"（decent work）理念尽管有多种解读和理解，但是其理念的核心内容是构建和谐、公平的企业劳动关系。只有在和谐、公平的企业劳动关系下，劳动者才有可能获得体面的有尊严的劳动光荣的感受，也才有可能使劳动的价值由物质利益追求上升到精神追求层面。

劳动关系理论所涉及的首要问题是劳动关系利益主体的认定问题，具体为劳动关系所涉及的利益主体是二元还是多元的？现代劳动经济学理论中的"劳动关系"（labor relations）概念通常是指人们在创造社会财富的劳动过程中所形成的经济社会关系，其核心是经济利益主体之间的收入分配关系以及与劳动相关的各种权利、义务和责任等关系。劳动关系产生于人类的集体劳动活动，因而也就存于人类社会的所有的社会形态的各种产权制度类型的绝大多数劳动过程之中。即使是在奴隶社会和传统农业社会中，也应当有与其相适应的具体形态劳动关系。通过劳动关系发生的相关利益主体之间相互作用而形成的经济社会关系是整个社会关系的主导形式和最重要的形式。以发达市场经济活动为研究背景的现代经济学所指的劳动关系往往是狭义地指在企业（用工单位）这种经济组织结构下的资本和工人之间所建立的雇佣形态的劳动关系）。在中国现阶段的市场经济体制下，企业的劳动关系是指按照劳动者与企业等用工单位之间所签订的市场劳动合同规定所发生的经济交易。在现代股份制企业制度生产经营条件下，企业劳动关系由企业管理层（代表资本产权利益）和员工（作为劳动力产权的人格化）两个对立统一的利益主体所构成的。但是政府作为企业劳动关系的规则确立和执行监督人，也是企业劳动关系的不可或缺的利益攸关者，其履职行为对企业的劳动关系是否协调与和谐具有举足轻重的意义。企业劳动关系的管理方与员工作为劳动关系的利益主体地位是确定无疑的，而政府对于企业劳动关系的调控行为往往是通过对劳动法律法规的规范与监督来介入与实施的，从而约束和规范企业内部劳动力市场交易双方的行为。政府还通过对涉及劳动关系的纠纷与冲突加以调解和仲裁，通过对企业劳动关系的协调和完善，从而保障政府对企业的投资和税收等利益。

目前在许多劳动经济学的文献中，普遍从理论上将企业劳动关系简约地等同于劳动与资本的关系，即 L-K 关系。因此在研究企业劳动关系时，往往局限在对雇佣形态的 L-K 劳动关系进行分析。这种对企业劳动关系的简单化理论定位，自我限制了对劳动关系理论的深入探讨，使得理论与现实有所脱节，难以有效地对大量现实发生的企业的劳动关系进行科学的理论解释和合理的实证分析。人们不难发现，在现实的市场经济体制下企业生产经营过程中，实际存在多种特殊形态的劳动关系，如在计划经济时期的公有制企业内部成员之间的劳动关系，20世纪80年代后转轨到市场经济体制的中国农村股份合作制经济组织内部成员之间的劳动关系，以及实行现代企业管理制度的股份制企业的劳动关系。这些现实存在的生产过程所发生的劳动关系，都难以在传统的劳动与资本（L－K）关系的理论框架下来加以科学的分析与得到合理的解释。

此外，改革开放以来，中国的一些学者曾经将以劳动合同所代表的市场经济新型劳动关系"妖魔化"，认为市场交易所形成的劳动合同所代表的企业劳动关系是一种"不平等的劳动关系"，具有天生的不平等契约性质。在他们看来，劳动者一旦进入企业，"劳动者就以从属的关系上提供劳动"。认为企业员工在劳动合同的履行过程中，企业与劳动者的地位是天然不平等的。企业员工身份上所反映的从属关系，表现为"劳动者工作的实施应服从用人单位的指示，还要遵守用人单位的规章制度、劳动纪律"；"企业内部劳动力市场交易关系形成具有天生不合理、不公平的经济机理"；等等。这些观点其实主要是基于中国劳动力市场供需结构长期性失衡的经济发展阶段的背景，在此阶段中国劳动力市场的供给大于需求，劳动者在市场交易的博弈过程中多数人处于谈判的弱势地位。但是该观点的要害在于否定劳动者作为市场交易的利益主体的平等交易地位，从而也就否定了建立市场经济制度和充分利用劳动力市场配置劳动力资源的合理性与必要性。试想市场经济体制下的作为基本的社会关系和经济关系的劳动关系都不能建立在平等的基础上，那么整个市场经济体制下的公平性与正义性也就不会成立了。该观点的问题在于将企业管理对人力资源配置的处置权作为劳动关系不平等的原因看待，而无视劳动者作为劳动力市场交易的利益主体地位始终存在的事实，没有看到进入企业后的劳动者仍然具有与企业进行工资福利等收益再协商、再谈判、再交易的市场行为事实，以及在劳动力市场供不应求或部分劳动者表现为"经济租金"，以及工会等内生性交易机制完善的条件下，企业员工方面也可以成为强势一方的客观事实。从理论定位来看，该观点仍然属于传统政治经济学对劳动关系L－K框架的逻辑思维类型。

以上分析的大量劳动关系的现实问题表明，将复杂的劳动关系简单地归结为劳资关系的理论，对现实生活中企业的劳动关系难以进行科学的解释，需要加以创新和深入探讨。如发达市场经济国家普遍采用的现代公司制度的委托—代理制，其劳动关系就不能够用简单的劳资关系来加以解释和进行科学的机理分析；又如劳务派遣制度的劳动关系也不能够用简单的劳动与资本双方的市场交易关系来加以解释和分析。

就劳动合同所反映的劳动关系的确定而言，委托—代理制的劳动合同是雇主（或企业）与职业经理人（管理型劳动者）之间的劳动关系，同时还存在职业经理人作为企业股东和投资人的代理人与一般员工之间建立的劳动关系。鉴于不同人力资本的特质及在劳动合同中与雇主谈判力的差异，在企业内部可以将劳动合同分为：雇主（用人单位）与普通劳动者（员工）之间签订的劳动合同，雇主（用人单位）与管理型劳动者（经理层或职业经理人）之间签订的劳动合同。而劳务派遣制度的劳动关系则表现为建立特殊的三方劳动关系，劳动者与派遣公司之间签订有具备法律效力的劳动合同但是却不发生实际用工行为，而作为要派单位的企业实际发生用工行为即形成了事实的劳动关系，却又不与劳动者签订劳动合同。目前学术界对于劳务派遣制度制劳动关系的理论定位意见分歧较大，迄今为止都没有形成一个较为统一的共识。有关的认识粗略整理就有：一重劳动关系论、双重劳动关系论、一重劳动关系双层运作论、主要劳动关系和准劳动关系结合论等多种理论解释。

以上对企业劳动关系理论研究现状的简约分析，都充分说明企业劳动关系的许多理论还有待进一步深入探讨。其中就包括企业以及事业单位员工在劳动协作过程所中存在的劳动关系问题。

二　企业员工劳动协作形态的劳动关系及其特征

企业是人的劳动行为发生的主要平台和空间场所，企业的劳动关系所代表的是人类社会最基本的的经济关系与利益关系。通过对企业员工劳动协作进行研究后发现，企业内部不仅仅存在企业出资人与劳动者之间的劳动关系，也存在企业内部的各个劳动协作体（单位）内部的成员之间的特殊劳动关系。

第一，企业员工劳动协作的劳动关系是直接劳动过程所产生的异质劳动要素之间所形成的劳动关系。这种特殊的劳动关系成立和运作的基础在于：企业发生的实际劳动分工协作过程导致不同工种、岗位和技能水平的劳动者之间必然会产生一定的经济利益关系。为了协调这些利益关系又必然产生一定的劳动契约关系。这种特殊且真实存在的劳动关系即劳动与劳动（L-L）关系，明显有别于企业与所雇员工之间发生的资本与劳动（K-L）关系。由于企业员工与企业之间存在多种雇佣契约类型，因此不同的雇佣契约类型所表现的L-L关系也存在许多差异；如固定工与临时工；技工与普工即有不同的L-L关系。

第二，企业员工劳动协作所产生的劳动关系是直接实际劳动过程所发生的集体内部的劳动关系。企业内部的劳动者与劳动者之间的（L-L）劳动关系发生在企业生产经营实际运作的员工的劳动协作过程中。参与协作劳动的员工的集体性劳动行为和同心协力的劳动付出代表了协作劳动关系的主流形态。企业员工在实际生产经营过程中所建立的劳动关系是一种实体形态的劳动关系，而不是虚拟形态的劳动关系。他们之间互相称之为同事或劳动集体成员，他们之间所建立的劳动关系是与协作劳动过程紧密联系的利益共同体关系。

第三，企业员工劳动协作所产生的劳动关系属于非市场交易性质的劳动关系。相对于劳动者与雇主之间（L-K）的劳动关系，协作劳动关系不是雇佣与被雇佣的经济与利益关系，而是劳动者（员工、雇员）之间通过协作劳动而建立的一种特殊的经济与利益关系。这种劳动关系与直接实际发生的集体性劳动过程紧密联系在一起，参与者之间不存在市场交易的经济关系，但是却存在人与人之间的利益关系和经济关系，其一是所有参与劳动协作的劳动者之间具有对于资本方面共同性的利益诉求，其二是协作参与者之间的与绩效和收益相关的利益关系。参与协作劳动者之间的利益诉求一般需要通过劳动协作体层面的互利、互动与互律的内生性机制运作、劳动协作契约规范，以及企业的人力资源分配制度安排来加以实现。

第四，企业员工劳动性质所产生的劳动关系不是对抗性的利益博弈行为关系。企业劳动协作的参与人与企业管理层或雇主之间所建立的劳动关系又称为"劳资关系"。劳资关系具有双方利益分配对抗性的一面，往往会在工资与利润的分配上产生矛盾、冲突和对立，造成劳动关系紧张和不和谐的格局，即公平的原则一旦被忽略，就会对企业劳动的效率带来负面的影响，如出现劳资双方利益的"零和博弈"结局。而企业员工之间在协作劳动中所发生的劳动关系在本质上不具有对抗性，也不具有严格意义上的一方垄断市场交易关系,所以员工劳动协作的劳动关系主要是对协作劳动参与者的劳动行为进行规范的问题。参与劳动协作的员工之间也可能由于劳动绩效与报酬不协调和分配不公等因素而产生消极的负面行为,从而影响到协作劳动的整体效率。企业员工劳动协作的劳动关系主要是通过契约来对协作参与者的负面行为进行约束或纠正,从而使劳动关系得以改善与规范,最终使劳动关系符合利益分配的公平原则。

第二节 劳动契约与劳动协作形态的劳动契约

一 契约与劳动契约的多学科理论述评

劳动契约(labor contract)是指在劳动就业的经济领域里存在的人们以劳动收益(如工资薪酬、福利、保险等)为核心的规则约定。按照研究的对象不同,劳动契约理论可以分为微观和宏观两个层面。微观层面上的劳动契约理论将劳动契约作为微观性的制度安排,从企业视角来探讨劳动契约的性质等问题,比如企业与员工签订劳动合约的期限,劳动合约的稳定性、变化性,劳动合约的实施机制以及劳动合约的再谈判机制等问题。宏观层面上的劳动契约理论则侧重于从全社会劳动关系的视角来考察劳动合约的演变过程和政府对劳动合同等法律层面的宏观管理机制等问题。

劳动契约是经济契约的一种类型。经济契约理论中的劳动契约理论认为:劳动力市场是一个信息不对称的市场。劳动力市场的信息不对称现象存在于很多场合之中。首先是劳动者的就业机会与劳动力资源之间信息不对称,企业需要寻找他们所想要的不同类型的劳动力,而劳动力限于空间距离和社会网络等因素对工作岗位能否适合自己要求并不清楚,因此双方都需要花费大量的时间精力作为交易成本来获取信息。其次是企业在劳动力市场上与求职的劳动者就工资等达成了初步的劳动合同,但是双方的实际情况并不可能全面充分地得到了解,所谓的劳动合同相当于在不完全信息背景下对职位的预约单,仅仅是为劳动合同的双方提供了一定的职位保证。初步或早期的劳动契约的不完全性是由舍温·罗森(Sherwin Rosen)提出的,他认为早期的劳动合约是一种非正式契约,它是在正式就业开始之前所签订的就业合同，是劳动者与企业就未来就业所达成的协议。但是，由于不能够获得足够的关于初步合同协议中劳动者工作能力的信息，因此，企业会给契约留下再谈判、再审议的空间（如签订试用期），以避免劳动契约信息不真实造成的劳动效率损失。但由于不确定性的存在，初步劳动合同的签约风险是无法消除的。企业认识到这一问题，所以初期劳动合同为劳动者提供的承诺保障是很有限的，许多事项需要待试用期满后再重新协商。由此可见，初期的劳动合同实际上是一种不完全契约，也是非正式契约。非正式契约理论考虑了劳动契约的长期签约与重复签约问题，当劳动契约双方存在重复交易的可能性时，对未来的考虑会改变缔约双方现在的行动，因此，重复进行的劳动契约可以减少由于信息不对称造成的不利影响。

劳动经济学的内部劳动力市场理论的分析也说明劳动契约是一种典型的"不完全契约"。该理论将劳动力市场分为内部劳动力市场与外部劳动力市场，外部劳动力市场的理论假设是传统市场交易理论中具有完全竞争性质的劳动力市场，企业按照竞争性的市场上劳动力要素的边际成本和边际产品价值决定劳动力的需求，劳动力的均衡工资和雇佣数量取决于劳动力的供给和需求，劳动力市场最终通过供需关系的调节而处于出清状态。所以，在传统理论中，外部劳动力市场是一种"现货"市场，企业与劳动者之间所签订的劳动契约是短期契约。传统理论不仅仅假设外部劳动力市场是完全竞争的市场，而且还假设参与市场交易的劳动者是同质的，不存在专用性的人力资本投资和人力资本投资水平的差异，同类劳动者之间的转换成本为零。而内部劳动力市场理论则认为，员工在进入企业之前的劳动契约与进入企业之后的劳动契约是有重大区别的。企业与劳动者之间的初始劳动契约是在外部劳动力市场上形成的。而内部劳动力市场是指劳动力进入企业之后，雇佣期限的调整、工资的决定、工作职位的变化等因素，使其劳动契约表现为不完全性。更主要在于进入企业后的劳动者的劳动能力和实际的劳动效率是变化的，不可能由管理层加以完全控制和充分了解。其次是作为劳动契约一方的劳动者虽然对自己的劳动能力或效用所在有一定程度的了解，但是这种劳动能力毕竟是潜在的，能否转为现实的劳动能力还取决于其他因素，如对生产资料、劳动工具、劳动管理制度、收入分配制度、生产流程的了解程度以及劳动协作的配合程度等。所以不完全劳动契约天然地与激励、风险等机理问题相联系。

劳动力产权经济学理论也同样将劳动契约界定为不完全契约的性质。该理论认为，劳动契约的本质特征在于劳动力所有权天然地不能同其劳动者本人相分离，劳动者参与企业的生产经营活动所转让的仅仅是其使用权。劳动力产权的不完全转移是劳动力市场交易的基本特征，类似于市场交易的租赁性质，此外劳动力的所有权与收益权、分配参与权等之间也还存在一系列复杂的关系需要界定。这是劳动契约与其他所有权完全转移性质的经济契约有所区别的地方。在劳动力产权分离或不明晰的状态下，劳动契约也不可能是一种完全的经济契约。

对于劳动契约不完全契约性质的理论研究也存在一些认知的分歧。一般认为，契约的不完全性是指"不可描述性"，即难以在事前制定详尽无遗的规则，人们也不能把在各种条件下的所有责任和权利规定得清清楚楚，所有的契约都会存在着一定的遗漏与缺陷。由于市场交易主体的有限理性、信息不对称、不确定性等原因，现实中人们所签订的契约都是不完全契约。哈特认为，在不完全契约的环境中，实物资本所有权是权利的基础，而且拥有实物资产所有权，就能够对人力资本所有者实施控制。因此，企业的性质最终由其所拥有或控制的非人力资本所有者来决定。科斯（1937）则指出企业劳动力市场交易的长周期对劳动契约不完全性的决定因素，他认为：由于把要素组合起来投入企业契约的期限通常很长，又由于这个过程中的风险和不确定性，因此不便（或不能）在订约前把买卖双方的权利、义务全部规定得完全清楚，从而使企业的劳动合约区别于其他的市场合约。也有学者认为人力资本具有不可剥夺的特征是劳动契约不完全的主要原因。罗森（Rosen，1985）认为，人力资本的"所有权限于体现它的人"。周其仁（1996）认为，人力资本的产权特性使直接利用这些经济资源时无法采用"事前全部讲清楚"的合约模式，在利用工人劳动的场合，"即使是那种简单到可以把全部细节在事前就交代清楚的劳动，劳务合同执行起来还是可能出问题"。劳动契约不完全的特点凸显人力资本需要激励的重要性，无论是管理者还是工人的劳动努力，可"激励"而不可"压榨"。另外，不完全契约应该匹配具有更少的适应性、更多的行政控制、更多官僚主义特征的治理结构，因此，在劳动契约的实施中，政府的干预非常重要。劳动契约具有激励约束功能，劳动契约的设计在于如何激励劳动者付出高努力水平，以达到雇主利润的最大化。激励制度可以分为正面激励与负面激励两种，费尔和盖希特（Fenr, Gachter, 2000）通过实验证明正面激励与负面激励会得到完全不同的激励结果，而费尔、克莱因和施密特（Fehr, Klein, Schmidt, 2000）通过实验证明劳动除了自利偏好外还有互惠动机，而互惠动机在不完全契约下能够发挥积极的激励作用，但在完全契约下没有什么激励作用，表明不完全契约的激励效率高于完全契约的激励效率。中国学者易宪容认为，由于劳动契约的不完全性，事实上使劳动契约在激励约束功能的发挥方面都受到了较大的局限。他认为不完全契约是在两个层面上进行的：一是就劳动契约本身来看，即使在成熟的市场经济国家，由于劳动契约本身的特点所决定的劳动契约的不完全性以及这种不完全性对经济的影响。二是结合中国的情况，即中国在市场化改革过程中，由于法治化程度不高，人们契约观念淡化所导致的劳动契约不完全性及对经济的影响。

有关劳动契约不完全性的理论分析，有学者强调劳动契约中劳资双方的权力具有的不对等性也是劳动契约不完全性产生的根源。在现代经济学中，往往假设所有的市场交易行为都是自愿的，因而交易双方在地位上也是平等的。劳动契约虽是交易双方自愿达成的，但双方的权力其实并不对等。按照资本强权观，企业经济活动的效率发挥，特别是在企业内部科层级别制度下，劳动者将人力资本的决策控制权、剩余索取权和剩余控制权往往都配置给拥有资本的一方，从利益驱动和企业经营的长期效益角度，资本方面取得最核心的权力有利于经使用权交给企业，服从企业管理层领导，也符合企业生产要素优化组合和集中配置的要求，有利于企业的经营管理效率提升和效益最大化目标实现。因此，劳动契约中往往也存在着强资本、弱劳动的权力分配格局。劳资双方在缔约前就已经拥有了不同的讨价还价能力。雇佣合同与商业合同的区别在于，雇主可以要求雇员服从命令，只要服从命令不会给雇员的健康或安全带来严重的危险，命令在企业内就畅通无阻。而购买产品或服务的商务合同就没有这种命令或控制。商务合同中双方讨价还价的机会要多得多。

企业的关键特征在于权利的分配。而按照科斯的交易成本理论，市场与企业的区别在于，市场经济的实质是价格机制来安排生产要素，劳动要素是能够在公开的市场中通过拍卖方式进行交换的一种特殊"商品"，不需要任何协调机构，没有权威与命令，可以通过自我调节来实现优化配置；而企业原则上是采取科层管理体制的，主要按照权威的指令来安排企业的资源，企业内部是依靠管理者的命令和规章制度安排来配置资源。科斯认为，企业最明显的标志就是用企业家的命令代替市场的价格机制来分配资源。而以企业来替代市场的原因在于交易成本的存在。劳动契约的签订，实质上是关于人力资本产权的使用权、收入分配权的交易，劳动者向企业（雇主）交出的是人力资本产权的使用权，得到的是对部分企业收入的分配权。在企业经济组织的内部，劳动从属于资本，企业家通过劳动契约获得了指挥与使用劳动力要素的权力。布坎南（Buchanan）则强调，现代经济条件下的劳动者失去了土地资源等赖以独立生产经营的条件，为了生存而形成了对资本的绝对依赖性。但是资本与劳动权力天然不对等的理论在委托代理制和知识经济条件下缺乏足够的说服力和解释力。在现代企业中，资本的非稀缺性逐步在增加，而管理、技术和知识等特殊的劳动要素在许多场合反而成为市场交易强势的一方，从而在劳动要素的交易契约中处于一定的资源配置和分配的强势地位。

按照现有的劳动契约理论，认为劳动契约是一种市场交易性的契约，这种契约以经济内容为核心，将雇主（用人单位）与劳动者之间的关系看成是一种交易关系。现实中的劳动契约比法律上的劳动合同、劳务合同、雇佣合同的外延更为宽泛，经济学理论的劳动契约不仅仅包括了法律上的劳动合同、劳务合同、雇佣合同等正式契约、书面契约、显性契约，也包括了非正式合约、隐性契约和口头契约。从劳动法律的意义上劳动雇佣合同是民事合同的一种类型，适用于契约自由的原则，劳动雇佣合同的内容是由双方协商确定，雇佣合同为一方给付劳动力的使用权、一方给予工作福利等报酬的契约。劳动雇佣合同一经成立，雇用人享有劳动使用权，与此相对应，受雇人有劳动给付的义务，同时劳动者也享有劳动报酬等收益的诉求权。而雇佣合同必须是有偿的。签订雇佣合同的双方是市场性的劳动力买卖关系，是一种"纯经济关系"。雇佣合同的当事人可以与多人签订雇佣合同，如钟点工、家庭教师、律师等可以与多人建立雇佣关系。

经济契约具有显性契约与隐性契约的类型区别。而劳动契约更是两种契约类型的结合体或嵌入体。其中显性的劳动契约是指劳动合同具有一定的文本书面形式，即相对正式的劳动契约形式。显性的劳动契约意味着双方雇佣关系的建立，并且在就双方的义务与权益上达成一致，通过双方签字后达到受法律保护的层次。而按照习惯和经济伦理道德等构成的隐性劳动契约特点由于不规范和不确定性等，企业和劳动者都需要承担特定的风险。与个人相比，企业对于口头契约隐形风险的承担程度较轻，隐性契约的特征说明劳动契约的设计应该使风险在个人与企业之间合理分担，以及尽量减少劳动契约的隐性构成。

《中华人民共和国劳动法》（以下简称《劳动法》）第16条规定，劳动合同是劳动者与用人单位建立劳动关系、明确双方权利和义务的协议。这一规定，被中国的劳动法理论界和司法机关认为是劳动合同法律层面上的定义。劳动合同与雇佣合同一样，用人单位享有对劳动者的劳动请求权，劳动者有劳动给付的义务，劳动契约具有一方给付劳动、一方给付报酬的特征。劳动合同也是有偿性契约，零工资报酬支付的劳动合同属于违法的劳动合同。劳动合同的概念也体现出市场性的劳动关系内容。劳动合同是具有独立自主身份关系性质的市场交易性合约。此外，劳动合同尽管是在契约双方平等自愿的基础上签订的，但合同的诸多内容都受到国家法律的制约。如劳动时间、劳动保护、女职工的特殊保护、职业病及工伤、节假日休息等，用人单位不能随意更改或者是违背。对国家强制实施的内容，契约双方的自我意愿行为空间有限。因此，劳动合同是一种私法上的合同，是基于劳动交易关系而特化分离出来的适用《劳动法》制度安排的合同，是一种特殊的体现有效权利的劳动关系的合同。

二　企业员工劳动协作契约的若干特殊性质分析

契约是人类社会广泛存在的现象，代表了人类小至个人、群体、集体、集团大至地区、国家、国际联盟等之间的所有的关系约定和行为规范。广义的契约的具体形式有合同、协议、法律、公约、条约等书面的形式，也有人们口头的甚至心理的形式。依照本书对劳动契约的定义，

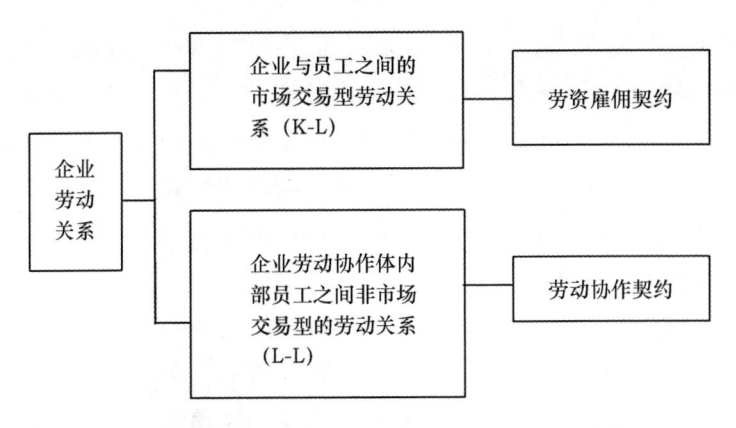

```
企业          ┌── 企业与员工之间的市场交易型劳动关系（K-L）──── 劳资雇佣契约
劳动 ────────┤
关系          └── 企业劳动协作体内部员工之间非市场交易型的劳动关系（L-L）──── 劳动协作契约
```

图 4-1　企业员工劳动协作的劳动关系与劳动契约体系

企业员工劳动协作契约与企业劳动契约关系都属于劳动契约的范畴，二者之间具有天然的有机联系。从企业劳动协作劳动关系的特殊性出发，可以进一步推论出企业员工劳动协作契约的若干特殊性质。不难发现，在企业内部实际上存在着两种类型的劳动契约，一是企业管理层与员工之间所建立及双方所签订的劳动契约，即体现 K–L 劳动关系的劳动契约；二是企业的劳动协作体内部参与协作劳动员工之间所建立的劳动契约，即体现 L–L 劳动关系的劳动契约（见图 4–1）。

传统的劳动经济学理论认为，企业劳动契约的实质是一种企业内部劳动要素市场交易的经济契约。劳动契约（又称为劳动合同、劳动合约）是指劳动者与企业雇主（用人单位）之间关于劳动力交换事项所达成的一系列协议或约定。在市场经济体制下，雇主（用人单位）和劳动者之间的雇佣关系可以通过多种方式来实现，如劳动者个人和雇主（用人单位）之间通过签订个别劳动合同来加以确定，也可以是通过企业工会或上级工会与雇主（用人单位）或行业协会通过集体谈判的方式来达成；还可以通过劳动立法或司法裁决等方式由政府的劳动仲裁机构中介协调而达成。理论上可以将劳动契约视为劳动与资本之间就劳动力使用权的让渡而达成的市场交易契约。但是，在实际发生的企业生产经营活动中，企业员工事实上不仅仅需要和企业管理层建立劳动关系和确定若干劳动契约的条款，还要和劳动协作体内部的其他成员建立协作劳动关系和确定若干协作劳动的契约条款。企业员工之间所建立的劳动契约往往不具备书面的、正式的、文书的规范形式，大多以口头的、非正式的、临时的不规范形式出现。但是参与劳动协作的员工之间所建立的劳动契约是前一契约所无法替代的，该形态的契约也是企业协作劳动得以运作所必具备的。因此，可以认为企业劳动协作的劳动契约具有二元性特征，二者对于协作劳动的进行缺一不可，具有相辅相成的作用。

参与企业劳动协作员工之间的劳动契约具有更大程度的不完全性。相对于劳动与资本之间通过相对正式和规范的法定劳动合同所建立的劳动契约形态，反映企业员工之间劳动关系的劳动契约明显具有权利边界不明晰、非规范文本、依靠约定俗成甚至伦理道德约束等特征，在这种背景下，企业员工在劳动协作中，劳动行为不协调和违背劳动协作规定的风险发生概率更高。因此，属于心理契约类型的职业道德、企业文化等即成为维系劳动协作关系的重要形式。但是，市场经济所要求的"契约精神"也具有实行行为方面的不稳定性，参与劳动协作的员工可能在一定条件下发生心理变化，如在分配不公平长期得不到纠正的情况下，劳动协作负面行为发生的概率就会增加。又如企业员工普遍存在的员工的"58岁现象"，劳动者即将退休前的劳动努力程度下降和消极应付行为，就会对劳动协作的协调性产生一定程度的负面影响。在劳动协作体内部个别人员的负面行为外部性影响下，也可能带来其他成员普遍的正面协作行为消退，甚至形成协作体内部普遍的消极的负面行为，从而带来协作体的整体劳动效率损失。相对企业与劳动者之间的劳动合同为载体的劳动契约所产生的约束机制，企业员工之间的协作契约对负面行为的约束能力较为不足，同时由于契约的不完全性，也使界定和追究个人负面行为的执行操作更为困难。

此外，企业参与劳动协作员工之间的劳动契约具有特殊的非市场交易性。企业与劳动者之间的劳动契约反映的是劳动力市场交易的经济利益关系，契约主要体现在企业内部劳动力市场交易的平等、互利和合作的行为规范。为了使作为相关利益主体的企业和劳动者减少市场交易成本和降低企业运作风险，企业和劳动者都需要通过劳动契约的规范来约束与激励劳动行为，有序地进行企业内部的分工协作劳动。但是企业员工协作劳动契约则具有非市场交易的性质，即参与协作劳动企业员工之间的劳动契约是一种特殊的非市场交易契约形态。劳动协作参与者之间的劳动契约是一种通过协作劳动所建立的与资本和劳动有所区别的特殊劳动关系。可以发现，在企业内部参与协作劳动的员工之间不是雇佣与被雇佣的市场交易关系，而是一种通过劳动组合机制建立的以直接劳动过程的劳动行为规范为目的的劳动契约关系。因此，在协作劳动过程中，需要通过建立一种科学的契约关系来保障他们个人与之间的经济利益得以实现。由于劳动协作参与员工之间的劳动契约具有非市场交易的性质，所以其运作机制不能够按照市场交易的运作机制来加以实施，需要建立一些独特的机制来提高协作劳动契约对劳动行为的约束力。

最后，企业劳动协作体内部员工之间的劳动协作契约具有许多来自心理、精神层面的劳动行为不确定性。心理契约（psychilogicai contract）是企业人力资源管理学所建立的一个学术概念，所谓心理契约通常指企业在组织生产经营活动过程中，在企业组织与员工之间所形成的被双方普遍接受的心理层面的非正式的行为规范。如企业与员工之间随意的口头协议、约定，以及员工受企业文化和社会普遍认可的职业道德影响的默契行为规范等。在企业与员工签订的劳动合同等市场交易性正式契约的不完全性处于边缘状态时，许多企业内部的协作劳动的组合协调和对事态的能动处理都需要通过协作劳动契约来完成，其中许多不确定的问题则要依靠心理契约来加以解决。如劳动协作单位员工所建立的集体主义精神、同舟共济精神等，都对维系协作劳动的正常运作具有不可或缺的功能。心理契约对于企业劳动协作许多不确定性的应对具有特别的价值。社会普遍认可的人与人交往的诚信原则，以及企业文化所提倡的互助、奉献精神等心理契约都有助于提高协作劳动的效率。尤其是在创新性最突出的团队协作模式中，参与协作劳动员工之间所建立的心理契约"团队精神"发挥的作用更为显著。

三 企业师徒劳动关系下的劳动协作契约的特点分析

从人类经济发展的历史过程中可以发现，劳动协作参与者内部的协作劳动契约存在的历史久远。其中在工业革命所代表的资本主义生产方式出现以前的手工业工场或作坊的生产活动中，就有较为规范和正式的师徒之间所建立的协作劳动契约存在。共同参与工场生产活动的师徒之间的劳动关系是一种非雇佣或非市场交易的劳动关系，属于通过直接的劳动协作而建立的一种特殊劳动关系,为了确立和稳定这种劳动关系,往往要通过一定形式的劳动协作契约来加以保障。现代股份制企业在历史的演变过程中发生过许多技术革新与产权制度变化,以及企业经营管理模式的变迁,但是企业内部师徒之间的协作劳动契约关系却作为非物质文化遗产得以保持下来,其基本的契约形态至今甚至将来也会继续长期传承。

(一) 传统的手工业家庭企业中的师徒协作劳动契约关系

在中国历史上出现的手工业工场与作坊往往以家庭经营形态为主,劳动协作必然产生在家庭成员之间(也包括一定数量的非家庭成员身份的雇工)。但是为了保证家庭的长远利益和在市场竞争中处于有利地位,其手工产品的核心技术或工艺为家庭成员所专有,对外人(尤其是从事同类产品或业务的市场竞争对手)普遍采取严格保密的措施。为了防止核心技术的泄露和带出,一般家庭企业还普遍形成了"传男不传女"的技术传授与传承的正式规则。家庭企业往往对非家族成员的外来的学艺人员采取一定的防范措施,如有关人员处于企业层级低层次的劳动岗位,关键性的核心技术不对外人公开和防止接触的机会出现,实行严格的保密制度,等等。但往往会导致许多传统技艺在这种规则的制约下最终失传。

但是在许多生产经营的劳动协作环境下,部分外来雇工仍然可以通过参与协作劳动以"干中学"的方式而获取有关的技艺。对此,劳动协作师徒契约制度就应运而生。劳动协作师徒契约制度安排的经济利益关系以保护家庭核心成员的师傅的利益为目的,通过外来雇工与家庭企业签订正式的文书形式的劳动契约,并且以拜师学艺的仪式来确定正式的劳动契约关系。徒弟需要对师傅及其家庭保持一定的人身依附关系。按照中国的"天地君亲师"的社会等级伦理关系,师傅又称为"师父",徒弟需要按照伺候父亲的态度对师傅的要求予以遵从,"一日为师,终身为父",徒弟不得做出对不起师傅的任何事,其中核心是不能够在自立门户后与师傅发生竞争。徒弟在学艺期间,其工作报酬一般都低于普通的非技术工人,徒弟往往需要通过从事较长时间的辅助性协作劳动后才可参与技术性协作劳动,从而逐步提升其技能水平和达到可以自立门户和独立开业的技能条件。家庭手工业企业所实行的师徒劳动契约制度,其契约带有雇佣劳动契约和劳动协作契约的二重性特征,其中的劳动协作契约还具有人力资本投资和回收的经济性质。如徒弟在跟师学徒阶段的偏低劳动报酬代表对师傅和家庭企业技艺传授的学费补偿(技能培训成本支付)性质;在师徒劳动契约中,一般还包括将来独立门户所带走的技艺品牌转让费用预付的性质;等等。

据有关文献和传记记载,中国传统的演艺界就盛行一整套严格的拜师学艺的契约制度。学艺者需要通过引师、交保、拜师的一系列程序才能够成为徒弟。其中,"引师"即需要圈内外的名人作为保荐人引荐与介绍,让师傅详细了解徒弟的家庭背景、个人经历、学艺基本条件等情况,再通过面试测评取得师傅的认同。进一步通过举办拜师仪式和学艺契约签订,以保障师傅能够放心、认真地教授有关的技艺,而学生也能够通过劳动契约来达到安心学习与预期成才的目的。在戏班内部,师徒之间通过在台下和台上的技艺传授活动来体现劳动协作契约关系。

(二)计划经济时期国有企业的师徒协作劳动契约关系

在中国20世纪50年代至80年代的计划经济时期,国有企业仍然保留有学徒工和师徒协作劳动关系的有关制度,但主要集中在一些技术性工种和岗位上。学徒工一般规定有3年左右的学徒期,其工作待遇比一般的普工低,收入相当于基本生活费,学徒期满后才定级,一般定为八级工资制的最低等级别(一、二级工)。学徒工具有国有企业员工的职业稳定性和低水平的收入保障性。由于师徒之间缺乏正式的双方自愿达成的协议学徒约的行为互动机制,所以师徒之间的关系往往会根据人际交往的程度或紧密或疏松。一般只要依据领导安排的师徒之间的劳动协作模式(如作为副手或辅助人员)来确定师傅的技术传授内容、进度与方式。通常在三年出师转为普通技工后,仍然继续维系与师傅之间原来的劳动协作形式,但劳动协作的性质发生了变化,形成类似于主辅劳动协作或团队劳动协作关系。企业中的师傅往往在一定年龄后转入从事指导性的协作劳动,由其徒弟承担新的教授技艺的师傅角色。计划经济时期国有企业内部的师徒劳动协作模式带有较为明显的行政组合劳动契约性质。

(三)市场经济体制下现代企业的师徒劳动协作契约关系

在20世纪90年代中国全面转型为市场经济体制以后,对企业的劳动管理制度实行了较大程度的改革。目前在多种所有制的企业中普遍实行了全员劳动合同制度与劳动岗位聘任制度，使得过去的师徒劳动协作契约关系发生一定程度的变化。企业劳动合同与聘任制的实行使劳动协作体内的师徒关系带有一定程度的岗位竞争性，徒弟的技艺提升和能力增强对师傅具有替代效应，也对师傅稳定就业或企业劳动合同的长期维系形成负面影响。如果企业与员工所确定的劳动合同属于非长期和非终生的性质，则师傅对传授技艺就往往缺乏主动积极性，也对青年员工的技艺长进怀有一定的戒心。如一些技术骨干往往不愿意接受协作劳动本职工作以外的附加性的传授技艺的工作职责，对同行之间技能传授的消极保守行为特征明显增强。另外，由于工业技术的标准化和工作技术的规范化环境下，目前许多企业对新职工往往采取集中培训技能的教学模式，具有更为明显的效率，许多国有大型企业都普遍建立有技工学校或培训中心，在学生毕业或通过培训考核后，就将这些人作为企业的新职工分派到有关车间、班组参与协作劳动。这些新的企业员工基本具备了直接参加协作劳动的工作能力，仍然采取传统的师徒劳动协作契约关系必要性不大。对于部分具有较强经验型的工种和岗位的劳动协作运作，企业往往通过车间等劳动协作体指定与安排新职工跟人上岗，与部分老职工建立"传帮带"名义上的师徒关系，但这种新老员工之间并没有建立正式的、规范的师徒协作劳动协议或合约。往往经过一段时间的"传帮带"劳动过程后，原来十分松散和不明晰的师徒协作劳动关系就解体，淡化为老工人与新职工之间的普通劳动协作关系。按照中国企业普遍实行的人力资源管理制度，企业内部劳动协作体的新员工的技能达标考试或考核工作由企业人力资源部门和技术管理部门负责，与曾经负责"传帮带"的老工人师傅的认可没有直接关系。由于现代股份制企业通常不确定员工的师徒劳动协作契约关系，在技能程度有差异员工之间的技能交流也就缺乏互动的运作机制，即使部分员工之间存在名义上的师徒关系，但也往往关系淡薄，在具体的劳动协作过程中配合关系也不紧密。对此，目前有关部门已经意识到企业技能传承的脱节问题与师徒劳动协作不完善的负面影响问题。在中国由制造大国向制造强国转变的关键时期，要继续发扬"工匠精神"，显然需要从新型师徒劳动关系和协作劳动契约的建立与完善等方面采取一系列措施。

第三节 企业员工劳动协作契约的
调查分析与对策措施

一 对若干企业劳动契约的调查情况与分析

在本研究的过程中,为了取得实证方面对理论的支持和实现数量化的研究,曾经对五个大中型企业(公司)进行了问卷调查工作,共发放500份问卷,回收到476份合格问卷。其中一些内容对企业的劳动契约和员工劳动协作的契约情况有一定程度的反映。

(一)劳动协作员工所涉及的劳动契约以企业的市场性行政契约为主

本研究所调查的企业员工劳动契约形式包括:明确的纸质契约,如劳动合同外的公司有关劳动组合与协作配合的制度规定(32.7%);通过上级领导指示/安排性质的契约(31.6%);也包括一些非正式的契约,如车间、科室内部的负责人安排下的协作约定(28.5%);劳动协作体内部成员之间的口头约定(4.5%)以及对一些劳动任务的临时约定(2.7%)。在以上五种劳动契约形式中,以企业管理层以公司制度规定和上级领导安排范式对员工劳动契约为主,约占被调查人认定总数量的84.1%。企业、公司的有关劳动协作规章制度主要在"流水线"(前后)劳动协作模式、层级劳动协作模式以及循环劳动协作模式中实行与发生作用;上级领导安排指示的主要作用对象是"流水线"(前后)劳动协作模式、部门(板块)劳动协作模式、层级劳动协作模式以及师徒劳动协作模式中体现为师傅对徒弟的知识技能传授计划安排。

(二)企业协作体内部的劳动协作契约以非正式性为主

企业内部的协作体(如车间、科室、班组)的劳动契约往往以内部负责人的安排形式出现,而劳动协作体内部成员之间的劳动契约多以口头约定的形式出现,都具有较大程度的非正式性及不完全性特征。其中团队协作模式的主要契约形式除了协作体内部负责人安排以及协作体成员口头约定外,许多还采取劳动协作参与成员之间临时协商约定的形式。

(三)团队等复杂劳动协作模式中完善劳动协作契约关系的作用重要

调查发现在企业的团队劳动协作模式运作中,劳动协作体内部成员之间的口头约定和临时性约定较为普遍。协作体内部临时约定主要在于团队劳动协作的劳动组合复杂，不可预见的工作环节多，需要及时对劳动协作的组合关系进行调整，而这些工作难以通过企业的管理层来加以及时和妥善处理，往往需要在协作劳动的过程中由协作体负责人或参与协作成员之间临时协商来解决，如参与员工职责的改变、劳动组合的调节、工作性质的变化、工作量的调整、劳动收益标准的变更，等等。协作体成员间的口头约定或临时契约关系显然具有非正式的性质，往往也具有更大的不完全契约性质。但是这些非正式的口头协议和规范性不强的契约对于不确定性强的技术攻关或市场营销等团队的劳动协作的效率提升却意义重大，在加强协作体内部成员的互律机制运作和减少劳动协作的摩擦成本方面则具有较大的现实意义。

二 加强企业员工劳动协作契约规范的措施

（一）对企业劳动合同中涉及协作劳动契约的条款内容加以补充与完善

劳动契约与其他一切契约一样都具有不完全性质。但是劳动契约的不完全性更为突出。其原因在于企业员工实际劳动效率发挥的主观能动性、劳动过程的动态变化性与劳动风险的不确定性，以及企业协作劳动关系信息的不充分性，等等。目前劳动契约理论将劳动契约定位为资本与劳动之间的经济契约性质，未明确界定企业员工之间的劳动协作也具有劳动契约的性质。理论的不完善导致现行的劳动合同对于劳动协作的行为规范内容严重缺失，所涉及到的一些内容也是从企业劳动纪律管理角度提出的。因此，从企业员工劳动协作契约规范角度，劳动合同应当考虑增加一些条款，对企业内部员工之间的劳动协作行为按照员工劳动性质契约的要求补充必要的条款规定。

（二）针对参与劳动协作员工的行为进行契约化的规范

劳动契约的最主要功能在于对劳动者负面劳动行为加以约束和对其发生的环境条件加以限制，对于员工参与劳动协作的正面行为加以激励和鼓励。企业在开展劳动协作生产经营过程中，个别员工劳动协作出现一些负面行为在所难免，契约规范化也不可能做到全面消除员工的负面行为，但是可以大大减少负面行为的发生率。因为负面行为往往是基于劳动契约关系模糊和有行为漏洞、以及产权边界不明晰而发生的，要在补充完善企业劳动合同有关劳动协作条款的基础上,加强对车间等协作体内部员工之间行为规范为核心的劳动契约建设,如将一些口头的、不明晰的协作劳动契约转化为文本形式,形成与企业管理层劳动契约配套的协作体内部协作劳动合约。通过这些契约对劳动行为的规范,尽量减少甚至杜绝部分员工"搭便车"等负面行为的发生,从而使参与劳动协作的每个员工能够做到各尽其力与精诚合作,使劳动协作的摩擦成本降低到最低的水平,使协作效率明显提升。

(三)通过契约的规范适当扩大协作体自主管理和分配的权力

在企业协作体内部劳动协作契约的规范过程中,要对企业涉及协作劳动的科层管理体制进行改革,如通过契约的建立改变企业集权行政的工资收入分配制度安排,在现有的结构工资所设定的基础工资、岗位工资、效率工资和奖金之外,增加设立反映员工个人参与协作劳动表现的分配项目。通过对涉及劳动协作契约进行规范与完善,扩大团队等协作体负责人所涉及的一些协作劳动的权力,如对协作体内部的人员调配、工资安排、人员处分、自主分配等的权力。

(四)加强以职业道德、诚信合作、友好互助为核心的劳动协作心理契约的建设

企业协作劳动运作不仅仅在于以利益调节为核心的契约规范,还需要有非直接利益诉求引导的心理契约来加以维系。心理契约对规范劳动者行为有不可或缺的作用。如员工在参与劳动协作的过程中,不可能通过企业的管理机制和员工之间的契约规范来实现完全的公平与合理。协作劳动的优化开展还需要通过职业道德、人格伦理等心理契约来加以保障。加强对以利益共同体为核心的集体劳动团队精神的提倡,以及对负面行为的道德谴责等集体公约的建设。

第 五 章

企业员工劳动协作的收益分配

第一节 企业层面的收入分配关系

一 企业层面利益主体之间的收入分配关系

（一）收入分配的层面与一般特征

收入分配是整个经济学理论最具有规范性质的研究领域。收入分配可以按照不同的分配范围划分为企业收入分配、个人与家庭收入分配、社会收入分配和国民经济收入分配等不同的层面。

企业层面的收入分配是整个经济收入分配过程的起点与基础所在。在经典的政治经济学理论框架中，劳动与资本是决定企业收入分配格局的两个最基本的生产要素，也是反映社会生产关系的两个人格化的相互对立的利益主体。改革开放以来，社会主义政治经济学的理论虽然将企业的资本和劳动视为物质财富生产必不可少的要素，但是通常仍按照《资本论》的理论框架对劳动要素与资金等非劳动要素投入所体现的"社会必要劳动时间"比例关系来进行收入分配的理论分析。企业层面的收入分配制度往往被理解为：出资人通过投资在市场上购买包括劳动力在内的生产要素进行生产和形成产品，通过市场销售获得价值；出资人在扣除物质资料的成本即过去劳动价值（C）后，对新产生的劳动价值（V+M）进行的分配，其中 V 为劳动者所得，而 M 则为资本所得。

在新古典经济学的功能性国民收入分配理论中，将宏观领域参与国民收入分配的生产要素简单划分为劳动要素与非劳动要素两种类型，其中：劳动要素的收入为工资薪酬，非劳动要素的收入则是利润、租金与利息。按照著名的柯布—道格拉斯（C-D）生产函数的理论解释与世界各国自 18 世纪以来长期统计资料的数据分析，均显示通常工资占国民收入的比例在 65%—70%，而利润等其他收入则占国民收入的 30%—35%。但是在微观经济领域企业收入分配的比例结构则较为复杂。一般情况或规律为劳动密集型企业的劳动要素收入比例较高但是人均工资收入低于社会平均工资水平；而资本密集型企业的劳动要素收入比例较低但人均工资收入高于社会平均工资水平。

（二）企业层面的收入分配及其三方利益主体

20 世纪 30 年代后，由凯恩斯创立的宏观经济学理论将政府作为居民、企业之外的另一个社会利益主体引入其分析框架，并且将政府纳入全社会的总供给与总需求的均衡理论当中进行全社会收入分配的总量分析，如政府的以税费为主体的公共财政收入和公共支出的关系，形成了国民收入初次与二次分配的功能、机制与效应等理论分析的框架。

毋庸置疑，在传统政治经济学理论体系中，将企业层面生产经营活动的收入分配抽象为劳动与资本间的分配关系是基本符合经济活动运作规律的。因为劳动和资本无疑是企业经济活动中最基本的生产要素，同时也进一步集中反映了劳动者与资本所有者两大利益集团之间的生产关系和社会关系。但是在现实市场经济体制下，将企业收入分配活动仅仅局限在劳动与资本之间进行分析则显得过于简约，与现实的有政府参与的企业生产经营运行机制和分配机制有较大的脱节，其中就包括对于企业层面分配的利益主体"缺位"问题，明显忽略了政府这一利益主体（土地、贷款等资本的所有者；国家税费的收取者）对企业层面收入分配活动的参与问题。

20 世纪 90 年代以来，中国基于发展社会主义市场经济的客观实际，对传统的企业分配理论进行了许多重大调整，如将企业的生产要素形态认定为：劳动、资本（包括已经资本化的土地等资源）、技术、管理和知识。同时又确定企业收入应当按照各生产要素参与的贡献作为分配份额的基本标准。

现代企业通常采取股份制的生产经营方式来实现其分配。在现代企业股份制收入分配模式中，企业利用资本要素的货币支付能力，通过市场购买方式来实现劳动、技术、管理和知识等要素对企业经营活动的参与（也有部分企业采取技术、管理、知识要素获取股权的方式），由资本所有者来承担企业的市场、经营、道德、自然灾害等风险；但是同时资本也获取了对于企业经营活动以支配权和对市场盈利（企业剩余）的拥有权。获得盈利后的企业则按照投资人的股份比例对各个出资人进行收入分配（相应的企业亏损也由出资人承担不同比例的经济损失）。但是，就企业层面的实际收入分配活动而言，企业在支付了生产资料价格、人工费用、租金、利息、专利费、佣金等生产成本后进行利润分配之前，还需要向政府交纳一定数额的税收和各种行政管理费用，从而实现税（费）后的利润分配。这里的政府实际上也是一个参与企业层面收入分配活动的利益主体。在中国，政府往往还充当企业的土地出租者、国有资产提供者和贷款担保人等重要角色，从而客观上形成了企业层面三方利益主体之间的分配关系，以及企业层面三方利益主体的收入分配机制。

企业是现代市场经济体制下社会财富生产的基本组织单元。相对于政府事业单位、农村家庭和个体经营者的经济活动，企业的经济活动具有明晰的市场化的由生产、交换到分配的阶段过程。如果不考虑现代股份制企业的"委托代理"制度中职业高管的存在，企业客观上存在着劳动者、企业出资人和政府三方参与分配的利益主体。当企业生产经营所得产生后，大体上按照工资福利、企业利润和政府税费三个部分进行收入分配；最后形成税后工资、税后利润和政府税费三种类型的由一次分配与二次分配混合形成的收入分配格局。在企业层面的收入分配格局中，劳动者、企业出资人和政府客观上围绕决定分配机制的产权交易制度、要素绩效评估制度和财税制度等安排进行复杂的利益博弈活动。

在目前中国竞争性行业的股份制企业产权制度和税收法律制度安排下，劳动者、企业出资人和政府在分配博弈中的地位是有显著差异的。企业普通职工一般是作为劳动要素或一般性技术要素参与企业的生产经营活动的。在现代企业股份制的分配体制下，绝大多数普通职工通常不拥有对企业利润的分配参与权和分享权，其工资收入是通过企业外部劳动力市场交易的初步工资价格谈判和企业内部劳动力市场的工资管理制度来决定的。劳动所得是否合理与企业的约束机制与激励机制的运用是否科学有很大的关系。在中国现行的企业经营管理体制下，普通职工通常缺乏开展集体性的工资与福利谈判的内生性的博弈机制。如果工资分配的机制不合理，就会导致一部分普通职工的劳动消极行为，以及"用脚投票"的员工跳槽、流失、退出等行为，产生企业职工队伍不稳定和技能素质难以提升等负面效应。在企业外部劳动力市场供大于求的背景下，劳动者往往处于履行劳动合约与收入谈判的弱势地位。如企业压低工人的工资水平，进而使企业的劳动所得低于劳动绩效。其中大量使用农民工劳动力的企业处于明显的收入分配强势地位，低素质的员工为了避免失业而不得不接受相对低廉的工资和不符合要求的劳动环境。因此在企业内部劳动与资本的分配博弈中，劳动者的实际工资往往被压低，工资增长缓慢，甚至欠薪现象也经常在一些行业的农民工群体中发生。中国的普通劳动者在获取政府的支持方面也往往处于不利地位，一些地方政府出于对地方经济发展的追求，往往倾向于照顾所引进的资本要素与企业的利益，而企业的资本收益增加也是地方政府财政收入增加的前提。如此背景下企业与政府的"结盟"往往会进一步削弱普通劳动者在企业收入分配中的博弈地位。进入21世纪以来，随着农村劳动力转移过程的"刘易斯拐点"的到来，一些行业的农民工和普通职工的平均工资增长大幅度提升，甚至开始高于GDP和行业利润的平均增长水平。此外，从企业微观的经营活动而言，局部性的劳动力市场供给短缺现象的出现，也在一定程度上推动了劳动者的工资收入增长。但是，中国经济进入"新常态"阶段后普通劳动者工资增长的趋势如何，以及是否代表中国企业整体的收入分配格局公平化，还有待于进一步深入观察和认真分析。其中企业整体的收入分配格局对企业员工劳动协作活动的影响的方式等问题也有必要加以系统的研究。

二 企业员工协作劳动收入的人力资本投资回收性质分析

（一）企业员工劳动就业的人力资本投资与回收的二重性质

按照企业的各个生产要素贡献参与分配的一次分配原则，企业员工作为劳动力要素不仅直接参与了企业产品的生产经营活动，而且也理所当然的是企业收入分配的利益主体之一。企业员工参与企业生产经营活动的最基本行为动机在于获取工资报酬等收益。劳动者是通过外部劳动力市场的交易之后，以符合企业所要求的一定技能作为条件，经过劳动合同的签订进入企业而成为员工的。企业员工的技能及技能所依托的知识是劳动者个人及其家庭通过多年的人力资本投资而形成的。因此，从人力资本投资行为的视角来看，劳动者在企业生产经营活动中的就业行为其实质是对过去的个人和家庭的人力资本投资进行收益回收的行为。个人与家庭对人力资本投资的职业选择和学历程度选择，虽然有个人或家庭的偏好和对职业收益的预期，但最终会依托于社会劳动分工的效率提升的需要，以就业或创业的方式进入到社会不同的行业、部门和专业。而企业劳动协作则是按照劳动分工对人力资本投资的长周期所支付的人力资本的投资成本以及就业的交易成本进行回收的途径之一，即依靠协作劳动的就业行为以获取过去接受教育等人力资本投资活动的补偿性与增值性收入。无论是个体经营还是在企业的劳动契约条件下的个人，都需要通过参与市场协作或企业劳动协作来达到获取过去的教育等人力资本投资回收的目的。

20 世纪 50 年代以来，由舒尔茨等人创立的人力资本理论将以就业为目的的人力资本投资方式分为正规教育和在职技能培训两种主要的类型。作为人力资本投资的教育分为基础教育和职业教育。在现代社会，绝大多数国家的政府都对基础教育（教育周期为 9 年或 12 年）采取义务教育的公共费用投入模式，即由国家财政提供国民接受基础教育的学习经费。义务教育在具备普惠性的同时也具备一定的强制性，即适龄青少年及其家长必须无条件接受最基本的义务和履行责任。但是，学术界对于职业教育的性质却存在较大的观点分歧，各国政府在实施职业教育的政策上基于财力等原因也存在较大差异。传统的职业教育理论往往将职业教育界定为私人产品性质，需要通过个人和家庭支付学费以人力资本投资的方式来提供；而按照职业教育为准公共产品性质的理论，个人和家庭仅需要自己提供部分人力资本投资费用以接受职业教育或劳动技能教育，其余的办学费用则由政府和公共财产来负担。

社会成员在通过职业教育取得基本的职业技能后，普遍通过就业后的市场性劳动报酬来回收其接受职业教育的人力资本投资费用。就多数社会成员的情况而言，通过企业雇佣实现就业后获取的劳动工资报酬等收入无疑是个人或家庭过去的人力资本投资得以回收的主要途径。

人力资本投资的基础教育形式与职业技能教育形式相辅相成，缺一不可。但是首先作为启蒙方式的基础教育在社会财富创造活动中显然具有一定的缺陷与不足，因为学生在普通教育学校所学到的主要是基础性知识，如语言文字、思想道德规范等，即使接受一些与劳动技能有关的自然科学知识，往往也较为肤浅，同时更缺乏足够的实践经验来加以支撑，远远不足以成为就业的能力和谋生手段。如社会上的仅有小学文化程度的劳动者普遍只能从事简单劳动或体力劳动。要能够达到从事许多行业的技术性劳动的要求，还需要在初中毕业后再进行另一种类型的人力资本投资，即接受严格的中等职业教育和专业技能训练，在取得考试合格和获得职业技能证书后，才能够进入劳动力市场就业。此外，多数青年劳动者即使是在通过职业教育或就业培训进入企业工作以后，也往往还需要进行另一种类型的人力资本投资，即依托生产实践的"干中学"（to learn in working）的人力资本投资模式，以及企业对员工实施的以劳动质量提升为目的的操作性技能培训等活动。这些在企业中发生的人力资本投资活动贯穿于长期的生产实践过程，与接受学校教育的人力资本投资行为有较大的区别。即不是单纯地对人力资本投资成本支付，而是人力资本投资的成本支付与投资回收的有机结合过程。其中"干中学"过程使劳动者的技能从书本形式转变为实际的操作能力形式。与此同时，劳动者的人力资本回收能力随着劳动效率的提升而也有所强化，具体体现在其工资水平随之提高。

（二）企业劳动协作体是员工人力资本投资与回收的运作平台

从人力资本投资的全过程来看，社会劳动者就业活动的本质主要是对过去的人力资本投资的回收过程。对于社会绝大多数劳动者而言，该过程的主导方式是通过在企业等就业单位所参与的协作劳动来实现的。企业员工参与协作劳动的过程不仅仅是员工的过去人力资本投资的回收过程，而且在这个过程中，相当比例的员工还可以通过"干中学"进一步进行人力资本的集约化再投资，使得劳动技能更加熟练精湛。协作劳动无疑是劳动者提升人力资本投资效率的基本途径和加强回收能力的"催化剂"。在企业内部，如果一个员工脱离了劳动协作的环境，就难以提升相关的技能与技艺，也就无从实现高效率的人力资本投资与回收。"干中学"实际上体现了协作劳动成员的行为外部性所产生的正面效应，即使在不具有技能传授的契约关系下，技术熟练精湛的个人通过劳动协作也会通过劳动行为的正面外部性将技艺传授给其他不熟练的工人。

劳动者通过"干中学"的生产实践模式，为社会或市场提供产品与服务，体现了对过去教育形态的人力资本投资的回收过程，其劳动行为是以劳动分工为基础参与企业的生产性协作劳动的行为，但同时也往往是具体的劳动互动行为。因为在"干中学"的劳动平台上，每个劳动者都需要与企业其他工种和岗位的劳动者参与不同模式的劳动协作，如流水线劳动协作、板块劳动协作、层级协作或团队协作，通过参与协作劳动的人员的共同努力，完成协作体集体的工作或生产的目标，同时也实现每个参与者的个人人力资本回收的目的。

三 企业员工收益分配与工资薪酬制度

（一）企业工资结构与薪酬管理

由企业管理层制定的劳动协作成员的工资福利等收益分配制度是否科学、合理，对企业员工劳动协作的正常运作至关重要。劳动者的劳动报酬一般是通过企业外部的劳动力市场交易过程来初步确定，以及通过劳动合同的签订进一步认定劳动者与企业的劳动关系和工资报酬调整的法律依据。而企业员工的实际工资报酬则主要由企业管理方按照工资制度的有关规定和标准来予以支付。

但是进入21世纪以来，中国绝大多数企业的工资制度改革进一步推进，其中针对个人的人力资本因素和劳动绩效的特征明显增强，但针对劳动协作体的个人之间的协调行为表现及其效应的特征则往往体现不足。

企业员工的工资薪酬制度类型众多，大体可以分为计件工资、计时工资、佣金工资等几种类型。计件工资制和佣金工资制的适用范围有限，绝大多数企业生产经营活动需要统一的集体性员工协作劳动，因此企业普遍采取的还是计时工资形式或以计时工资为主体的复合工资制度，以保障企业生产经营活动员工的工时投入和直接劳动协作活动的正常运作。计时工资制度体现在劳动法的制度规定为8小时工作制，员工每周工作5天，每天工作时间为8小时。计时工资一般按照月工资的标准发放。

目前中国企业普遍实行的是结构工资制度，其基础是计时工资形式。所谓结构工资是指以计时形式为基础的劳动工资支付，至少由4个基本的部分构成，各个部分比例关系可以进行调节和按照一定的价值取向加以变化，最后综合各种决定工资的因素得出具体的工资收入金额。工资的结构可表述为：

$$W = W_1 + W_2 + W_3 + W_4$$

设，$a+b+c+d=1$（100%），a、b、c、d 分别为各种门类工资数额的权重。于是有：

$$W = aW + bW + cW + dW$$

结构工资各个门类分别为：

——基础工资（W_1）：由学历、工龄、单位供职年限、补偿性等因素构成，体现劳动者的人力资本投资水平，反映了劳动效率的潜力和预期水平。

——职务岗位工资（W_2）：由职务等级、岗位区别等体现对劳动付出量、责任大小等要素构成。也包括与职位、岗位挂钩的福利，如用车、带薪休假等。

——绩效工资（W_3）：由短期时段（如月、季度、年）的小范围的协作体的即时劳动所体现的效率高低来决定；或由个人所完成的产品的数量与质量来决定。

——奖金（W_4）：由企业整体的年度等较长期间的收益绩效水平决定。与企业的产品与服务的市场销售价格、总收入、利润水平、扩大再生产积累性投资等因素联系密切。

其中，基础工资和职务岗位工资一般由企业的人力资源管理机构和管理者按照一定的薪酬制度规定来确定。绩效工资则往往由企业不同部门以及下一层次的劳动协作体（如班组、车间、科室、团队）来决定，具体划分出等级、比例，或通过进行内部民主评定等方式来决定。奖金则一般由企业董事会等管理层来决定。一部分协作单位（部门、机构）也具有对奖金分配的一定自主权力。

20 世纪 90 年代中国确立了社会主义市场经济体制，政府在推行现代企业制度建设中曾经对传统工资制度进行改革试点，经过多年的反复探索，为了最大限度地调动企业员工的劳动积极性和主观能动性，充分发挥每个员工的劳动效率，以及实施有效的激励机制，最终绝大多数企业实行的是结构工资制度。从改革的过程来看，为了消除计划经济时期所遗留的收入平均主义分配思想残余，企业结构工资的比例结构一般倾向于扩大反映劳动绩效的工资的比重，而缩小反映学历、工龄等基础工资的比重，从而使企业内部的工资收入差距出现扩大的趋势。在一段时间里，为体现组织领导劳动责任对企业生产经营活动运作的贡献，在结构工资的调整中，职务岗位工资的等级差距普遍被拉大。该举措使得员工管理岗位职务的提升对收入较大幅度增加具有明显作用，从事管理领导的员工与从事技术劳动和一般性劳动的员工之间的收入差距进一步扩大。但是，近年来由于政府强调缩小收入差距和调动一线劳动者的生产积极性，基础工资和效益工资在结构工资中的比例又有所加大。根据本研究的企业调查，459位企业员工中，工资结构为计件工资、计时工资、效率工资（佣金制）以及股权分红的员工分别占比为15.5%、38.1%、48.1%以及5.4%，即效率工资和计时工资为被调查企业员工的主要工资结构。

本研究在对有关企业的调查中发现，企业的劳动协作模式与工资类型选择有较为紧密的相关关系。在一些简单劳动协作模式（如循环协作模式、流水线协作模式）中，对大部分从事简单劳动的员工采取的是计件方式来支付工资；而对少数采取计时工资结构的员工，其工资主要由基础工资因素来决定。员工的工资等级主要由企业人力资源管理部门确定。员工的工资标准和劳动收入水平与协作劳动的实际效率联系不直接。在一些复杂的劳动协作模式中，参与劳动协作员工的工资水平主要由工资的绩效部分构成，其绩效工资的比重一般可以达到工资水平40%以上。在对企业有关收入分配的调查中，许多员工反映在目前的结构工资制度实施中，对于员工协作劳动的行为差异缺乏体现，认为至少应当通过奖金发放的等级差异来体现员工的协作劳动态度差别，从而对员工的协作劳动行为及其对劳动效率的作用进行内部评价，再依据有关的评价来划分奖金的等级，有差别地发放奖金。也有员工提出希望在目前的工资结构中再增加一项反映协作劳动行为优劣和劳动努力程度差别等的项目，该项目可称为"协作工资"（W_5）。

（二）企业员工劳动协作绩效的工资分配的实现

在企业管理层面对内部各个生产要素的收入分配过程中，企业对劳动要素的分配过程首先是通过管理层面制定的员工工资薪酬制度安排来实行的；企业的劳动工资制度和企业对参与劳动协作员工实施的组合、激励、约束（监督）等机制实现有机的结合，一般就可以从总体上对协作体内部的利益分配基本格局实现动态的调控。企业管理层的收入分配手段在一般情况下能够基本满足企业对下属劳动协作单位内部的劳动协作效率维持和提升的要求。但是，由于企业管理层与员工之间存在的信息不充分、运作机制不健全和劳动契约不规范等，不可避免地会存在由企业管理层所确定的工资等利益分配方案的漏洞或缺陷问题，企业管理层所导致的利益分配不合理或分配不公，都会直接或间接影响参与劳动协作人员的劳动行为，从而出现部分人员不同程度的负面劳动行为，如"搭便车"、出工不出力、消极应付，等等。也有一些协作参与者虽然被组合到协作体内，但是基本的技能却长期不达标，劳动差错率高，从而降低了协作劳动的整体效率。最为极端的劳动协作的负面行为还有：故意偷懒或相互不配合，等等。在劳动协作体内部缺乏对负面行为的有效防控手段与运作机制不健全的情况下，协作体内部的部分员工的负面行为所导致的外部性负面效应还会诱导其他员工普遍采取不负责任和不合作的消极工作态度。如果企业管理层的劳动协作员工配置过多，就有可能出现"人多不洗碗"的工作推诿现象。在一定的人际关系背景下，还可能出现协作体内部成员的公开分裂，在收入分配上进行"零和博弈"的摊牌，如要求对原有的收益分配关系进行调整或改变收入分配的制度安排。这种情况的结果往往是原有的劳动协作体组合瓦解，或需要通过企业管理层来进行调节或对劳动协作体进行重组。因此，企业内部的劳动协作还需要建立参与劳动协作员工之间的互利、互动和互律机制，与企业管理层的有关机制耦合运作，以及通过劳动协作的契约规范等措施，来对企业的劳动协作收入分配关系进行全面系统的调节。

调查发现其中最为典型的是按团队劳动协作模式运作的协作劳动，往往具有非标准化的创新性劳动的性质，参与协作劳动的个人的实际的劳动绩效贡献与最初组合时的作用估计往往不一致。因此依靠企业管理层对团队人员的组合安排和工资薪酬等分配安排并不一定符合团队协作模式运作的客观要求。企业对于团队协作模式的运作，往往在较大程度上需要将对参与协作人员的部分组合与分配的权力下放到团队协作体，以建立相关的互利、互动、互律机制和对劳动协作的契约进行规范，提升由团队自我来处理劳动协作活动开展的相关事务的灵活性、机动性，从而及时、稳妥地解决在劳动协作中遇到的许多不可预测的风险、问题与利益矛盾，以达到促进员工之间的劳动协作顺利开展和协作劳动效率提升的目的。

第二节　企业内部的劳动协作收入分配与员工个人的劳动效率贡献

一　企业与协作体之间的收入分配及其利益谈判行为模型

（一）企业与协作体的集体性工资谈判理论分析

现代企业内部存在劳动力市场及其交易活动。作为有独立劳动力所有权的员工具有与企业管理层进行与实际劳动力使用有关的工资等交涉、谈判的能力与权力。企业及其代理人（雇主）与员工（雇员）之间的协商谈判是市场经济体制下企业内部实现有效交易和完善劳动契约的基本方式。在企业内部，除了按照外部劳动力市场交易产生的劳动者个人与企业之间的以劳动合同为依据的对工资薪酬等收益的谈判活动外，还存在由多个员工组成的各个协作体与企业之间的利益谈判活动。双方往往基于劳动力使用权的效率实际发挥以及变化的效率预期，经过一定时间后（如合同期满）会继续进行谈判与协商。企业管理层与各个劳动协作体之间的收益谈判对于提高劳动协作效率和协调企业劳动关系的意义是显而易见的。如可以弥补企业管理方的收益安排可能产生的缺陷和不足，起到从分配机制的合理运作来调动广大员工的劳动积极性的作用；同时还可以作为参与劳动协作员工的互利机制的核心手段，引导互动机制与互律机制实现良性运作。

可以发现，企业内部的劳动协作体大多与企业内部设置的组织机构具有较大的重叠性，如机构相对固定的车间、科室、工段也往往是一个基本的劳动协作体，与企业管理层之间具有相对稳定的长期性收益分配关系；即使是人员组合相对不固定的技术攻关团队、创新小组，其参与协作的成员之间与企业层面也建立有一定的稳定性的利益分配关系。因此，企业的劳动协作体可以作为员工的集体与企业进行工资等收益的协商和谈判等活动。在现代股份制企业的所有权分散化背景下，企业管理层作为雇主或资本的利益代理人，也就直接成为与企业内部各个劳动协作体进行集体利益谈判的主体。

企业管理层与劳动协作体之间的利益谈判和协商具有动态性的特征。

这在于企业生产经营活动的外部环境在不断发生变化，有时候还会在短时间内发生剧烈的变化，从而对企业的市场供给状况和成本、收入盈利状况等产生不同程度的影响。而在短期内企业内部的劳动协作体的劳动效用或业务绩效也可能发生一定的变化，不能与企业的经营收益变化做到同步，企业管理方需要根据企业的整体性绩效来调整与劳动协作体之间的收益分配关系。另外，企业内部的劳动协作体在经过一段时间的组合适应或技能提升后，由于原有的收益分配关系不再适应员工劳动协作效率的现状，协作体可能对企业管理层的分配格局产生重新调整的愿望或要求。此外，劳动协作体可能因为多种原因导致其协作劳动效率出现下降的情况，企业管理层也会考虑对其收益的分配格局与机制进行一定程度的调整。

在理论层面上，企业管理层与劳动协作体之间在企业生产经营活动中必然存在信息不充分和信息不对称等问题，如企业高层管理人员对各个协作体内部的许多情况及其变化（如人员的技术、技能、工作态度、心理素质等）是不可能充分了解的，也难以直接对协作体内部的协作行为进行收益的绩效评价，只能够对协作体整体的绩效与协作体进行收益分配方面的协商与谈判。因此，发生在企业管理层与协作体之间的协商和谈判具有不定期性。双方的收益协商与谈判的目的在于寻求有利于双方的新的效用最大化的平衡点。劳动协作体与企业管理层之间的利益谈判与协商不是"零和博弈"过程，而总体上是对双方的效用和福利增进都有利的"合作博弈"过程，通过"合作博弈"达到市场性交易互惠（互利）的目的。

企业管理层与劳动协作体之间的收益协商与谈判可以采取目前中国政府提倡的工资集体协商谈判的方式进行。企业员工与企业进行集体性的利益协商谈判，可以使许多处于弱势地位的员工单独谈判时不利地位得到改变，依托集体的力量获得交易产生的均衡工资。将协作体作为集体协商谈判的主体，有助于协作体成员集体的利益维护和员工同心同德、同心协力的正面劳动协作行为的发挥。

（二）企业与协作体员工集体性工资谈判的模型分析

基于上述的理论分析，本研究给出企业内部劳动协作体与管理方之间的集体工资等协商谈判的简单经济模型。该模型是基于以下若干理论假设：一是协商谈判的双方都出于效用或收益最大化的追求目的；二是双方的利益存在一定的分歧或差距；三是协商谈判双方所拥有的信息都不充分也不具有对称性；四是双方通过协商谈判后的结果要求其所改善的效用都大于零，如在不考虑物价指数变化的情况下，企业管理方在协商谈判后可能会增加支付集体协作体的工资等人工成本，但作为劳动协作体在下一阶段为企业所创造的产品价值也得到提升。

企业员工劳动协作体与企业管理层的收益谈判简单模型为：

$$U = f(w, v) - g(l)$$

式中的 U 为劳动协作体的员工效用（劳动收益），它是雇员的工资（w）与福利（v）和闲暇（l）的函数。

企业内部劳动协作体成员（雇员）的集体谈判函数为：

$$Ul = f(m) - g(C)$$

式中的 Ul 表示劳动协作体成员的集体收益；m 表示雇员通过集体谈判后所得到的净收益；$g(C)$ 表示集体谈判的交易成本，即员工为协商谈判所付出的人工、财力、物力等。

企业管理层的集体协商谈判效用函数为：

$$D = f(y) - h(w、s)$$

式中的 $f(y)$ 表示企业的总收入；$h(w、s)$ 表示企业的成本，如工资、福利。

企业的集体谈判函数为：

$$Uh = E(p) - C(w、s)$$

式中的 Uh 表示企业通过与劳动协作体协商谈判后所得到的净收益预期；$E(p)$ 表示企业通过谈判所得到的收益预期；$C(w、s)$ 表示企业与劳动协作体谈判所付出的成本或员工收益的改善。其中：w 为员工改善后的工资待遇，s 为员工改善的福利等。企业在有关工资和福利的集体谈判中还要支付谈判的交易成本 C，故有企业与劳动协作体集体员工收益协商谈判函数为：

$$Up = E(p) - C(w、s) - C$$

如果企业与劳动协作体集体员工收益协商谈判为"合作博弈"，则有企业和劳动协作体集体协商与谈判改变的总福利为：

$$Ul + Uh = f(m) - g(C) + E(p) - C(w、s) - C$$

$$F(m) = C(ws)$$
$$Ul + Uh = E(p) - g(C) - C$$
$$Ul + Uh > 0$$
$$Ul > 0$$
$$Uh > 0$$

作为有效的协商与谈判结果即"合作博弈"的结果,企业(雇主)和劳动协作体员工(雇员)集体的福利都有所提高。双方谈判成立的条件为:企业谈判后的效用大于企业为谈判所付出的成本 C 与劳动协作体所付出的成本 $g(C)$,即:

$$E(p) > [g(C) + C]$$

对于企业和劳动协作体之间如何分配收益的剩余部分,则取决于双方的谈判力量、谈判技巧、外部劳动力市场供需变化、产品价格、工会组织力量以及双方对达成协议的"紧迫感"等因素。但是,企业内部的管理层与劳动协作体之间的收益协商谈判的核心是实现企业对协作劳动的激励机制、约束机制与组合机制的运作科学化与合理性。因为企业劳动协作体内部的协调机制运作是建立在企业的管理机制运作的基础之上的。

二 企业内部劳动协作体员工之间的利益分配关系

(一) 企业层面的劳动协作收入分配的体制变迁

企业收入分配关系的本质特征是对企业层面的劳动关系及利益关系的体现。现代的经济学认为企业层面的劳动关系包括:企业(投资人)以及所委托的代理人与参与企业生产活动的劳动者之间的劳动关系,以及企业与作为技术、知识要素人格化的个体的员工之间的劳动关系。本研究则进一步论述了企业的各个劳动协作体内部员工之间所存在的协作劳动关系。而企业协作体内部的协作劳动关系也要体现与劳动者相关的收入分配关系和利益关系。但是在不同的经济体制的背景下,企业层面的劳动协作体内部的劳动协作关系也存在明显的差异,使得其收入分配的体制具有许多特殊表现和不同的特征,反过来形成了参与协作员工的协作劳动行为的不同特征。

20世纪50年代到80年代,中国计划经济体制下的国有企业中实行八级工资制，即将企业内部的工人身份按照技术水平和工龄等差别划分为8个工资级别。其收入水平基本上按照工资的级别发放，额外能增加的收入一般只有加班费和部分岗位地区补贴。工资级别在一般情况下与技能提升没有直接的关系，偶尔有报批上级主管部门对个别先进工人的奖励晋升。由于长时期工资级别不变和采取普调级别的方式，在劳动协作体内部普遍产生了"干多干少一个样"和"干好干坏一个样"的思想，被人们称为"吃大锅饭"的企业劳动收入分配体制。此外，在企业生产行政化领导下，人力资源的配置也缺乏科学的管理手段与制度保障，其中在劳动协作的组合安排方面存在许多问题，如企业劳动协作体内部被安排了或多或少的技能不称职的"关系户"员工。这些人员长期不能正常发挥所在劳动岗位的应有的作用，也缺乏从事有关工作的技能和应当达到的水平，进一步收入分配不能够在劳动协作的关系上充分体现劳动贡献大小和体现"按劳分配"原则，导致企业的劳动纪律松懈、配合不力，企业的劳动协作效率水平低下。因此，计划经济时代的公有制企业内部实行的按劳分配制度是一种不成功的收入分配制度。20世纪80年代中国的工业企业改革过程中这种分配制度被其他收入分配制度取代。

20世纪50年代后期中国农村人民公社的集体经济体制下，普遍实行的是土地等生产资料的"一大二公"管理体制和"三级所有，队为基础"的劳动收入分配制度。传统的农村家庭经营模式被彻底瓦解，农民的自主支配劳动收入来源被严格限制在自留地的范围，农民基本上只能够通过参加生产队安排的集体性劳动获取工分来取得经济收入。所谓"工分"是农村集体经济组织对劳动力每天劳动量的计量单位，通过评定来确定每日的分值。当时的农村生产队组织一般将男性一天的劳动力定为10分，妇女和不熟练劳动力则定为8分，老年人等作为半劳动力一般定的分值为4—5分。农村集体组织的工分价值高低不能够直接、即时地体现，只有在集体年终结算中在扣除各种费用、物品折价和上缴的农业税、费之后，再提留一部分集体预支款（如第二年的种子、肥料款等）才能够最后确定总工分值和每个工分的货币值。分配到每个农民人头上的工分还包括一部分实物（如粮食）折价，到手的现金非常有限。由于农业受自然灾害等影响，集体总收入的不确定性会对工分值和个人劳动收入的多少带来一系列的不确定性，致使农村社员所得的工分价值的预期不明确；此外农村集体收入分配中还存在上级政府和公社的一些公益性摊派，从而严重地影响了集体经济成员的劳动积极性的发挥。往往导致这些劳动者参与生产队等集体的派工劳动中采取消极应付的态度，"晚出工、早收工，中间还要磨洋工"，劳动偷懒、消极怠工的现象十分普遍。由于集体派工的协作劳动效率普遍低下，又反过来影响了劳动工分的价值水平。据多数地区的农村劳动工分实际价值的文献资料记载，20 世纪 70 年代中国改革前农村生产队集体协作劳动的平均工分值普遍都在 10 分不足 1 元的水平，而农村劳动力的年收入普遍在 200 元以下。因此，在农村人民公社体制下的所谓按劳分配制度也是一种失败的收入分配制度安排，在农村改革过程中很快就被集体经济组织的家庭承包经营体制所取代。最后在我国农村经济改革浪潮冲击下，人民公社这种"政社合一"的管理体制也退出历史舞台。

(二) 企业劳动协作体内部的收入分配

中国在进入社会主义市场经济发展阶段后，对传统的社会主义基本特征的理论认识也得到大的突破，其中对于社会主义经济制度下的分配原则也作出了重大调整。如从过去的"按劳分配"原则转变为"按生产要素的贡献参与分配"的原则。所谓按劳分配原则是经典政治经济学在全社会实行生产资料公有制的背景下提出的一种收入分配原则，其科学内涵的表述覆盖面有限，即使是针对高度公有制社会的分配活动，也不足以用来作为指导全社会的所有层面的分配原则，如对于社会二次分配和三次分配的活动，以及对于社会一次分配中的企业与政府之间的分配关系，都不能够用按劳分配反映的经济关系来加以科学解释。

然而，从劳动经济学理论和企业劳动协作的运作活动实践的客观要求来看，虽然按劳分配原则在整个社会收入分配层面和在企业生产经营层面上不能够成立，却可以在企业劳动协作体内部的微观层面上成立。这在于市场经济条件下企业内部协作体员工之间的劳动关系不属于市场交易的 $K-L$ 关系，其劳动协作所产生的收入分配是同类生产要素之间的分配关系。不同岗位、工种、技能水平员工的劳动效率贡献评价属于非市场均衡的另一套评价体系。如果假设所有参加企业劳动协作的员工处于正面行为的状态，所以可能的是是"各尽所能"的劳动行为状态，其收入分配就能够通过对员工人力资本的效用评价后参考不同的边际生产率，最终以劳动效率来进行工资等收益的分配。然而企业劳动协作中员工的劳动效率评价也非常复杂。

在现代市场经济体制下存在多种产权制度不同的企业。所有企业层面收入分配的共同点在于：所有进入成本的生产要素投入都要求按照其贡献加以回报。企业的收入分配不可能按照单一生产要素的劳动投入量或社会必要劳动时间所反映的价值量来进行。对于劳动要素的贡献大小，传统经济学对于个体工人在企业生产过程中的劳动效率评估普遍采用的是"劳动生产率"指标，该指标的经济学含义为：在生产资料如劳动工具不变的条件下，工人在单位劳动时间（如一小时或一天）内所完成的产品数量（P/n）。

式中的 P 为产品的数量，假定产品不存在质量或等级的区别；n 为单位劳动时间或生产直接过程的时间。但是现实生活中仅仅在极为少数的特别情况下，如一些从事简单产品的计件工的劳动，才可能符合此特定的条件。同时不同生产资料和劳动工具配备下的相同产品的生产劳动效率原则上不具有可比性，故企业经济管理过程中普遍不采用劳动生产率这个指标来反映个人的劳动效率，而往往采用"全要素劳动生产率"指标，该指标是将生产投入的其他要素按照市场价值折算为劳动价格基础上，对单独个人的单位劳动时间的产出水平作为劳动生产率进行测定，以便科学反映劳动者之间的劳动效率差别。还可以对单独的不同个人劳动投入的边际收益（MP_L）来反映劳动者的劳动效率或劳动贡献，作为企业进行收入分配的科学依据。

上述的单一指标都对企业劳动协作参与人员的劳动效率评价不完全适合。例如，两个个人劳动效率完全相同的工人，分别被安排在劳动协作关系不同的班组内劳动，参与劳动协作关系好班组的工人的实际劳动效率显然会高于参与劳动协作关系不好班组的工人的实际劳动效率。对企业员工劳动协作的收入分配需要考虑建立在对多种因素的综合评价之上。

（三）劳动协作体内部个人贡献的综合因素及其评价体系

企业内部的劳动协作体参与人员的收入分配是一个复杂的问题。其复杂性的关键在于需要在缺乏市场交易评价的背景下对异质劳动者和劳动效率在非劳动时间衡量标准下进行科学公平的收入分配。传统的政治经济学曾经将企业简单劳动工作时间的付出量作为衡量劳动价值的标准，也没有从理论上解决所谓的简单劳动与复杂劳动之间价值量的折算问题。在现实企业生产经营活动中，几乎所有的产品都是通过不同工种、岗位的异质劳动者的共同集体劳动生产出来的，这些工人的劳动融合在一起形成产品的效用与价值。因此，企业的收入分配不可能按照同质劳动者的同一劳动的过程劳动时间付出作为工人收入分配的评价基础，而是需要建立对企业劳动协作参与者的劳动效率与劳动贡献能够作出科学合理评价的可操作的方法，解决企业员工劳动协作的收入分配问题。

可以发现，现代市场经济体制下企业劳动协作的收入分配是通过两个渠道或模式来实现的：一是通过企业内部劳动力市场交易的方式，由企业通过与雇员的工资等收入谈判交易以及通过企业与协作体集体协商谈判交易所建立的收入分配关系，这一渠道所确定的收入分配无疑是企业员工劳动协作收入分配的主体形式。据调研发现，这一渠道所形成的收入一般占到参与协作劳动企业员工工资收入的80%左右。二是企业劳动协作体内部通过非市场交易性质的协作劳动关系所建立的员工之间的收入分配关系，这一渠道所形成的收入分配的比重较小，一般不超过20%，其分配主要通过参与劳动协作的员工之间所建立的契约与机制运作来实现的，其收入分配的公平性核心是按照对异质劳动力协作劳动效率高低和贡献大小评估的方法的科学性与可持续性。

其中对于第二种的属于非市场交易关系的参与协作劳动者之间的利益分配的合理性、公平性的实现，一是要解决同一劳动协作体（如车间、班组、科室）内部从事同类型劳动（如同属于操作工）的员工之间的协作工资报酬分配的确定问题；二是要解决同一劳动协作体（如车间、班组、科室），但从事不同工种或岗位劳动的异质劳动者（职业技术、技能水平、工作经验、学历等不同的员工）之间的协作工资报酬分配的确定问题；三是要解决企业内部不同的劳动协作体（如车间、班组、科室）之间的参与劳动协作员工之间的工资报酬分配的确定问题。

由于企业在实行劳动分工后通过管理运作的协作劳动参与者的效率贡献具有许多不可比性，对于劳动的协作效率贡献评估又存在许多主观性和不同利益主体的规范性问题。而劳动经济学在理论和实际操作方法方面都缺乏系统全面的研究，成为相关研究领域的"短板"之一。

为了解决企业协作体内部劳动协作参与人员之间的劳动效率贡献的评估问题，这里依据劳动经济学的微观理论，同时借鉴人力资源管理学等相邻学科的理论与方法，提出对企业劳动协作体内部参与人员的协作劳动效率和贡献评估的理论和方法。

可以发现，在企业员工的协作劳动中，许多参与协作劳动的员工的实际绩效果行为表现会受到其他因素的影响或制约，单一用经济利益来对劳动绩效贡献进行判定和进行理论分析，其解释的可靠性会存在一些偏差。

首先我们可以对企业参与劳动协作个人的劳动效率提出若干假设：（1）企业劳动协作参与人员的个人劳动效率和贡献水平由一系列因素综合效用来决定，这些因素分别为：个人的人力资本存量；协作劳动行动中的组织决定权；个人劳动投入的边际效用；异质性劳动的替代性；个人的正面劳动协作行为；个人对协作关键突破的作用。（2）以上因素与个人参与劳动协作的效率贡献量具有显著的相关性。（3）企业的外部环境以及企业内部的经营管理等环境条件与劳动协作参与个人的劳动效率发挥无直接的关系。（4）企业在劳动协作运作过程中对个人的生产资料等要素的配备条件无变化。（5）劳动者个体之间发生的协作劳动的同一因素的效率贡献难以用绝对值加以区别，但是他们之间具的效率贡献有序数性质的区别，可以通过比较标准或参照物来进行排序。据此，可以建立参与劳动协作员工个人的劳动协作效率贡献函数：

$$G = F(h, d, m, t, p, b)$$

其中：

G 为参与劳动协作员工个人的协作劳动效率贡献。该因素值为因变量，由多个自变量的综合值来决定其数量的多少。自变量之间存在权重的比例与变化，一般可以通过德尔菲法（专家评价法）或通过问卷调查所取得的数据运用数理统计方法来确定。通过对每个参与劳动协作员工的 G 值的获取来作为按不同等级或个人分值的劳动协作收入的差异性发放的分配依据。

h 为个人的人力资本存量。主要由员工的学历、工龄、培训经历等人力资源的人力资本投资因素构成。该因素主要依据人力资本工资理论，将人力资本存量作为个人劳动效率的影响因素看待，如学历代表了从事协作劳动的职业技术潜在可发挥的能力，工龄代表从事协作劳动的工作经验积累，参与企业技能培训的经历代表职业技能的提升和与企业生产经营活动的适宜性加强，都在一定程度上反映出个人参与协作劳动效率水平的高低。

d 为协作劳动行动中的组织决定权。该因素可以用来反映参与劳动协作的个人在协作体内部对协作组合与行动的调控地位和作用，从而对劳动协作的效率产生正面影响。如协作体的车间（科室）主任、工段长和班组长等，由于组织领导人员在协作劳动中可以起到合理组合人员协同劳动和引导技术发挥与协调的作用，所以通常情况下会对协作劳动的效率做出一定的贡献。

m 为个人参与协作劳动的边际效用。该因素反映在个人劳动投入时间增加或同类型劳动者参与数量增加的情况下，如果协作劳动的整体劳动效率得到提升，即表明该个人的劳动投入增量具有边际效益，从而相对其他无边际增量人员更有效率且贡献更大；相反，一些同类型参与劳动协作体的人员人数增加或个人的劳动时间投入的增加却不会明显提升协作体的劳动效率，甚至这部分人员的减少却可以提高单位人员的劳动产品数量（劳动生产率提高），则说明这些人员对协作劳动缺乏效率贡献。该因素及其指标可以用来衡量个人对于整体协作劳动的效率与贡献水平的联系程度。

t 为异质性劳动的替代性。该因素可以用来反映参与协作劳动的成员在协作体组合中的地位和作用大小，如团队中的技术骨干成员或技术领军人物往往是劳动协作体内部开展有效协作和技术创新的不可或缺的人物，其所掌握的技术具有较强的个人专有性（经济租金），难以在协作劳动中为他人的劳动所替代。一些老专家和老技师对于一些企业还具有长期性的协作劳动参与的难以替代的地位。参与劳动协作人员所表现的难以替代性越强，则该员工在劳动协作体内的劳动效率提升的贡献就越大。

p 为参与协作劳动个人的正面协作行为程度。企业的劳动协作正常运作要求所有的参与者都处于正面行为的状态，此状态是满足实现劳动协作行为帕累托最优的经济效益和公平兼顾的基本条件。企业参与协作劳动的各个员工之间的正面行为客观上具有程度上的差异，甚至在一些情况下，还可能有部分成员的劳动协作行为处于负面状态。所以该因素及其指标可以反映参与协作劳动的个人效率与贡献水平，同时对整体的劳动协作效率提升也会产生直接的影响。

b 为个人对劳动协作关键突破所起的突出作用。该因素在常规生产经营状态运作的劳动协作对效率提升作用显得不太重要，但是对于一些科研协作劳动和技术创新协作劳动则非常重要。科研和技术创新的协作劳动具有较大的不可预见性、机会性和偶然性，协作劳动的成败和效率的实现组织取决于某个人的偶然或灵感的发现而取得突破，如个人对于关节点的发现或对瓶颈的突破，个人或少数人对整个协作劳动的效率提升贡献最为突出。相反，我们也可以在常规的劳动协作过程中将这一指标的含义转变为"个人对协作所发生的事故处理或避免损失所起的突出作用"，从而对一些劳动协作过程中员工的效率贡献做出合理的评价。

可以发现，在企业劳动协作的员工个人效率贡献函数中，由企业通过人力资源管理部门的劳动工资制度安排，以结构工资的方式通过基础工资、岗位工资和效益工资的发放，对其中的 h、d 和 r 等因素的贡献程度都有所反映，但是对于体现或反映参与协作劳动员工个人劳动投入的边际效用（m）、员工个人劳动专有的替代性（t）、参与协作劳动员工协作行为的正面性（p）等因素则反映不够充分且界限模糊。在中国企业中普遍实行的结构工资制中，往往将以上几个因素笼统地由奖金一个项目来予以体现。如果结构工资中的奖金是通过企业的管理层来决定员工个人的收入额度或相互之间的等级，往往难以体现出员工个人实际做出的效率贡献，容易流为"吃大锅饭"的分配格局或按照领导的人际关系亲疏程度来进行这一部分收入的分配，导致员工对主动积极参与协作劳动做贡献的正面行为衰退，最终会影响企业劳动协作效率的提升，进而对整个企业的经济效益产生负面影响。

为了对企业内部的劳动协作参与员工个人的劳动效率贡献得到较为全面系统的了解，这里按照有关理论和实践需要以及企业管理的条件，设计出综合性的对企业员工个人参与劳动协作的效率贡献评价表（见表 5-1）。

表 5-1　　　　　劳动协作体内部个人的效率贡献评价表

指标名称	序数性评价值			权重计分（%）	单项（共100分）
	分值1	分值2	分值3		
1. 个人的人力资本存量（h）					
2. 个人的决策决定 d 权					
3. 个人的协作劳动边际效用（m）					
4. 个人的替代性（t）					
5. 个人的正面行为程度（p）					
6. 个人的关键突破作用（b）（或个人对事故避免减少损失作用）					
7. 综合评价					

表 5-1 作为对参与劳动协作员工个人进行效率贡献的综合性评分，相关评估人员可以按表 5-1 中的 6 个项目指标分别做出个人的主观判断，可分为 3 个等级（3分、2分、1分）。排序给予分值。再按照每个项目招标的权重（总权重为 100%，权重的比例由专家或员工集体讨论决定），求出每一项的得分，对 6 项指标分值加总后便得出个人协作劳动效率贡献的综合分值。此评估方法类似于国内外对高校的评估方法，具有较好的可操作性。

第三节　企业员工劳动协作的远期、不确定收益的分配

一　企业员工劳动协作的远期、不确定收益的产生与分配关系

企业层面的生产经营活动会产生许多不同类型的集体性收益，相关的收益一般会在企业的产品在市场交易实现之后在出资人、员工和政府之间进行收益分配。在参与劳动协作员工之间也会在一段时期内通过工资薪酬、福利、奖金等形式进行分配。虽然其中多数收入是通过企业对员工的分配来实现的，但是仍然有或多或少的劳动协作收益要由劳动协作体内部来进行即期个人分配。

企业的劳动协作体内部还会产生一些非即期实现分配的收入或收益，从而涉及复杂的远期的不确定的收益分配问题。这些非即期实现的协作劳动收益还有部分是以个人的名誉、专利所有权、知识产权等形式出现。调查发现，尤其是企业或政府的一些事业单位所开展的一些较为复杂的科研劳动协作和技术创新劳动协作活动，许多成果收益往往要延退到多年后才能够进行成果绩效价值认定和进行个人收益分配，这一类型收益的个人效率贡献界定与评价标准会直接影响到相关收益分配的公平性。而这一类型协作劳动的收益普遍涉及了不同程度和类型的贡献，如何对这些人员的协作劳动进行合理和公平的评价与分配，则是一个较为复杂的问题。如在对许多按照企业经营体制管理的科研性事业单位的调查中，就发现不少由多人或小组的协作劳动完成后，人们会在论文署名、资料引用、报奖排序、获奖分配、发明专利收入分配等涉及知识产权的归属等方面出现不同的意见，对相关的成果在若干年后产生的个人名誉权和涉及职务提升、职称晋升等所依据的贡献大小出现争议，有的甚至诉诸法律程序。这些问题如果处理不当，往往会导致单位内部人际关系紧张，劳动协作团队参与人员之间的隔阂与矛盾，以及导致研究团队人员流失和组合解体。一些团队的成员在相关矛盾发生后，一般不会再继续合作从事其他的劳动协作活动了。

企业员工劳动协作的远期不确定收益分配问题的解决首先应建立在对劳动协作效率贡献的科学合理公平的评价基础之上。一般采取在劳动协作阶段性结束后即作出即时性评价方式进行。但是也有部分劳动协作的个人效率贡献需要经过一定时间的检验才能够得出较为科学客观的评价。如诺贝尔奖往往是在该成果提出多年之后甚至几十年后才通过奖项予以肯定和承认。特别是一些理论假说成果往往需要借助新的科学手段来进行检验，如通过他人多年后实验加以验证。对于劳动协作过程中的个人贡献的评价也有着类似的性质。而企业协作体员工集体性劳动的成果也会有一些远期不确定收益产生，如果能够按照每个劳动者的劳动效率贡献实现科学、合理和公平的评价和分配，对于企业等经济组织劳动协作的可持续开展和企业的成长发展都具有重要的意义。

二 企业员工劳动协作的收益分配机理与问题分析

在本研究的调查过程中，笔者发现许多较为典型或较为有社会影响的案例都属于由众多人员参与的复杂劳动协作活动所产生的知识产权的权属界定问题，以及由于产权界定不清所带来的收益分配问题。尤其是一些在计划经济时期由政府组织的跨行业、部门单位开展的社会性协作科技攻关项目。由于计划经济时期的政府、单位乃至科技人员自身都普遍缺乏知识产权的意识和产权性利益分配的概念，导致当时许多科研成果和技术发明成果没有即时对其知识产权进行个人贡献的界定，如当时的许多科研成果往往都以集体名义向社会公布或按照集体名义进行非物质性质的表彰。在进入改革开放时期后，许多过去通过社会"大协作"方式完成的集体协作劳动成果的市场价值得以凸显，如可以通过技术或知识产权交易产生一定数额的收入，从而对这些成果进行科学、合理的个人效率贡献评估也就被提到桌面上来。但是许多过去依靠"大协作"集体攻关所形成的成果不仅仅没有通过专利的及时申报而使协作劳动参与者的经济利益加以保护，而且对许多创造性劳动个人贡献的重新鉴定与评估也非常困难，导致一些参与协作单位与个人之间对收益分配出现许多冲突和矛盾，有的还闹到对簿公堂的地步。又如有的科研成果在多年后得到肯定要给予奖励时，许多单位才发现过去的许多基础性工作存在缺位的问题，如对核心的首创性、突破性劳动贡献人不明确或过去许多成果发表或结项是标志为"集体创作"；或"课题组集体"，在许多年以后产生个人贡献份额或排序等方面的争议。在中国的经济学理论界，就发生过对"价格双轨制"改革方案与理论框架的首先提出人认定的争议，这种争议的发生据说与重大学术荣誉和奖励的个人归属有关。

由于对科研等劳动协作活动所产生的成果的知识产权及个人贡献缺乏科学的界定理论、方法和管理制度，也为许多远期的不确定的劳动协作成果的利益分享带来诸多问题。最典型的如著名的中国中医药研究院研究员屠呦呦对青蒿素研究的个人贡献与其他协作人员和协作单位之间贡献的关系，以及对该研究成果在多年后所获得诺贝尔奖等奖项的个人荣誉权、收益权的分享等问题。可以肯定在20世纪70年代初开展此项科研课题大协作工作时，绝对没有一个人能够想到会得诺贝尔这类世界级的奖励，会有一位参与者能够获得如此高端的个人荣誉与奖励。因此，需要我们从这一案例中认真总结经验教训，对科研或技术攻关的劳动协作所产生的集体性成果的个人贡献的评估理论和实际劳动协作的运作机制、制度规范等机理问题进行研究。

通过对许多国际上所授予科技奖项的评价标准等方面的机理研究，明显发现其存在东西方文化差异。东西方文化差异具有非常复杂的历史、社会制度和思维方式等方面的原因，该差异的存在也表现在东西方人们对经济、科技等领域的集体协作劳动成果个人贡献的评价差异。一般认为，以欧洲为中心的通过对古希腊文明和欧洲文艺复兴运动的继承发扬所形成的现代西方文化的核心价值是个人中心性、自我独立性和创新开拓性。受此核心价值观的规制，西方对于集体参与科研成果的贡献评价主要依据个人对成果最终形成的关键节点的突破性劳动和首创性劳动所发挥的作用。而一些对原有理论、方法、观点的继承性研究、补充性研究和完善性研究的成果，其个人的贡献被作为第二层次的成果看待，对此类成果的个人贡献评价和价值评估都低于第一层次的首创性成果。而以中国为代表的东方文化理念则强调社会组织的整体性、集体性和个人从属性，在对于科技成果的认知方面，则表现为缺乏对于科学技术创造的理论逻辑体系的构建以及对理论、观点的验证实验的活动规范的要求。在计划经济时期，更是突出集体主义精神对协作活动的贡献的价值，存在对个人贡献价值贬低或矮化的倾向。在大量的涉及企业劳动协作的劳动经济学研究文献中就普遍停留在只对团队的集体协作因素和精神作用层面进行讨论，而对集体性的协作劳动活动中的个人劳动效率贡献问题则疏于深入讨论与缺乏相关的机理性研究。其中也包括对企业劳动协作个人效率贡献的有关研究。

根据对有关企业的调查研究，发现企业普遍对员工参与劳动协作个人远期不确定收益问题未加以足够的重视。但是，在现代经济知识产权的收益和分配问题日益凸显的背景下，企业和事业单位的团队等协作体需要对此加以密切关注和高度重视。因为科研等团队的劳动协作往往具有不同程度的科研与技术创新的劳动协作性质，参与人员众多，属于异质劳动的集体行动，其劳动协作成果不仅有即期收益的分配问题，还可能出现对远期不确定收益的分配问题。此外在许多科技型企业和科研单位及大专院校中,劳动协作的远期不确定性成果的个人效率贡献判定和收益分配问题普遍存在迫切理论指导和提供方法参考。

三 企业员工劳动协作远期、不确定收益分配的完善措施

针对以上一些企业员工劳动协作存在的较为突出的问题,提出以下改进与完善措施。

首先,要加强对劳动协作人力资源配置合理的人员组合和团队建设,使之符合科学运作与公正分配的要求。所组合的团队人员在团队内的地位要基本符合预期的作用和贡献水平。要减少行政权力对劳动协作人员具体操作层面的组合、互动运作活动的干预,如对于企事业单位所组织的科技劳动协作工作采取领导小组和课题研究组两个层次的管理办法,行政领导职位领导小组成员不参与课题研究组的具体组织活动,也不参与对具体技术成果的贡献方面的收益分配。要增加团队实际负责人和领军人物对人员优化配置的自主权和收益分配的自决权。要提升课题负责人对团队人员组合聘用的自主权,严格防止"搭便车"的人员组合现象发生。

其次,要努力完善对劳动协作团队个人效率贡献的评价方法和加强基础性信息管理制度建设。要及时明晰协作劳动所产生的知识产权的关系,对于首创性个人贡献要提高在综合评价体系中权重,使之在贡献排序中居于最突出地位。

此外,要加强对企事业单位的协作劳动类型的契约规范与收益分配的制度建设,改进和完善对协作劳动个人效率贡献的评估体系,完善涉及成果评奖、专利申报等个人的远期不确定收益分配的档案管理制度。对成果的贡献评估要实现公开透明和民主的程序。大力加强对相关工作的监察,对劳动协作中出现的违规、违纪和违法行为及时予以查处。切实保护劳动协作中参与者的在远期不确定收益分配中的正当合法权利。

第 六 章

企业员工劳动协作的模式

第一节 企业员工劳动协作模式选择的影响因素与模式类型

一 企业员工劳动协作模式选择的影响因素

劳动分工与劳动协作是人类创造财富最基本的运作模式。企业作为市场经济背景下的物质财富生产主体和社会生产经营活动的基本单元，在其内部实行合理、科学的劳动分工无疑是提升企业生产经营效率的必要手段，而以企业内部技能分工为基础的劳动协作则是实现企业生产经营效率的根本保障与基本途径。

企业员工劳动协作是在工种、岗位、技术分工基础上基于生产工艺流程等需要的员工集体性生产劳动组合与互动过程。亚当·斯密在《国富论》的开篇第一章中就对企业层面的劳动分工协作进行过详细的观察与描述，他具体对所观察的手工制针业的18道工序的员工分工协作劳动过程及其劳动效率做了分析。20世纪70年代，中国学者晓亮（1963）曾经基于计划经济时期的企业内劳动管理特征，就将企业劳动协作大致划分为"上下、左右、前后"三种劳动协作模式，但他并未运用经济学原理对他所提出有关模式的运作机理等问题做进一步的研究。通过系统地对相关文献检索发现，现阶段国内外人力资源管理与劳动经济学学者对企业员工劳动协作的研究主要集中在对团队协作模式运作机理等领域，如钱峻峰（2011）认为团队协作模式中激励机制的核心是团队成员在"互利"与"自利"中寻求博弈平衡，史振磊（2011）认为团队协作模式的核心在于互动行为构成的有效心理基础等。但相关研究是基于广义的"团队"概念，即将本书提出的所有企业内部的"劳动协作体"（如班组、工段、车间）都作为企业内部的劳动协作"团队"来看待，从而对企业员工劳动协作普遍存在的各种模式的差异和不同模式运作机理的比较分析缺乏深入的综合研究。

在现代市场经济体制下，社会生产为满足众多的最终消费需求，形成越来越多的产品与服务项目，而从事这些产品与服务项目的企业和其他经济活动单位（如事业单位和社会团体），又构成了众多的产业、行业和部门，如目前国际上普遍认可的一次产业、二次产业和三次产业，学术界甚至还有"四次产业"的提法。国民经济行业分类的标准主要依据产品与服务的效用差别而制定，目前中国对行业的基本分为19种门类，其分类系统中门类以下还有大类、中类、小类共4级分类。国民经济各个行业由许多企业和其他组织构成。但同一行业内的不同企业的生产经营性质、生产规模、技术装备水平和生产过程、工艺技术流程、产权制度等都存在很大的差异。

企业员工的劳动协作模式选择首先取决于企业管理者对企业资源配置的决策安排。企业管理层对于各种员工劳动协作模式类型的选择又主要是基于其生产经营的实际的具体的条件，按照收益最大化和趋利避害的原则做出的。在现代制造业企业生产经营活动中，由于机器等设备的使用条件的相对固定性，使得许多企业在一定工艺流程条件下的劳动协作模式也具有相对的稳定性。在市场经济体制下，由于不同类型的企业在生产性质、生产规模、技术条件、生产流程、工艺水平等方面都具有一定的差异，也可能使不同生产经营条件下的企业员工参与企业生产实践的劳动协作模式也具有多元化特征。在同一协作体内部、不仅不同类型劳动协作模式的员工劳动组合构成有所区别，而且各种劳动协作模式之间还会发生运作相互交叉与互补等复杂的现象，如一些劳动协作单位与企业的其他单位采取不同协作模式运作的现象就较为普遍。

通过对多种类型企业的劳动协作模式选择的考察和比较研究，可以发现，企业所生产产品的设备、工艺技术流程的改变或差别对企业员工劳动协作模式的选择的影响最为显著。如钢铁厂的钢材加工传统工艺流程需要通过铸钢、轧钢两个车间作为劳动协作单位分段完成，而采取"连铸连轧"先进工艺后，有关员工的劳动协作组合也发生了大的调整，由原来的两种劳动协作体变为由一个劳动协作体的人员来连续作业来完成。原来两个车间员工的劳动协作人员合并后按新的劳动协作模式来进行。又如在传统的客户上门柜台服务的保险公司经营活动中，人寿等保险产品销售团队是以柜员和业务经理的组合模式为主。而实行了新的保险业务员佣金制后，业务员的工作方式和相互联系组合的模式发生了结构性变化，每个业务员都成是一个相对独立的业务经理。保险业的新型经营模式的实施，排名也形成了保险公司的新型企业员工劳动协作模式。

二　企业员工劳动协作模式的类型划分

社会财富的创造或经济活动无一不是对多种资源的重新组合的效用调整过程。因此企业的生产经营过程实际上也是对劳动力、原材料、技术和资金等生产要素或资源的科学配置与合理组合过程，其目的在于创造出新的效用和要素综合价值的增加。企业对劳动力要素或人力资源的利用过程在于：首先通过外部劳动力市场与异质劳动力要素的利益主体实现市场交易，初步确定工资水平等劳动力使用权转让的条件，使劳动者在签订劳动合同后进入企业成为员工；其次是企业管理层将基于企业的生产性质、生产任务等对不同人力资本构成的员工（雇员）进行劳动分工，将进行劳动分工后的员工进一步安排分派到各生产环节、工艺流程所需要的岗位与工种上；最后要依靠各个劳动协作体（车间、工段、班组、科室等）对所配置员工进行动态的劳动组合，使不同技能水平的员工能够有效参与到各种劳动协作模式的生产性劳动中，使之正常发挥劳动分工与协作所要求的劳动效率，最终实现企业生产经营活动的需要完成的各个目标。

本研究以 20 世纪末至 21 世纪初中国市场经济条件下的现代企业管理制度为背景，对企业基于合理的劳动组合的多种劳动协作模式进行类别划分和特征归纳，并对各种模式与员工劳动协作行为、劳动协作机制运作以及劳动协作契约规范的关系等问题进行理论分析。

企业对于劳动力要素的利用都是通过一定的具体劳动协作模式来实现的。按照企业员工参与企业生产经营活动的劳动组合方式的差异，可以大体将企业员工的劳动协作模式分为以下几种类型。

（一）流水线（前后）协作模式

所谓"流水线"协作模式主要指按照生产的工艺流程、装配流程、营销流程等发生的特点，对不同工人、班组之间前后接续的劳动协作运作模式。在流水线劳动协作模式中，生产流程的前一阶段的工作必须为后一阶段的工作提供基本的运作条件，一般通过流水线作业的产品验收和交接班等协作环节，通过具体劳动者之间的操作性接触来实现生产流程的正常进行。从劳动协作的角度来看，生产流程的前一段劳动成果的合格和达到规范要求，是下一阶段劳动成果合格与生产经营效率实现的基础。亚当·斯密所描述的即是手工工场时代工艺流程的流水线劳动协作模式；现代制造业最典型的流水线协作模式如家用电器、玩具、汽车组装等车间的装配流水线作业过程中的人员劳动协作组合关系。

在流水线协作模式运作过程中除了一些交接性的劳动需要按前后工序进行一些员工协作劳动之外，并没有发生员工之间的直接的交叉劳动配合作业过程。在工种上往往都属于同一种工种（如汽车装配流水线的员工都属于装配工），多数员工从事的是机械化作业的简单劳动类型的手工操作性质的协作劳动。

流水线协作模式下员工劳动协作关系主要表现在员工对交接时间的控制和自己所操作的中间产品（半成品）的基本质量要求能够满足下一个员工的操作条件。流水线协作模式具有员工之间在生产流程上的前后联系，前一阶段员工的操作时间安排的延误或出现质量问题，以及操作不当导致机器设备出现故障等，都会影响到下一阶段协作人员的劳动效率和产品质量。如果在流水线协作模式中有员工出现劳动者协作的负面行为，如偷工减料、隐形损害的操作、交接手续不完备等，都会直接或间接对整个生产线造成负面影响并带来不同程度的经济损失。如果流水线协作模式下员工之间的工作责任不明确，会导致参与协作员工产生摩擦甚至发生冲突。少数员工出现的负面行为往往通过互律机制而及时得到制止。

对于流水线协作模式的运作，由于员工之间协同交叉性的劳动协作关系较少，所以企业一般通过管理层的组合机制和以规章制度为核心的约束机制来加以保障，如实行打卡上班的时间规定，要求员工必须按时提前进入岗位准备，因为一旦流水线机器和传送带等设备开动后，就不允许出现某一个环节的员工缺位而造成生产事故。

(二) 循环作业协作模式

所谓"循环作业"协作模式主要是指生产过程具有循环性的周而复始特征,要求企业劳动者对于生产活动的劳动协作参与关系具有同样的循环交接特征。典型的循环作业协作模式有:钢铁厂高炉、发电厂机组等需"三班倒"的连续性生产流程下的不间断生产所要求的人员交接性的劳动协作。针对上述的企业工作流程特点和遵守员工工时制度安排,企业通常实行 6 小时或 8 小时工作制 (也存在 12 小时工作加休假的情况),于是普遍采取"三班倒"或"四班倒"的制度,以保证生产流程能够在每天 24 小时内不间断地运行。但是在许多单位如仓库、门卫值班一类的工作岗位,也采取"两班倒"的制度,每人上班的时间为每天 12 小时 (包括吃饭、睡觉时间在内)。此外,如出租车公司的司机共同使用一台车,也往往采取两人交接班运营的劳动协作模式。一些企业在突击完成订单的情况下,往往会将"长白班"的员工临时组织为两班或三班进行循环作业,从而达到按时交货的生产经营目的。建立规范的交接班契约关系和互律、互动机制的良性运作是循环作业模式完善劳动协作运作的关键。

(三) 主要与辅助协作模式

所谓"主要与辅助(主辅)"协作模式主要指按照工种、岗位对产品生产的重要性差异,如质量关键、核心技术等,在协作体内部形成主要岗位、工种和辅助岗位、工种,在相关人员之间形成劳动协作关系的运作模式。相对于流水线模式,在该模式下的劳动协作关键在于主业的专业人员的协调组织能力,以及个人的核心技能的发挥,但是协作劳动的主要(核心)人员也需要其他人员对其工作进行一些辅助性的配合劳动。一般情况下这种劳动协作模式人员之间的劳动协作关系具有长期性和全过程性质。典型的主要与辅助协作模式有:大型机器设备的安装协作体(以安装钳工为主,铆工、起重工、电工、电焊工等为辅助性工种);机器等设计和试验的协作体,其中的主管工程师和总设计师等为主要人员,而其他各工种、岗位人员则带有不同程度的劳动协作的辅助性。

在企业内部所形成的主辅劳动协作模式较为普遍,主要是由于参与协作劳动的员工之间的技术水平差异和技术分工的存在,如一个班组里的高级技师对复杂产品关键生产工艺的操作和对一般技工操作的指导和对一般普工劳动的调配。又如专业组的师傅和所带的徒弟之间，往往就表现为主辅劳动协作关系，师傅从事和承担主要的关键性技术劳动，而学艺阶段的徒弟则承担辅助性的劳动。

（四）板块（部分）协作模式

所谓"板块"协作模式主要指按照企业内部（不同车间、分厂、子公司）或内部机构的内部协作体（如不同的工段、作业组、小组）的相互联系、相互依存关系所建立的劳动协作模式。这种劳动协作模式的劳动协作关系具有较为稳定的人员联系，但具体的协作劳动过程却表现为临时性、短期性、突击性。参与劳动协作的人员的数量、工种、级别等要根据生产经营的实际需要由上一级管理层或"板块"单位之间的协调、交涉做出决定，根据情况变化的需要而调整。企业内部的"板块"之间往往由利益关系和人员、进度安排意见不统一而发生交涉矛盾，会使劳动协作付出一定的摩擦成本。一些关系需要上一级管理层进行协调和调解。

典型的板块协作模式如铝加工的挤压成型车间与模具车间、机修车间、化验检验车间之间的协作关系。模具车间为挤压成型车间提供各种模具，但是模具损害的时间长短不一致，因此模具车间与挤压成型车间具有机器零部件的供给协作的不定期性，以及在模具材料、加工技术等影响质量的环节上有协作性的交涉关系。而铝材挤压机的修理也存在不确定性，需要机修车间及时提供机修方面的技术性协作，以及定期的大修工作。在大修期间需要挤压机操作工与机修车间的技术人员相互配合进行协作。化验检验车间（科室）一般对挤压成型车间的产品进行常规检验等协作劳动，以及参与对重大质量问题产品的处理工作，不定期地不同程度地开展人员之间协作关系。又如小型汽车修理企业将内部机构分为：发动机（引擎）班；底盘班；电工仪表班；钣金焊接班；油漆、轮胎、木工班等专业班。其中的底盘班又进一步分为：前桥加方向机作业组、中桥（变速箱、离合器、传动轴）作业组和后桥作业组。在实际作业中小组之间和小组内部的员工既有分工又有互助、配合及集中的劳动协作活动发生。

（五）层级协作模式

所谓"层级"协作模式主要指按照企业内部的科层管理体系运行，在一线部门与二线部门及最高级别的管理部门之间发生在员工之间劳动协作模式。典型的如车间的统计、财务、检验、安全等岗位人员与企业的计划统计科室、财务科室与检验科室、生产安全部门之间的劳动协作关系。其关系一般按照企业有关的制度、规章来实行。如当日的登记、记录和报表制度，月、季度和年度的报表，工作总结报告，事故、问题的原因分析与处理请示报告，上一层级对管理规则变化的通知，等等。如车间的技术员与公司的技术科之间的业务联系，车间安全员与公司的安全科室部门的业务联系，车间的统计员与公司的统计部门之间的业务联系，都会产生相关人员之间的劳动协作活动和形成劳动协作关系。但是上一层级的业务联系多个下一层级的相关人员。另外层级协作模式下的劳动协作联系也可能是不定期的类型。如车间的技术员与企业的技术部门之间的各种形式的劳动协作关系，如双方不定期对技术改进方案的共同研究和对技术规程的共同设计。

一个企业要取得较好的经济效益，企业的层级结构的上下级人员之间不可避免存在劳动的协作关系，需要在企业的层级单位之间建立良好的相互协调的机制和信息交流与反馈的机制。在层级协作模式中，也会出现层级即具体的协作参与人员之间意见不一致的矛盾与问题，需要彼此协商解决或通过上一级管理层的裁决或协调进行处理。

（六）师徒劳动协作模式

所谓"师徒"劳动协作模式是指传授知识技能的员工和学习知识技能的员工之间发生的"教授—学习"的劳动协作模式。该模式多发生在从事产品生产或者服务的部分员工之间。一般师傅和徒弟在年龄、工龄、人力资本存量等多方面均存在较大的差异。在该协作模式中，师徒是生产活动的"主角"，但徒弟往往通过辅助性的工作来参与工作，并通过"干中学"方式实现从"当下手"到"独立上手"的蜕变；师傅则是作为主要生产人员，实现从协作劳动的"主要操作"到"放手让徒弟操作"的角色变化。以传统的师徒协作模式中，徒弟通过"拜师"仪式订立契约、在学徒期间拿较低的酬劳等条件下学习技艺的方式与师傅形成协作契约关系。目前企业内部的师徒劳动协作模式形式仍然存在，但是其关系明显发生了变化，体现为由师徒之间的契约形式转变为企业人力资源管理部分或领导指派安排形式。此外，目前中国在国外承包工程的一些建筑公司中，由中国派遣的工程技术人员往往作为"师傅"身份与当地普通工人在"工长制度"下的协作配合也可以作为一种特殊师徒协作模式。

劳动协作的师徒模式可以视为人力资本投资"干中学"模式的一种特殊形式。通过在生产实践过程中由具有经验的老工人直接及时地对缺乏实践经验的新员工进行指教，可以避免新的协作成员靠自己苦苦摸索走弯路，也可以节省技能提升的时间。通过师傅的言传身教，使青年徒弟能够掌握有关技巧或诀窍，使师徒整体劳动效率得到提升。由于师傅的教授技艺的行为带有人力资本投资回收性质，因此在工资收入方面应当体现一定的劳动报酬。尤其是一些工匠技艺性的手工劳动，师徒协作劳动是必不可少的。合理组合师徒协作劳动模式传统对企业的协作劳动效益增进、员工职业素质提升和传统技艺传承、都明显有利。

（七）团队劳动协作模式

所谓"团队"协作模式主要是指发生在企业内部的围绕产品开发、技术创新、营销服务等工作，由跨车间、科室的不同部门的多工种和技能水平的员工通过阶段性组合所形成的劳动协作体所从事的协作劳动模式。有的参与团队劳动协作模式的成员还可以是通过市场协作、社会协作的方式所吸收的其他企业或单位的人员。团队劳动协作模式具有非常规的、不定期的人员组合特征。由于团队所从事的劳动协作活动的投入产出预期难以事先确定，其劳动协作的效率结果也具有一定的风险性和随机性，有的劳动协作活动还可能完全失败。因此企业对团队的劳动协作资源投入也带有一定的风险投资性质。

在团队劳动协作模式中，团队负责人一般是产品设计、技术创新研究的核心技术带头人，并且通过企业管理层的授权具有一定的对团队运作的决策权和组合权，包括对协作体内部员工工种及技能的组合、任务的安排、资金的使用、收益的分配等权力；同时也对团队协作劳动运行的效率实现负主要责任。而团队协作体内部其他员工的知识技能组合的合理程度、对团队负责人的认可度、任务执行程度以及对收益分配的满意度等也会影响到团队的协作效率。

以上企业劳动协作模式在具体的劳动协作体内部可以部分存在，也可以同时存在；一部分员工可能同时参与两种或多种劳动协作模式的协作劳动。企业生产经营实践中除了上述七种协作模式外，还可能存在其他的劳动协作模式，有待于人们去发现与研究。

第二节 不同企业员工劳动协作模式运作的差异性分析

大量的实践表明，企业员工劳动协作活动中的行为性质、运作机制、契约规范和分配制度等劳动协作的运作要素都会不同程度地受到劳动协作模式的影响，而不同的企业劳动协作模式对员工的劳动行为、运作机制与契约规范存在一定的相关性，这些关系需要从理论的层次加以梳理和分析。为了使相关要素之间的关系较为明晰和简约，这里按照企业劳动协作的劳动组合与员工协作劳动技能的复杂程度，大体可以将企业员工的劳动协作模式分为简单劳动协作模式和复杂劳动协作模式。其中的简单劳动协作模式包括：流水线、循环作业、板块和层级等劳动协作模式；复杂劳动协作模式包括：师徒、主辅以及团队等劳动协作模式。

一 不同企业劳动协作模式员工行为的差异性分析

企业员工的劳动协作活动是一个由互利动机所主导的异质劳动者劳动行为的集合。按照协作行为对协作劳动效率的影响与效应区别，可以将企业参与劳动协作员工的行为划分为正面行为与负面行为两种类型。由于企业内部分工背景下的单独的个人都无法独立完成一项产品的生产经营全过程，基于经济理性参与劳动协作员工的正面行为无疑是协作劳动过程中常态化、经常性的行为。但是在协作劳动过程中，由于劳动组合不合理、机制运作不到位、协作劳动的契约不规范等原因，部分员工也不可避免会出现一些"搭便车"之类的负面行为。由于不同的劳动协作模式对员工的负面行为的管控手段与措施存在差异，也会导致不同劳动协作模式下员工劳动协作行为的表现存在一定程度上的差异。

在简单劳动协作模式中，由于企业员工的劳动较多属于要求按照企业的产品生产和服务提供的技术标准进行的相对较多独立操作的个体性劳动，员工之间需要相互精准配合、混合交叉的协作劳动较少，责权利关系也容易界定，同时企业管理层面的约束机制和激励机制可以较为直接作用于个人，所以简单劳动协作模式（如在"流水线"劳动协作模式和"循环作业"劳动协作模式）下的员工主要表现为能够按标准、按时、自觉完成自己的职责规定的分内工作等劳动协作正面行为；而劳动协作负面行为（如在生产中偷懒、不按标准进行生产等）不可能经常发生，即使发生也会被较快发现与通过约束机制和互律机制被及时纠正。

在复杂的劳动协作模式中，参与协作劳动的员工需要在劳动协作的过程中达到互动、协调、默契的作业状态，新建的劳动组合队伍通常还需要经过一个磨合与适应的过程，才能够达到协作劳动的正常效率水平；同时在协作体内部员工之间的责权利关系也难以明确，行为边界也有许多不明晰的空间，因而容易诱导员工的负面行为发生，如工作推诿、偷工减料、马虎应付、隐瞒事故等负面行为的发生概率就明显高于流水线等简单劳动协作模式。在主要与辅助协作模式和团队劳动协作模式等复杂劳动协作模式的运作中，由于不同工种与岗位员工之间的工作任务难以简单模仿与替代，此时员工的劳动协作正面行为主要体现在协作体主要负责人合理分派任务、带头引导其他成员积极配合、认真完成本职工作等正面行为上。其中主要骨干人员和团队负责人的劳动协作正面行为对协作效率提升起主导作用。但是由于复杂劳动协作参与人员的实际劳动绩效难以即时准确界定，参与协作劳动员工中"搭便车"等负面行为发生的概率明显比简单协会模式偏高，内部成员由于收益分配的矛盾与冲突也更容易产生。

二　不同企业劳动协作模式机制运作的差异性分析

企业劳动协作机制的良性运作对协作劳动效率的提升具有重要的作用。企业员工在参与劳动协作的过程中，既受到来自企业层面的管理机制的制约，也受到来自协作体员工层面的协调机制的影响。前者如组合机制对企业员工进行劳动组合配置，形成以完成工作任务为目的的协作体；约束机制对员工的劳动协作行为进行规范和监督；激励机制对协作良好的员工进行奖励并对协作较差的员工给予处罚，从而引导员工正面行为的发挥和遏制负面行为的发生。后者如员工劳动协作的互利机制使员工"自利"的行为建立在实现协作体成员的集体性利益基础上；互动机制是员工实现劳动协作效率的必要条件；互律机制能够形成协作体内部员工行为的自我约束与相互约束的有机结合。

在简单劳动协作模式下，由于企业层面管理机制的运作可以较为有效地管控参与劳动协作的员工的行为，尤其是可以减少员工劳动协作负面行为的发生，所以主要通过企业管理层的劳动组合指令和劳动规章、制度的执行来对员工的劳动协作行为进行管控，计件员工的工资报酬也基本可以按照企业人力资源部门的标准统一发放。协作体内部的机制对劳动效率的提升作用相对较小，对收益的分配的调节作用也不突出，主要是对企业层面的管理机制运作起补充作用。

在复杂劳动协作模式中，由于参与劳动协作员工工种复杂，技能水平差异大，实际劳动效率的发挥主要取决于个人的态度与行为，加之企业管理层对团队等具体运作的信息不充分、不对称等原因，仅仅依靠企业层面的管理机制难以有效发挥作用，往往更多地需要协作体层面的协调机制的互利、互动和互律的交织、配合运作，才能够对员工的劳动协作产生正面、积极的影响。如果机制之间的相互耦合关系不协调，则机制对协作劳动效率提升的综合效应就会受到影响。

三 不同企业劳动协作模式员工劳动契约的差异性分析

在企业分工协作的生产实践中，契约指的是雇主与雇员、雇员与雇员之间形成的纸质的或者口头的行为规范约定。广义的协作劳动契约既包括企业员工与企业管理层（雇主）所签订的劳动合同，员工在工作中遵守的岗位责任书、劳动纪律等规章制度，以及在具体任务执行过程中所签订的协议或合同等有明确条文的纸质契约；员工在协作生产实践过程中的相互之间的临时口头约定、简约协议等非正式契约；此外，参与劳动协作员工之间还存在基于经济伦理、职业道德和企业文化等形态的心理契约。契约是经济社会活动实现正常运作和社会人际关系维系的保障手段，由于信息不充分和不确定等因素，契约的条款与内容是不可能完全的，不完全契约是契约的常态形式。就劳动契约而言，企业与员工以劳动合同等为代表的劳动协作契约相对较为完全，而协作体内部员工之间的契约则具有约定内容不完全，多数带有口头的、临时性等特点。由于责权利不明晰，对员工的负面行为的约束力低下，从而为劳动协作带来违约等风险。

在企业劳动协作的简单模式中,如流水线(前后)劳动协作模式和循环作业劳动协作模式中,由于协作体内部员工的劳动协作关系相对单纯和明晰,往往通过劳动合同、岗位责任书、交接班制度等责权利相对明确的契约来加以维持;而在层级劳动协作模式中,协作体内部的契约关系直接表现为企业管理层对下级单位的生产任务与劳动组合指令等契约形式来加以安排;在板块劳动协作模式中,协作体之间的劳动协作关系主要通过向管理层提交纸质的申请书和批准文件来加以约定。由于在企业简单劳动协作模式的运作中非正式的劳动协作契约关系发生概率较小,因为契约不规范或不明晰所造成的协作矛盾与纠纷也相对较少一些。

在复杂的劳动协作模式的运作中,由于员工劳动协作的行为动态化、利益关系复杂化,违约风险明显增加,劳动协作的契约形式也要求多元化。如师徒劳动协作模式、主辅劳动协作模式以及团队劳动协作模式中,协作体作为整体与企业领导层之间签订的劳动集体合同、劳动工资协议等纸质的契约内容覆盖面有限,企业高层难以更多地调控协作体内部劳动者之间的协作劳动关系,对有关人员的行为缺乏具体的规范标准,也缺乏对员工劳动协作行为调控的有效性与针对性。而企业协作体内部员工层面则普遍缺乏相对较为完全的劳动协作契约关系,目前企业内部员工间的协作劳动契约关系多以口头约定和非正规的简单协议的形式出现,难以适应现代企业日趋复杂化的员工劳动协作模式运作的要求。

四 不同企业劳动协作模式的员工收益分配制度的差异性分析

收益分配制度对企业劳动协作的运作效率提升具有重要的影响作用,企业内部的收入分配制度原则上是按照两种方式来实施的:一是企业通过内部劳动力市场交易的谈判、协商等方式而形成的工资薪酬分配制度,通过与绩效挂钩的综合性的结构工资制度,在激励机制的引导下实现的收益分配;二是企业内部不同的劳动协作体参与劳动协作员工之间所发生的与协作劳动行为和直接劳动效率挂钩的收益分配。在企业生产经营的过程中,第一种收益分配方式明显占主导地位;但是第二种分配方式也或多或少存在,有时还对劳动协作效率提升起关键作用。可以看出,前者代表的是劳动与资本之间的利益关系;后者代表的是劳动与劳动之间的利益关系。企业的收益分配制度设计在劳动协作模式中也有一定的规律或特点可循。

在简单劳动协作模式的运作中，由于员工的劳动协作联动关系较为明晰，劳动的独立性较强，技术含量较低，一部分员工的工资往往采取计件工资制的收益分配方式，如企业的搬运工按照运输的件数来支付工资；对于一些劳动协作的联系方式单一，劳动协作技术性不强的简单劳动工种，由于劳动者之间的劳动协作所完成产品的过程环节较多，难以区别参与生产的个人劳动贡献大小。所以绝大多数企业对这类型简单劳动协作模式的参与者实行计时工资制，所实行的结构工资制度的员工收入主要以结构工资中的基础工资部分为主，这部分工资主要由企业管理层按照员工的学历、工龄、技术等级等加以确定，再加上结构工资中的其他部分，对参与简单劳动协作的员工进行分配。

在复杂的劳动协作模式的运作中，由于参与协作劳动的劳动者个人的互动性和互补性强，劳动者的行为以自我约束为主，企业管理层难以按照基础工资的要素来对其进行协作劳动效率的评估，所以对参与复杂劳动协作模式运作的员工的工资分配方式主要通过加大可反映员工劳动的实际贡献的绩效工资部分来体现。以及通过对协作体的集体性奖金发放来加以集体性激励。但是对于参与复杂劳动协作的员工个人的努力程度和实际的效率贡献，企业管理层难以真实掌握和评估，所以企业普遍对团队等复杂的劳动协作模式运作的分配采取下放分配权的方式。通过协作体内部的对参与者劳动态度、行为规范和效率贡献等评价，来确定个人参与协作劳动分配的资金等级。从而在员工中实行能充分体现协作劳动收益的分配。

第三节　企业员工劳动协作模式运作效应的实证分析

一　实证研究的基本背景

（一）数据来源

本研究选择某省某钢铁集团有限公司、某化工集团公司、某焦化煤气有限公司、某能源有限公司和某煤炭加工有限公司五家大中型工业企业的基层员工（包括一线工人、职员、基层和中层管理人员）为调研对象。向各企业分别发放问卷100份（合计500份），回收有效问卷459

份，有效问卷回收率为91.8%。

(二) 样本基本分布情况

就年龄而言，49.7%的员工为21—30岁，31—40岁、41—50岁和51岁及以上的员工占18.3%、15.0%和11.8%，有5.2%的员工年龄为16—20岁；从受教育程度来看，初中及以下学历的员工占2.0%，高中/职高/中专和硕士及以上学历的员工分别为15.7%和18.3%，大专/本科学历的员工最多（64.1%）；员工的工龄分布较均匀，1年以内、1—3年、3—5年、5—10年、10—20年以及20年以上的人数分别占18.3%、17.0%、15.9%、11.8%、15.0%以及22.0%；就岗位分布而言，普通工人最多（51.8%），技术工人为13.3%，车间等劳动协作体负责人、基层领导分别为14.8%和10.9%，中层领导为9.2%；从职业等级来看，58.4%的员工没有职业等级，一级、二级、三级、四级和五级及以上的员工分别占2.6%、9.2%、12.0%、7.2%和10.7%；就劳动合同性质而言，长期工、固定工和临时工分别占27.2%、49.5%和23.3%；就员工的月收入而言，3001—5000元和5001—8000元的员工人数最多（均占27.7%），1501—3000元、8001—10000元、1500元及以下和10001元及以上的员工依次占14.6%、12.4%、9.4%和9.2%；就劳动协作模式而言，员工参与流水线（前后）劳动协作模式、循环作业劳动协作模式、板块（部门）劳动协作模式、层级劳动协作模式、师徒劳动协作模式、主辅劳动协作模式以及团队劳动协作模式的人数依次为66人、130人、30人、72人、30人、18人和113人。

(三) 统计性分析的方法选择

本研究采用交叉表来分析两个变量之间是否存在相关关系，利用SPSS23软件对劳动协作模式与员工劳动协作行为、劳动协作运作机制以及劳动契约方式三者间的关系进行分析，并且对本章第二节的理论分析初步推论进行验证。

二 对企业劳动协作模式实证研究的分析

(一) 不同劳动协作模式下员工的劳动协作行为表现存在较大的差异

企业员工劳动协作模式与员工劳动协作负面行为的交叉结果如表6-1所示，可知随着劳动协作模式的复杂程度上升，员工发生劳动协作负面行为的可能性也会有所增加。其中，流水线（前后）劳动协作模式、循环作业劳动协作模式、板块（部门）劳动协作模式、层级劳动协作模式、师徒劳动协作模式、主辅劳动协作模式和团队劳动协作模式下的员工发生劳动协作负面行为的可能性依次为：18.18%、9.23%、16.67%、20.00%、20.00%、33.33%和31.86%。但是通过以上排序可以发现，流水线（前后）劳动协作模式属于简单劳动协作模式，员工发生负面行为的可能性却偏高，明显与本章第二部分的理论分析的推论相悖。但后通过深入访谈了解到，此次调研的五家大中型工业企业中，参与流水线（前后）劳动协作模式的企业员工中包含较多的16—20岁年龄段员工，为受教育程度仅初中及以下的普通工人，且该劳动协作模式下员工的工资结构采取的是"计件工资"+"绩效奖金"的形式，他们月收入大多在2000元以下，由于激励机制不足，普遍具有较高的离职流动意向，因而在劳动协作过程中往往发生偷懒、得过且过、"破罐子破摔"等负面行为，从而出现具有较高的负面行为发生的异常情况。问卷调查表明，板块劳动协作模式下参与协作的员工发生负面行为的可能性较小，这主要在于被调查企业中部门间的协作主要是通过"向上级申请协作→上级批准协作→发生协作行为"的流程实施，在整个过程中有纸质的申请表和审批表来予以规范，协作单位之间的责权利关系在企业的规章制度中有较为明确的界定，因此这种具有临时性质但是有较明确的协议规范的劳动协作模式下员工发生负面行为的可能性较小。在主辅劳动协作模式中，员工发生负面协作行为的可能性最高，主要原因在于企业缺乏对协作体内部的普通成员，尤其是辅助角色的员工明确的绩效考核规定；由于多个工种、岗位的辅助性员工的任务性质、工作内容等几乎完全一样，往往在劳动协作中发生个别员工滥竽充数、偷懒而不务实工作等负面行为。此外，在调研中还发现，参与团队劳动协作模式的企业员工发生负面行为的可能性也相当高（31.86%），主要在于团队协作模式属于复杂的劳动协作模式，在该劳动协作模式的运作过程中，协作体内部的参与人员往往具有更大的行为自主性与技能专业性，团队领导人缺乏明确的劳动绩效指标来衡量异质员工参与协作的实际劳动效率；在一些人事管理权限集中的企业，协作体负责人也缺乏监督、约束、处分员工负面行为的权力，因此该模式员工发生负面行为的人数偏多，发生负面行为的可能性也较大。

问卷调查所反映的劳动协作模式与员工负面行为发生的关系可参见

表6-1。

表6-1　劳动协作模式与劳动协作负面行为的交叉表

劳动协作模式	负面协作行为		负面协作行为占该劳动协作模式人数百分比（%）	负面协作行为员工占总员工百分比（%）
	不发生	发生		
流水线劳动协作模式	54	12	18.18	2.61
循环作业劳动协作模式	118	12	9.23	2.61
层级劳动协作模式	60	12	16.67	2.61
部门（板块）劳动协作模式	24	6	20.00	1.31
师徒劳动协作模式	24	6	20.00	1.31
主辅劳动协作模式	12	6	33.33	1.31
团队劳动协作模式	77	36	31.86	7.84

不同劳动协作模式下员工劳动协作机制运作的作用不同。调查发现，在不同劳动协作模式下，企业员工劳动协作运作机制的运作效用也有所不同。从表6-2可知，企业层面的管理机制主要对简单劳动协作模式起作用，而员工层面的协调机制更多的是在复杂劳动协作模式中发挥作用。其中，组合机制对流水线劳动协作模式（30.44%）和循环劳动协作模式（25.78%）的作用最大；激励机制主要作用于主辅劳动协作模式（32.92%）、团队劳动协作模式（22.36%）和师徒劳动协作模式（18.63%）；约束机制主要对流水线劳动协作模式、循环劳动协作模式、层级劳动协作模式和板块（部门）劳动协作模式起较为显著的作用，其作用程度分别为23.57%、23.14%、24.07%和16.31%；互利机制对团队劳动协作模式（27.98%）、主辅劳动协作模式（25.60%）以及师徒劳动协作模式（19.07%）的作用程度最深，同时对层级劳动协作模式（8.25%）和板块（部门）劳动协作模式（10.29%）也会产生一定作用；互动机制、互律机制对团队劳动协作模式、主辅劳动协作模式、师徒劳动协作模式以及板块（部门）劳动协作模式的作用程度分别为：27.98%、25.59%、22.36%、16.07%以及27.15%、22.17%、16.29%、12.22%，且二者呈现正相关。

纵向来看，流水线劳动协作模式、循环作业劳动协作模式中发挥主要作用的机制均是组合机制和约束机制，即企业对协作体员工的组合安排若符合"人岗匹配"和"人人匹配"的要求，并制定有规范的规章制度，便可以实现该模式下员工劳动协作的高效运作；层级劳动协作模式主要在约束机制和组合机制的作用下运作，但组合机制的作用程度仅为约束机制的一半，原因可能在于调研的五家大中型工业企业的管理主要采取高度集权的管理模式，上级对下级的行政命令和要求能够在较大程度上对下级的协作效率产生影响；师徒劳动协作模式受到约束机制较小（4.07%），与其他机制的作用相近，按照作用程度从高到低依次为：师傅和徒弟的交流互动（互动机制）、师徒基于"教授—学习"基础上完成企业财富创造进而对收益进行分配以及分配的合理程度（互利机制）、在协作中师傅对徒弟的监督（互律机制）、企业对师傅和徒弟的组合（组合机制）；主辅劳动协作模式、团队劳动协作模式均是在激励机制、互利机制、互动机制以及互律机制共同作用下有效运作的，来自企业层面的组合机制、约束机制的作用较小；部门（板块）劳动协作模式较平衡地受到各种机制的作用，一方面在于此模式是较少的、临时的（按需组合）协作关系，在劳动协作中要实现任务的完成必须实现员工之间的"互动"与"互利"；另一方面还在于该模式的开展在制度上是有章可循的（约束机制、互律机制较健全），部门之间的协作人员组合配合和协作收益分配也比较规范即组合机制和激励机制较完善（参见表6-2）。

表6-2　　　　　劳动协作模式与劳动协作机制交叉表

劳动协作运作机制		劳动协作模式						
		流水线劳动协作模式（%）	循环劳动协作模式（%）	板块（部门）劳动协作模式（%）	层级劳动协作模式（%）	师徒劳动协作模式（%）	主辅劳动协作模式（%）	团队劳动协作模式（%）
管理机制	组合机制	30.44	25.78	10.89	12.55	14.78	4.33	1.23
	激励机制	1.86	3.73	14.91	5.59	18.63	32.92	22.36
	约束机制	23.57	23.14	16.31	24.07	4.07	6.11	2.73

续表

劳动协作运作机制		劳动协作模式						
		流水线劳动协作模式（%）	循环劳动协作模式（%）	板块（部门）劳动协作模式（%）	层级劳动协作模式（%）	师徒劳动协作模式（%）	主辅劳动协作模式（%）	团队劳动协作模式（%）
协调机制	互利机制	3.35	5.46	10.29	8.25	19.07	25.60	27.98
	互动机制	2.29	4.36	16.07	9.37	22.36	25.59	27.98
	互律机制	8.14	5.43	12.22	8.60	16.29	22.17	27.15

（二）不同劳动协作模式下员工协作的契约形式不尽相同

总体而言，所调查的企业员工约定劳动协作的契约形式主要包括：明确的纸质契约，如公司制度规定（32.7%）和上级领导指示/安排（31.6%），也包括非正式契约如内部负责人安排（28.5%）、内部成员口头约定（4.5%）以及临时约定（2.7%）五种。

从表6-3的横向分析可知，流水线（前后）劳动协作模式的主要契约形式是公司制度规定和上级领导安排，循环作业劳动协作模式下员工间的契约形式主要是公司制度安排，层级劳动协作模式下的主要契约形式是公司制度安排和上级领导安排，部门（板块）劳动协作模式的主要契约形式是上级领导安排以及协作体成员之间的临时约定（同级临时约定），师徒协作模式的主要契约形式包括协作体负责人安排、协作体成员之间口头约定和临时约定，主要和辅助劳动协作模式的主要契约形式为协作体负责人安排和协作体内部成员口头约定，团队协作模式的主要契约形式是协作体负责人安排以及协作体成员之间的口头约定和临时约定。从纵向来看，公司的规章制度主要对流水线（前后）劳动协作模式、层级劳动协作模式以及循环劳动协作模式实行与发生作用；上级领导安排指示的主要作用对象是流水线（前后）劳动协作模式、板块（部门）劳动协作模式、层级劳动协作模式以及师徒劳动协作模式（师傅对徒弟的知识技能传授计划安排）；协作体负责人安排主要对主辅劳动协作模式、团队劳动协作模式和师徒劳动协作模式发生作用；协作体成员口头约定较多体现在主辅劳动协作模式和团队协作模式的运作中；而协作体成员之间的临时约定主要作用于团队劳动协作模式、板块（部门）劳动协作模式、主辅劳动协作模式以及师徒劳动协作模式中。可见，随着劳动协作模式的复杂性增加，协作体成员间的契约关系逐步以协作体内部员工之间的不完全契约为主，且契约方式由明确的制度规定和行政命令向非正式的口头协议和规范性不强的契约转换（参见表6-3）。

表6-3　　　　　　劳动协作模式与契约形式交叉表

劳动协作模式	公司制度规定（%）	上级领导安排（%）	协作体负责人安排（%）	协作体成员口头约定（%）	协作体成员临时约定（%）
流水线劳动协作模式	28.57	27.51	2.76	0	0.21
板块（部门）劳动协作模式	11.43	20.11	9.82	6.35	27.34
层级劳动协作模式	24.76	17.48	8.29	8.99	4.85
循环劳动协作模式	20.00	6.54	5.53	3.35	1.22
师徒劳动协作模式	8.57	14.38	19.21	16.93	15.47
主辅劳动协作模式	3.81	5.99	35.03	30.52	17.58
团队劳动协作模式	2.86	7.99	27.65	33.86	33.33

三　实证研究的结论与对策建议

（一）研究的初步结论

尽管本实证研究所选择企业所在的行业覆盖面与职工个人的样本数量有限，可能并没有囊括到所有的企业员工的劳动协作模式，但本研究仍旧具有一定的学术探索创新意义。有关的分析对于加强企业人力资源管理等工作具有一定的参考价值。

从有关的理论分析和实证分析可以得到以下初步的结论：（1）现代企业员工劳动协作模式的运作具有多种类型，在同一协作体（如车间、班组、科室）内也可能存在多种劳动协作模式同时运作的情况。（2）不同的企业劳动协作模式下参与协作的员工劳动行为也有所不同，但是劳动协作模式越复杂，参与协作劳动的员工发生劳动协作负面行为的可能性越大。（3）企业简单劳动协作模式主要依靠企业管理层面的组合机制、激励机制和约束机制来运作，而复杂劳动协作模式运作的主要机制是协作体内部员工层面的互利机制、互动机制和互律机制。不同层面的各种机制在运作过程中还存在一定的耦合关系。（4）简单协作模式下的协作体的有效运行主要依靠企业（雇主）与员工（雇员）之间的劳动合同、规章制度、岗位责任书等明确的纸质契约，也包括上级领导对协作体的行政命令和指示，而协作体内部员工之间的劳动协作约定和协议很少；而复杂劳动协作模式下，协作体内部成员之间的口头协议、临时约定和职业道德等心理契约的作用明显突出。

（二）基于实证研究的若干建议

对企业加强人力资源管理和提高员工劳动协作效率的措施建议如下。

一是加强对企业员工的劳动协作行为的规范，树立与形成正面行为的主导地位。企业对协作体员工的组合配置工作要充分考虑岗位分工、任务性质以及员工的人力资本存量、年龄、性别、健康状况等因素；企业要不断完善企业的规章制度、劳动合同等涉及劳动协作的内容，以增加对协作体内部员工行为的引导规范；对于协作体内部成员的协作效率要及时充分反馈，对协作良好的员工进行物质奖励、职业培训机会、调休等正激励，对协作较差员工给予批评、扣除奖金等负激励。

二是注意发挥协作体内部员工间的协调机制作用。要通过协作劳动的绩效考核等方式引导员工的行为向"互利"的价值取向发展；要通过定期的个人工作汇报、思想交流等方法增加员工间的"互动"，并营造"互律"的机制运作环境。

三是完善企业员工之间的协作劳动契约规范，减少契约不完全性所带来的效率损失。如用较为明确的纸质合同和协议代替员工间的口头协议和临时约定。尤其在复杂劳动协作模式的运作中，建立协作初期的任务分配协议等较完全的纸质契约，以便较为有效避免"搭便车"等负面行为的发生，并为劳动协作的远期收益（如知识产权、专利技术等的收益）合理公平分配打下良好基础。

四是建设和培育有利于和谐员工劳动协作的企业文化。文化作为企业的软实力，能够在无形中引导企业员工的协作行为向更加诚信、自律的精神层面发展，并在协作体内部形成交流互动、互帮互助、良性竞争、共同进步的协作文明环境。同时企业文化作为员工心理契约的重要组成部分，也有助于填补劳动协作不完全契约的"短板"，对企业员工劳动协作效率的提高具有重要实践意义。

第七章

企业员工劳动协作的运作

第一节 企业员工劳动协作运作的相关理论评析

对于企业以及事业单位员工劳动协作运作的理论研究具有多学科视角的特征，除了本书所依据的劳动经济学的原理之外，主要还有依据人力资源管理学原理的团队运作理论和博弈理论等，这些理论对于企业员工的劳动协作运作的现象与规律具有一定的解释力，但是也存在一定程度的缺陷或不足。

一 企业员工劳动协作的团队运作理论评析

企业员工劳动协作活动是在一定的组织机构下进行的。一般情况下企业的生产经营活动主要依托于车间、工段、科室、班组等相对稳定的组织机构的人员分工与协作开展。这些企业的内部机构作为企业员工劳动协作活动的运作平台，具备一定规模的生产资料、劳动工具、生产原材料等硬件和工艺流程、生产管理制度等软件，以及与企业确定劳动合同关系的技术人员和工人群体。通常一个企业内部的组织机构可以同时存在多种劳动协作模式交叉运作，存在多种劳动协作的团队。一些员工也可能同时参与多个劳动协作团队的活动。由此可见，企业员工劳动协作活动中的协作体与团队是有重要区别的。团队是在协作体内部或跨协作体进行运作的员工劳动协作的集体。

但是目前的人力资源管理学理论在微观分析中，往往对企业层面的劳动协作的运作问题简单化。例如，对企业员工的劳动协作的研究，往往局限在人力资源的配置和组合的优化及效率发挥方面，对企业及其内部的车间等劳动协作体为团队的劳动协作所提供的物质基础和管理手段等条件则有所忽略，或者对团队的运作条件假设为充分满足而可以忽略不计企业的劳动协作体对团队运作效率的影响与管控机制的问题，相关理论主要是将"团队"作为劳动协作活动发生的平台，对团队的要素构成、组合机理和运作关系等进行理论研究和实证分析。

人力资源管理学对于企业经营管理活动中的团队的认知侧重于从团队的协作行为产生和效应的理论分析入手，认为以企业分工为背景的员工参与团队活动都具有一套相同的行为标准、引导行为的价值观和行为实施的信念，参与团队活动的人们还具有一定的或明确或隐喻的行为上的相互依赖关系。按照美国管理学家霍金斯（D. I. Harkings）的说法，参与团队活动是"在某种特定的处境，一个人处于当时的情况下的身份所要求做到的某种特定的行为模式"。人们可以发现，每个人参与一个团队的活动都无疑是基于某种身份，如中小学生参与学校接受义务教育活动是基于接受文化对象的身份以及增加知识水平的特殊行为模式；退休老年人参与广场舞的活动是基于晚年闲暇人的身份以及追求娱乐、交际和健康的特殊行为模式。同理，企业劳动协作团队模式就是指企业内部生产经营的特殊环境下具有企业员工或雇员身份的通过分工协作完成产品与服务的特定的集体性劳动行为模式。

可以发现，人力资源管理学往往将企业内部的各种劳动协作体（组织）都笼统地称为"团队"（team），该概念是泛指在企业内部两个员工或更多的员工组合所形成的劳动协作体。该概念与本书劳动协作模式的分类所提出的团队概念是有区别的。前一"团队"可以界定为广义的团队概念。而后一"团队"是狭义的团队概念，更多地赋予经济学意义上的特征，如参与的人员来自于不同的协作体，具有任务的阶段性的组合关系，具有相对独立的资源处置权和内部分配权、对未来的不确定的预期收益权，等等。

一些人力资源管理学的文献往往采取要素（factor）构成分析的方法，对企业内部的团队运作进行研究，如认为团队稳定和发展的基本要素在于行为的一致性，团队成员的接触程度，以及团队活动的吸引力或向心力。要素的第一点，说明在企业的劳动协作团队中，协作成员之间存在体能、技能与工作经验等方面的差异，也还存在参与协作活动的动机和劳动行为的差异。如在本书第二章有关行为的分析中，就提出有一些劳动协作的参与者可能持有一些非正常的动机与负面行为，如参与到团队集体活动中以实现"搭便车"目的，或通过短期性的协作劳动学到技艺，以便择机"跳槽"而脱离团队，等等。同时，在团队内部也会发生成员之间的行为冲突。要素的第二点，说明企业劳动协作的运作需要成员之间的技术、经验和人际关系融洽技巧等的默契配合，而劳动协作的配合需要经过一定时间的接触和交流即达到一定程度后，才能够使团队的运作实现效率的提升。要素的第三点则说明团队运作需要在成员之间建立相互信任和诚信、互利的契约关系，才能够形成协作参与者统一行为向心力和提升集体性协作劳动效率。由于团队协作的契约关系相对复杂，不完全契约特征突出，心理契约对团队的协作关系的维系会起重要作用。人力资源管理学所讲的"团队精神"是由多个要素组成的。但是团队内部缺乏相互之间的明晰的契约，责权利的边界模糊。在利益上往往出现分歧而导致团队不团结，甚至矛盾激化而解体。以上分析都是从行业进一步深入到机制、契约、分配和运行模式等维度。

基于以上认识，本书一般采用"劳动协作体"作为企业员工劳动协作运作的理论分析平台，而不采用"团队"的分析范式。

二　企业员工劳动协作的经济博弈理论评析

博弈理论（Game theory）是 20 世纪中叶被广泛运用于政治、军事、社会等问题研究的基础性理论，形成现代管理学的一个新的学科分支。该理论在 20 世纪 50 年代被引入经济学领域，在 80 年代美国经济学家和数学家纳什提出"纳什均衡"的概念后，博弈理论得以成为现代经济学理论体系的一个重要分支领域。经济博弈理论最初主要用来解释市场交易如交易双方的讨价还价等行为，以及对交易决策的优化和对市场投机决策行为的分析。经济博弈理论也被一些从事人力资源管理学研究的学者引入企业（公司）内部的劳动力市场交易问题的研究当中，如资本和劳动的交易被解读为是一种经济博弈关系。

由于博弈的初始研究对象为竞争性或对抗性现象，如体育项目比赛之类具有二者之间"非赢即输"的相互关系，以及战争敌我双方的你死我活的相互关系，等等，因此该理论的初级发展阶段的"零和博弈"分析框架对于自由竞争性市场产品交易的普遍性的"双赢"的供需双方相互关系并不适合。但是后来的经济学家将博弈的概念加以变化,将市场交易的"双赢"甚至"多赢"的相互关系归纳为"合作博弈"的分析框架来取代"零和博弈"的分析框架,从而使得其理论在市场经济体制下的许多领域得以运用。如对于市场交易的多方或不同利益主体在具有不同的预测能力和实际运作能力的情况下,选择出具有较大收益的优化策略,有关的相互关系又被称为"激励结构"。在"合作博弈"的背景下,参与博弈的一方为了达到自己可能达到的最佳目的,必须考虑到对方的多层次目的和多元化利益诉求,从而选取对自己最为有利的行为方案。"合作博弈"的界定关键是在当事人之间建立具有约束力的协议,即市场契约的存在是实现"合作博弈"的基础。其中将市场交易的"合作博弈"概念引入劳动与资本之间的相互利益关系的分析,就使得对参与劳动协作成员关系的认知得到一定程度的提升。但该理论在具体分析中往往会得出一些似是而非的结论。

在人力资源管理学的有关文献中可以发现,对于企业内部的管理层与劳动员工之间的市场交易及收益分配关系,有关文献基本上是按照"合作博弈"的分析框架来加以分析的,重点是探讨企业与员工之间实现"合作博弈"格局的条件和要求;也有一些劳动与资本的关系会产生"零和博弈"的结果。对于非理性行为引发的破坏契约而形成的"零和博弈"关系的机理等研究就有待加强。企业内部劳动协作体成员之间是否存在非市场交易性质的"合作博弈"关系,需要加以认定和严格论证。

基于以上认识,本书基本不采用经济博弈理论来对企业员工之间的劳动协作关系加以解释与分析。而主要采用对员工劳动协作行为起相互约束与规范的契约关系与互律机制运作的经济学机理来加以解释与分析。

第二节 企业内部的劳动协作体的运作与机理分析

一 企业员工劳动协作运作的劳动协作模式组合

在企业实际发生的生产经营活动中,劳动协作模式具有多元化的特征。参与劳动协作的员工之间通过各种不同的组合形态形成协作劳动的关系和过程。但是对于一个劳动协作体而言,其劳动协作的模式运作可以有多个模式同时存在，如车间的员工之间可以有流水线模式和主辅模式等劳动协作的组合；对其他协作体发生板块协作和层级协作的关系；等等。作为参与协作劳动的员工个人，还可能与协作体内部和其他协作体员工之间发生一些复合型的特殊的劳动协作关系。如在一个车间的生产活动中，员工A与同一大班组的人员构成循环劳动协作模式的协作关系，又与同一小班组的人员B形成主辅劳动协作模式的协作关系，还与其他劳动协作体的某些成员C和D构成板块劳动协作模式或层级劳动协作模式的协作关系。

由于工程建设的需要，在企业管理层安排了的人员劳动组合下，一些员工个人可能与企业其他单位的部分人员在一定的阶段建立起团队劳动协作模式的协作关系。即在企业的生产经营过程中，一些员工个人可能在一定阶段与上下左右的其他人员之间建立多种劳动协作关系及多种劳动协作模式的交叉或复合关系。但是该生产阶段一旦结束，所建立的团队劳动协作模式就会随之解散而不复存在。如有一案例反映，中国的建筑工程公司在海外施工，往往按照班组的团队劳动协作模式运作，团队以工长为核心开展，工长往往由经验丰富的老职工担任，工长作为技术的骨干，与当地招募的新员工之间需要建立劳动协作体。其中中国工长在技术操作方面与当地员工形成主辅劳动协作模式的劳动协作关系，同时又在最基本的职业技能的传授、指导方面与当地招募的职工之间建立师徒劳动协作模式的劳动协作关系，使该工长个人在劳动协作模式上具有三种劳动协作的运作形式。但是在建筑的某一阶段（如混凝土浇筑）结束后，该工长与当地这批工人的劳动协作运作过程也相应结束。

案例：市场化经营方式下的电影文化产品生产的员工劳动协作运作

电影作为现代文化产业的主要组成部分，涉及较大规模的投资和具有复杂的多种类型劳动协作关系与运作模式。如有的大型电影制作的总投资金额高达几亿元，直接参与人员多达几百人（一些战争片还需要通过社会协作的方式来组织参与单位与人员），电影产品的生产经营所涉及的劳动协作属于多层次的复杂的劳动协作关系，包括企业员工劳动协作，不同企业、单位之间的市场协作和不同单位之间的社会协作的综合运作，以及多种劳动协作模式的复合交叉运作。

电影制作的过程首先是投资人（个人或从事文化产业的投资公司）按照盈利目的和对运作效益最大化的要求，与企业内部或外部的编剧、导演之间通过谈判或协商，建立商业性知识产权的剧本购买、使用合同，以及与拟聘导演签订聘任合同。这里的投资人与编剧和导演之间为市场性的劳动协作关系。其中部分剧本还涉及编剧与原文学作品的作者之间的知识产权转让等性质的市场交易的合同协议关系。

电影产品制作的核心人物是导演。导演是电影产品生产活动的直接组织者，具有对演员的遴选权、对剧本的修改权、拍摄计划的制定权等权力。导演与演员等人员构成剧组团队，具体运作拍摄的生产过程。导演与演员之间建立市场交易性的劳动协作关系，由双方的谈判（或通过经纪人）确定档期和角色要求，薪酬和福利待遇等款项内容，确定合同或协议。在电影拍摄为中心的运作过程中，导演还有根据需要和演员的表现等确定或更换演员的权力。导演主要对投资人负责，其身份类似于实行委托代理制的企业的职业经理。

参与电影制作的市场—劳动协作活动的成员有：

编导板块：

编剧、副编剧、歌词曲作者：编剧助理、艺术指导、民俗指导

总导演、分导演、导演助理

演员板块：

领衔主演、主演、一般演员、群众演员、替身演员

现场职员板块：

摄影、场记、化妆、灯光、烟火、音响、录音、布景、道具、服装、美工

后期制作板块：

配音、剪辑、合成、编辑、制作、字幕、广告

其他运作板块：

交通、通信、联系、租借、后勤保障、财务、财务监理、保卫

在一般情况下，导演通过企业层面的组合机制、约束机制和激

励机制对团队的参与人员进行行为的管控和产品的生产运作。劳动协作来自导演的组合机制主要体现在对演员队伍的选择和组织安排，对演技的指导，等等；约束机制主要体现在对团队成员的劳动纪律等要求和指令，等等；激励机制主要体现在对演员和剧组成员的薪酬支付和激励性收益决定，等等。但是在剧组内部的演员之间、演员与辅助人员之间还存在劳动协作的非市场交易关系，需要通过劳动协作的互利机制、互动机制和互律机制的有效发挥来加以耦合，以形成综合的劳动效率。其中互利机制主要体现在无论主要演员还是配角演员，以及群众演员等，都要明确共同的目的，为个人目的实现相互协调和配合；互动机制主要体现在团队精神下的能力发挥和正面行为；互律机制主要体现在团队成员在劳动（工作）协作的过程中对负面行为和消极态度要互相监督使之得到及时改正，而不是仅仅依靠导演来纠正和事后的救场。

在电影制作过程中，层级协作模式、主辅协作模式、板块协作模式、流水线协作模式等都在不同的人员组合中有所体现。

二 企业员工劳动协作运作的多元素网络模型与机理分析

市场经济体制下现代企业层面的劳动协作是一个复杂的动态系统，该系统由多个内生性的元素和若干外生性的元素构成，其中外生性元素由劳动力市场结构、社会意识形态、公民道德水平等构成。在这里仅针对该系统一些内生性的元素的经济学机理进行讨论。可以发现，在一种企业员工劳动协作模式的运作过程中，或在企业员工若干劳动协作模式的交叉运作过程中，各个元素之间具有相互影响和相互制约的关系。根据劳动经济学的基本原理与分析工具，这些元素包括：企业劳动协作的员工行为、企业劳动协作的运作机制、企业劳动协作的契约规范和企业劳动协作的收益分配。

元素 1：企业劳动协作的员工行为。该元素是劳动协作经济活动的基本出发点，由参与经济活动的经济利益的动机主导，按照收益最大化的经济理性来进行行为的决策和行为实施路径的选择。由于劳动协作的参与者原则上不可能脱离其他参与者而单独取得劳动成果实现获利的目的，故参与劳动协作员工的行为具有总体的集体协调正面倾向和正面效应，使劳动协作的收益大于成本。企业劳动协作员工的行为具有正面和负面两种类型，其区别在于行为是否有助于（有损于）协作劳动的效率的提升。有助于协作劳动效率提升的行为是正面行为；有损于劳动协作效率提升的行为是负面行为。企业劳动协作的帕累托优化状态实现的基本条件是所有参与劳动协作成员的行为都处于正面行为的状态，所有的劳动协作参与人员的收益没有一个人出现绝对的减少，则该状态就可以称之为劳动协作的资源配置最优状态，即实现了劳动协作的效率与公平的统一或兼顾，是企业劳动协作运作理想的最优人力资源配置状况。劳动协作的机制对劳动协作的具有制约和影响的作用，要使参与劳动协作的员工行为以正面行为成为常态，需要通过科学的劳动协作契约来加以规范，从而形成合理的劳动关系。参与劳动协作员工的劳动行为要受到劳动协作的收益分配制度及其效应的影响。

元素2：企业员工劳动协作的运作机制。该元素是指劳动协作的各生产要素中依托人力资源要素的运作产生新的产品及其效用的过程的经济机制。企业员工劳动协作的运作机制来源于两个运作层面：一是企业管理层的管理机制，该层面的机制由组合机制、激励机制和约束机制构成。其运作的基础在于企业与员工之间通过劳动力市场交易所建立的劳动力使用权的转让关系，企业按照产品生产的要求对劳动力进行分工下的劳动优化组合，对员工参与劳动协作的实际劳动效率发挥进行经济利益的激励，以及通过企业对劳动管理的一系列制度规章等对员工的劳动协作行为进行约束和监督，以便达到机制对协作劳动的效率提升，发挥正面劳动行为的引导作用。二是企业内部协作体员工之间所建立的协调机制，包括：互利（互惠）机制、互动机制和互律机制。其运作的基础在于对参与劳动协作的员工集体的共同收益作为协作劳动的动力来引导协作劳动的顺利运作与正面行为发生的普遍化。通过在企业管理组合的基础进一步实现员工之间的行动协调、默契配合及劳动互助，达到协作效率的提升；通过参与劳动协作员工之间建立的相互监督和行为规范来减少负面行为的发生。两个层面的机制还具有耦合运作的关系，在通常情况下，组合机制和互动机制、激励机制和互利机制、约束机制和互律机制之间具有相互补充强化的耦合关系。企业员工的劳动协作运作机制对劳动行为有限制和引导的作用，其运作的状况对劳动协作契约的规范可以作为评判的标准，与企业的劳动协作收益分配具有关联性。

元素3：劳动协作的契约规范。该元素是指企业劳动协作的员工与企业之间和协作体内部员工之间所建立的以行为、收入分配为核心的劳动关系以及决定劳动使用权利用关系的劳动合同、用工协议、职责约定等。企业劳动协作所涉及的契约是不完全契约。企业与参与劳动协作员工之间所建立的契约为市场交易契约类型，劳动协作体内部员工之间所建立的契约属于非市场交易契约类型，而且其不完全程度更强，对参与劳动协作的员工的行为的约束能力也相应更弱。企业与员工所建立的劳动合同、劳动纪律、劳动规章等契约反映的是劳动与资本之间的劳动关系；而劳动协作体内部员工之间所建立的劳动协作契约反映的是劳动与劳动之间的特殊形态的劳动关系。在劳动协作的过程中，客观上还存在"心理契约"，该契约是以职业道德、经济伦理和企业文化等精神形态来对员工的负面行为等进行约束与规范，同时对提升员工参与劳动协作的正面行为也具有明显的强化作用。心理契约是现代企业在人力资源管理过程中所不可忽略的契约形态，对于复杂的创新性的协作劳动集体的活动尤其重要。企业劳动协作的契约规范和完善对参与劳动协作的个人行为能起到一定的约束和激励作用，有利于完善劳动协作机制的运作，还直接或间接地对劳动协作收益分配起规范和优化的作用。

元素4：劳动协作的收益分配。该元素是指劳动协作参与人员的以效率工资为基础的合理分配的规则体系和相对稳定的形式内容。企业劳动协作的收益分配存在两个渠道：一是企业与员工之间通过企业内部劳动力市场交易所形成的工资薪酬支付，一般采取个人与企业的收益分配方式和劳动协作体集体与企业的市场交易谈判协商方式形成工资薪酬支付。二是企业内部的劳动协作体员工对协作劳动自主支配的收益分配，包括对即期的确定的收益分配和远期的不确定的收益分配。企业劳动协作的收益分配主体渠道普遍由企业管理层集权化掌控，但是基于信息不充分等因素，在劳动协作的运作中，尤其是对于科研和技术创新团队劳动协作体的收益分配，需要赋予劳动协作体的一定程度的自主分配权力，以实现员工劳动协作的收益分配的公平目标。企业员工劳动协作的收益分配从参与协作劳动个人的经济动机角度对参与协作员工的劳动行为影响有直接的作用。劳动协作的收益分配与激励机制和互利机制的运作有紧密的联系。收入分配也是劳动协作的契约规范和劳动关系科学合理的核心内容所在,对企业员工劳动协作的效率与公平的等级具有突出的意义。

企业内部的协作体各元素网络关系见图 7-1。

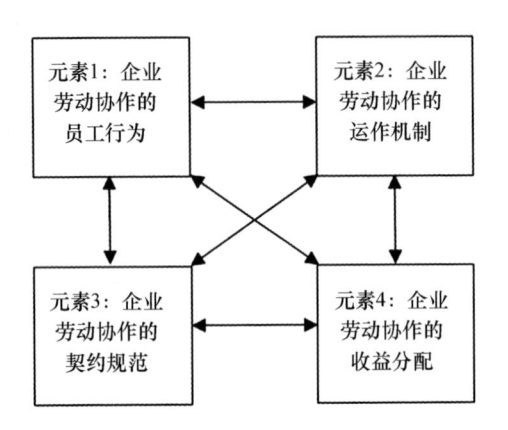

图 7-1 企业员工劳动协作模式中的元素关系

三 企业员工劳动协作运作的多元素作用过程分析

在经济学的理论体系中,"过程"(Process)通常用来指经济领域中的事物逐步变化的阶段和程序。在企业的劳动协作多数模式(如流水线、循环、层级等简单劳动协作模式)的运作中,受企业生产相对稳定的工艺技术流程的条件限制,部分劳动协作的运作机制也相对固定化,从而使其劳动协作的多元素发生作用,影响的阶段性变化特征也不显著。然而对于科技攻关等人中临时组合性的团队劳动协作模式的运作而言,其元素结合的阶段性变化特征就比较明显与突出。在师徒劳动协作模式和主辅劳动协作模式的运作中,也具有较为明显的阶段性元素作用变化特征。

科研和技术团队劳动协作模式的运作类似于产品的市场生命周期和创新活动的阶段性过程,大体可以划分为 3 个阶段。本书将 3 个阶段划分为:劳动协作的人员组合与动员阶段;劳动协作的运作磨合与协同攻关阶段;劳动协作的成果效用扩大和个人协作劳动效率贡献评估阶段。

在第一阶段,企业根据项目的选择,按照团队的劳动协作的技术突破运作要求,对企业内部的有关员工进行跨单位、多工种的组合,确定团队的领军人物和骨干人员，对劳动协作组合变化过程进行初步的规划。在调集有关人员组合为团队之前，企业往往会对于团队的其他资源进行合理的配备，对团队的人力资源管理、科研和技术的资金运用和收益分配的责权利关系进行安排，对要求参与团队活动的员工进行动员和行政调动等。在这一阶段里，劳动协作的行为规范作为元素之一具有主要的意义，因为参与劳动协作团队人员组合的首要问题是解决人员对有关工作的劳动积极性和创新能力。首先要选择具备有关条件的人员，尤其是骨干成员；其次是劳动协作的运作机制要有预先的设计和评估。进而对员工的参性劳动关系进行全面的契约规范和职业道德等方面的心理契约约定、对于收益的分配则需要从成功和失败两个方面加以预期判定。

在第二阶段，劳动协作的管理运作主要集中于协作体内部的负责人的管控，在初步的劳动协作过程中，开始进行人员之间的技术交流和协作关系的磨合，需要付出一定的劳动协作摩擦成本之后逐步开始相互协调和相互适应。团队需要对原来所预设的运作机制及其耦合关系进行调整，以达到对劳动协作效率提升的要求；也需要对部分员工发生的负面行为加以约束及纠正。在此阶段劳动协作运作的成败在于对关键性节点的突破，以及创新设想的实现或创新点的发现。在此阶段可能对原来人员作用的评价发生大的变化，一些人员可能与预估的作用差距较大，甚至并未发挥所安排岗位应有的作用，需要对这类人员及时进行替换；有的成员所发挥的作用却超出了最初的能力估价，需要对组合机制及激励机制等运作加以调整。在这一阶段里，劳动协作的运作机制的元素一般起到关键性的作用，而劳动协作的契约也需要根据实际发生的问题加以补充与完善。

在第三阶段，科研和技术攻关的劳动协作活动引进取得了初步的成效，但需要对初步的协作劳动成果进一步加以完善和放大协作劳动效益，劳动协作参与人员之间的作用发挥会进一步发生变化。通过分工协作的劳动，形成较为定型的产品和具有一定价值的知识产权，在这一阶段里，需要对整个团队的劳动协作过程进行全面系统的经验教训总结，对企业劳动协作的人力资源管理提出改进性意见。也需要从劳动协作参与者个人的行为规范、劳动的边际效用、劳动的不可替代程度等角度，对关键节点和难题解决的突破性、首创性的作用等方面进行全面系统的评价，明晰知识产权的个人贡献和收益分配的方案。在这一阶段里，劳动协作的收益分配元素是居于主要地位的元素，同时也要按照劳动协作的行为表现元素的角度对个人在劳动协作团队中对创新成果的贡献效率作用进行科学的评价，以推动团队其他科技攻关下一轮的劳动协作活动开展。

企业员工劳动协作的科技攻关团队劳动协作的多元素作用变化过程的阶段见表7—1。

表7—1　　　　　　　科技攻关团队劳动协作的阶段

1. 劳动协作的人员组合与动员阶段	2. 劳动协作的运作磨合与协同攻关阶段	3. 劳动协作的效率放大与贡献评估阶段
元素1＞元素2＞元素3＞元素4	元素2＞元素1＞元素4＞元素3	元素4＞元素3＞元素2＞元素1

第三节　企业劳动协作运作的个人行为决策与集体劳动协作效率分析

一　企业员工劳动协作运作的个人行为决策的经济机理

企业员工劳动协作的运作受多元素的制约与影响，无论是机制的完善、契约的规范，还是对收益分配制度的调整，其最终目的在于劳动协作的效率提升和将其维持在一个合理的水平。而企业员工的协作劳动效率最终要由参与协作劳动的员工在直接生产性劳动过程中的经济行为来决定。按照行为经济学对经济行为的理论，劳动者个人的经济行为的正面或负面外部性最终取决于他对劳动收益预期认知的决策（decision making）。企业员工劳动协作的个人决策在本质上属于经济决策范围。

在对企业员工劳动协作体的运作分析中，可以从参与劳动协作的员工在劳动协作过程中所付出成本（cost）与收益（benefit）的预期评估为基础，对其决策与依据决策所做出的行为进行逻辑分析。因为任何经济活动的参与者对成本与收益的评估无疑是个人或经济组织决策的基本依据。作为一个需要连续进行的个人经济行为，假定其他的经济资源投入不变，要求实现劳动者个人经济活动的劳动收益大于或不少于其所付出的劳动成本，以此作为参与企业协作劳动的个人的基本经济行为准则。因此有企业参与协作劳动的员工个人行为实施的一般性条件为以下不等式：

$$B > C，或 B/C > 1$$

式中，B 为协作劳动收益，C 为协作劳动成本。B/C 为协作劳动的益本比。

在企业员工的协作劳动过程中，参与者个人的协作收益（工资等报酬）要求大于参与协作劳动所付出的直接付出食物、交通等成本，以及可以用从事其他劳动的机会成本来反映。但是，劳动者对于其参与集体性协作劳动的收益估价是一种预期性的评估，具有一定的不确定性，因为个人的劳动收益不完全取决于个人的直接劳动付出和努力程度，还要取决于参与协作劳动的其他成员的劳动行为甚至于整个企业的经营效益。劳动者往往依据对个人过去从事的非劳动协作的独立劳动（如计件劳动）所付出劳动代价，或根据个人的人力资本投资的水平（学历、工作经验、技能熟练程度）以及与社会同类员工比较下的人力资本水平的预期性收益。此外，一部分员工可以通过参与协作劳动活动获取更多的劳动经验和劳动技能水平的提升等人力资本收益（该收益可以通过在实际发生协作劳动前后的个人劳动效率水平的变化）作为参照系来加以判定，从而作为对其参与协作劳动的工资报酬标准是否满意的参考标准，其心理的满意度往往会直接或间接地影响其下一步连续开展的劳动协作行为（如对下一轮协作劳动人员之间配合的主动性和能动性的行为）产生影响。员工个人在协作劳动中消极性负面行为多数是基于此满意度而产生。对个人的劳动协作成本的评估具有较大的客观性质，可以从个人在直接劳动协作过程中所付出的劳动时间、劳动强度和劳动技能水平的比较来获得。

但是，基于劳动者在企业内外部劳动力市场的流动性假设出发，企业员工可以对企业内部或其他企业同类的其他劳动协作组合的收益进行比较，也就产生了与其他劳动协作过程劳动付出的"机会成本"。机会成本是一种虚拟的个人主观的心理性成本，是基于经济资源有限性或稀缺条件下在选择一种利用方式时所放弃的另一种利用方式的收益。企业员工参与劳动协作的组合具有多种选择余地，机会成本也存在于劳动协作的活动当中。于是有以下公式：

$$(B_1 + B_2) > (C_1 + C_2)$$

式中，B_1 为工资、福利等收益预期；B_2 为劳动技能等人力资本水平增进的收益预期。C_1 为直接劳动付出的成本费用；C_2 为参与协作劳动的机会成本，体现为参与企业内部其他协作体协作劳动收入或外部劳动力市场同类型劳动的现期工资报酬水平多余的部分。

企业员工劳动协作的机会成本虽然具有虚拟的成本性质，但是其水平如果超过了劳动者的就业流动交易成本，企业员工参与劳动协作的正面行为就有可能减退，负面行为发生的概率就会增加。其后果会进一上减少个人参与协作劳动的收益（$B_1 + B_2$）。

二 企业员工劳动协作的整体劳动行为与协作劳动效率实现的行为条件

企业员工劳动协作活动发生在二人及多人组成的人力资源集体中，并且需要配备有一定规模的劳动协作体作为运行的平台。所谓企业劳动协作体指企业内部按照工艺流程等要求所组成的不同规模的协作成员集合体，如车间、工段、班组、团队等为劳动协作平台的员工集合体。在这些劳动协作体中，拥有不同利益取向的个人和群体。如果这些个人和群体的劳动行为得不到有效的协调与调控，就会产生不同程度的"摩擦成本"。所谓"摩擦成本"指劳动协作体内部成员之间基于利益取向不同等因素所带来的协作劳动效率的损失和较多的运作成本费用付出。由于企业内部存在雇员围绕工资等收益与企业（雇主）之间所进行的市场交易活动，所以在企业的劳动协作活动中交易成本的概念仍适用于企业管理方和劳动协作体及员工个人之间涉及工资等利益所发生的机理分析。如企业劳资冲突所付出的费用和效率损失属于交易成本性质。本书将企业内部员工协作劳动过程所出现的非市场交易所产生的成本定义为"摩擦成本"，以区别于交易成本的概念、以便能够更准确地反映成本构成的科学内涵。

假设企业为劳动协作体所配置的生产资料等处于充分满足利用的状态，以及不考虑协作劳动中物资成本的付出状态，则劳动协作体的某一个具体协作劳动运作可持续的条件为：

$$B > (C_1 + C_2 + C_3) \text{ 或 } \{B/(C_1 + C_2 + C_3)\} > 1$$

式中，B 为劳动协作体的协作劳动收益，C_1 为协作劳动的组织成本，C_2 为协作劳动的摩擦成本，C_3 为协作劳动的交易成本。

由于企业劳动协作体的组织成本和交易成本在常态下相对稳定，如果进一步假设企业为某个劳动协作体所配备的固定资产等经济资源的价值不变，所组成的劳动协作的人员组合结构相对合理，人员在劳动协作过程中处于相对稳定的状态，其所拟通过协作劳动而完成的产品也明确与固定，企业管理层对某个劳动协作体的协作劳动的收益最大和摩擦成本最小化的行为目标也就具有确定的逻辑判定，其集体决策主要由参与协作劳动的成员的相对收益关系及其变化来决定。从这个意义上讲，企业劳动协作体的资源配置最优状态在于每个劳动协作参与者的行为都处于正面状态且没有一个人的绝对收入在协作劳动中发生减少。该状态，即可视为是企业员工劳动协作的"帕累托最优"状态。

所谓"帕累托最优"状态在福利经济学中是对市场经济条件下的经济组织的资源配置最优化的理想状态的理论界定和规范性判定的标准。该概念最初由意大利经济学家帕累托提出，后来通过英国经济学家希克斯等人加以理论性完善后，被广泛地用来作为经济资源配置优化和收入分配的公平标准判定的准则，该标准成为现代福利经济学理论的基石之一。帕累托最初的原话为：社会中没有一个人能转入他所愿意的境地而不使他人转入不那么愿意的境地。[①] 这句话的意思可以理解为：在经济活动变化过程中，一个人有可能获得更多的收益但不会使另外一个人的收益减少，即一个经济活动参与者中一些人的收益的增加不得来自于其他参与者的收益的减少。在这种状态下的经济活动所产生的总福利不会减少而是有所增加。帕累托的观念被作为是经济资源配置的最优状态的评价标准，即各种经济资源配置的比例达到均衡状态下所实现的经济效益最大化。

---

① 见［美］D. 格林沃尔德主编《现代经济词典》（中译本），第320页。

企业管理层按照参与协作劳动的员工都具有经济人的行为特征，要求每个处于协作劳动过程中的个人在争取实现个人收益最大化目标的同时，也必须满足企业对劳动协作体运作的收益最大化的目标，从而要求每个劳动协作的参与者的劳动协作行为都处于正面行为状态的同时，没有一个人在协作劳动过程中出现绝对收入减少。这里，设个人劳动收益最大化为 MaxIs，劳动协作体集体收益最大化为 MaxIg。在理论上认定符合"帕累托最优"状态的劳动协作体的协作劳动效率最大化的状态为：参与劳动协作的每个劳动者都处于正面行为及其效应发挥的状态，即实现了全体劳动协作参与者的收益最大化的劳动行为状态，所以就有企业管理层所要求的企业内部协作体的集体收益最大化的形式为：

$$\text{Max}Ig = \sum (\text{Max}Is_1 + \text{Max}Is_2 + \text{Max}Is_3 + \cdots + \text{Max}Is_{n-1} + \text{Max}Is_n)$$

这种状态从理论上讲，该企业的某个劳动协作体处于人力资源配置的效率最优的员工劳动行为状态；这时候企业内部的劳动协作体的每个参与者的协作劳动行为都处于正面行为状态，同时该状态也代表了劳动协作体的收益分配符合公平的规范性标准。

假如在企业的劳动协作体内出现了一个或多个具有劳动协作负面行为的参与者，则该劳动协作体就不处于"帕累托最优"的资源配置状况。因为其中一些参与者发生负面行为，则该个人的负面行为即成为集体协作劳动的"短板"，势必降低整个劳动协作体的总体协作劳动效率"木桶"的水平及容量。同时这些劳动协作参与者的负面行为的外部效应也会引起劳动协作参与者之间产生更多的摩擦成本，以及增加一些与企业管理层之间发生的交易成本及企业为协调员工所付出的组织成本。企业劳动协作体内部出现部分员工的劳动协作负面行为的情况还会使那些保持正面行为的劳动协作参与者的收益相对或绝对减少。因此，在存在负面行为员工的劳动协作体中，企业员工劳动协作活动运作的摩擦成本、组织成本和交易成本必然增加。

但是，企业劳动协作体内部员工出现的负面行为所带来整体性的摩擦等成本的增加不一定超过劳动协作体总协作劳动收益，如劳动协作体的总收益水平大于摩擦成本等成本，则该项协作劳动的运作仍然可以维持，只是劳动协作的效率会下降。

企业内部的协作体的劳动协作活动存在摩擦成本、组织成本和交易成本条件下的协作体劳动协作的运作的维持条件为：
$$Is - (Cma + Cex + Cins) > 0$$

式中 Is 为劳动协作收益，Cma 为摩擦成本，Cex 为交易成本，$Cins$ 为组织成本。

令 $Is > (Cma + Cex + Cins)$，则此状态下的企业内部劳动协作体的劳动协作运作可以持续进行。假定其余员工生产的工艺、技术等条件不变，其参与人员的组合配置也不发生变化。但是该协作体内部参与者如果出现某个人的负面行为，则该劳动协作的经济资源配置的效率就不可能达到收益最大化状态。按照收入分配的公平标准衡量，该状态也不属于员工劳动协作"帕累托最优"的公平规范性状态。

由于在企业生产经营一般情况下，由企业管控的协作体运作的管理机制和对劳动组合的制度安排处于相对稳定和相对优化的状态，所以企业的劳动协作运作的交易成本和组织成本受员工负面行为影响而增加的幅度较为有限；而参与协作劳动员工之间的摩擦成本则因为员工劳动协作的负面行为的影响，其变化与波动幅度往往较大。如果出现劳动协作运作过程的摩擦成本大幅度增加的情况，甚至可能出现 $(Cma + Cex + Cins) > Is$。如果出现这种情况，往往导致劳动协作体（如研究团队或作业组）的参与人员组合解构或参与人员重组。因此，限制、减少和消除参与劳动协作活动员工的负面行为的发生，无疑是企业员工劳动协作运作中提升劳动协作效率的常态性的居于主导地位的管理手段。

第四节　企业员工对市场性与社会性劳动协作的参与及其运作

一　企业员工参与市场性劳动协作的经济机理与运作分析

（一）企业市场性协作参与的经济理论与特征分析

人类社会的经济协作可划分为家庭成员协作、企业内部协作、市场协作和社会协作等多种类型。其中发生于企业之间以及企业与其他经济单位之间的市场性协作是市场经济体制下经济协作的最主要一种类型，泛指依照市场交换的生产经营方式的盈利原则发生在社会各经济利益主体之间的劳动协作关系与运作活动。

相对于非市场的经济性的协作活动，如家庭协作和社会协作等活动，市场协作活动在自给自足的经济形态下就已经通过市场交换和劳动分工产生，但是其规模有限、协作范围偏小，市场协作的类型也不多。直到15世纪世界贸易发展和17世纪工业革命发生后，随着市场性社会分工的长足发展才得到大规模的广泛的发展。

20世纪中叶发展起来的现代市场经济体系是建立在高度发达的市场分工基础之上的经济体系。市场分工跨越国度形成全球范围的世界性的庞大的市场交换和国际贸易格局。以 WTO 等国际性组织引领的经济全球化进程，也使得各国的产业组织规模化和专业化程度明显提高，形成了一系列跨国公司和超级经济联合体。在世界性市场分工的同时，世界性市场协作体系也相伴诞生，使得市场分工所带来的经济效率进一步得以实现与提升。

目前几乎所有国家的市场性经济协作都已经成为世界经济体系不可或缺的组成部分。市场协作表面上发生在区域或国度之间，但实质性的市场协作是以从事产品与服务生产的企业之间的经济协作活动为基础的。没有不同区域和国家的大量的各种企业之间的市场协作，也就没有区域性的市场协作活动。因此，只有将以赢利为目的的企业之间所开展的市场协作活动的运作机理作为相关问题的研究起点，才有可能真正了解市场协作的经济规律。通过这些理论的科学指导，可以大大推动国与国之间和区域与区域之间的市场协作活动更加顺利开展。

现代产业经济学理论认为，营利性企业得以建立和能够较长期存活，以及要保持企业的可持续运作和有能力扩大生产规模，需要达到一些最基本的条件：第一，企业所生产经营的产品和服务必须具有一定的能满足购买者需求的效用价值，而这些社会的生产性消费和生活性消费的市场需求还具有一定的稳定性；第二，企业所生产经营的产品和服务必须在一定空间范围内保持较高质量水平作为效用的价值基础，以保证产品在一定的区域内与其他企业的同类产品相比具有一定的市场竞争力，以达到必需的一定的市场规模和市场份额；第三，企业所生产的产品或服务的生产成本具有性价比的优势和拥有一定规模的消费群体。创办企业、投资产品的生产经营活动，以及进行企业内部劳动分工的基本决策都需要考虑以上要点。在产品与服务的社会需求确定和稳定的前提下，企业的生产经营活动就在于提高产品的质量和降低产品的单位成本。

以上说明一个企业从事市场分工的专业化生产经营活动和企业内部的劳动分工是需要具备一些基本的条件。但是，企业要开展市场协作的活动是否具有必要条件，也需要从经济机理角度和企业层面上加以研究。

从经济发展的历史来看，手工工场时代的企业之间发生的市场性协作，如技术协作、资金协作、销售协作和劳动协作都较为少见，即使发生也往往属于非常态的现象。如笔者在美国参观的一个家庭农场，从种植苹果、草莓到加工出苹果酱与草莓酱的整个生产过程都由农场自己的成员完成，该农场与外界的市场性经济主要是销售农场生产的农产品及其加工品以及采购原材料方面所发生的市场交易关系。但是，随着现代产业的发展和生产专业化程度的不断提高，现代企业所生产、制造的产品技术含量也高度复杂化，使得一个企业很难使全部的零部件都达到质量的要求，也不可能使产品成本达到具有竞争力的水平，因而许多产品需要由多家企业和公司共同参与，分别生产出一部分组件，从而产生了企业之间的市场性协作与劳动协作的客观要求。许多市场性协作与员工的劳动协作超出了国界，实现了国际性的市场合作。一些部件由技术水平最强的公司提供，一些部件由生产成本低（如人工成本）的大型企业规模化生产，如欧盟生产的空中客车飞机的发动机、电子控制系统、导航装置等部件就由英国、德国和法国等公司提供，从而实现产品的市场竞争力提升，也使参与合作的相关企业都从国际性的市场分工协作活动中获益。

企业之间的市场性合作与协作普遍建立在平等互利的市场交易的基础之上，一般通过市场协作的契约关系来保障其稳定性和避免失信风险。企业市场协作具有多种形式，包括：资金协作、原材料采购协作、生产技术协作、产品销售协作等形式。企业之间所建立的市场协作关系具有多层次的特征，一般这种协作最初发生在企业经营活动的利益攸关者之间，如企业与银行、科技公司、原材料供应的厂商、商业企业、土地开发商之间的市场交易协作关系。这些市场协作关系并没有直接与企业生产经营活动联系。其次是与产品生产经营活动有直接联系的企业，如物流公司、零部件生产协作厂家、技术开发合作单位等之间的市场协作关系。此外还包括参与相关市场协作单位的部分人员之间所发生的劳动协作关系。

（二）企业及其员工参与市场性协作的经济运作机理与特点

企业与其他企业之间发生经济协作和市场性协作的联系最终是通过人的劳动实现的，因此经济协作的过程中必然或多或少也会产生部分不同企业员工之间的直接性劳动联系，即一部分企业的员工代表企业参与到市场协作的活动之中。不同企业的员工在市场性协作的过程中形成了市场性劳动协作关系。由于这种劳动协作关系属于不同企业员工的劳动协作性质，所以和企业内部发生的协作体内部或协作体之间的劳动协作性质有较大的区别。企业员工参与市场性劳动协作的经济机理和特点表现如下。

第一，不同企业员工的劳动协作关系是建立在企业之间市场交易的互利双赢的基础之上，并且通过合作协议、协作合同等文本的契约方式予以保证，企业之间往往通过一些详尽的条例对协作加以规范。按照企业员工参与市场性劳动协作的经济机理和运作特点，对双方参与人员的劳动行为进行规范。如通过签订专门的劳动协作人员协作协议或合同。这些协议或合同的形成是通过商业性谈判等方式取得的。相关协议的达成一般都符合双方的利益最大化的生产经营目标，符合市场交易的"双赢"原则的预期。一旦企业之间的劳动协作和经济协作在执行中出现一方或双方的利益受损，则双方所建立的劳动协作关系就会破裂，双方员工的劳动协作活动即会随之停止。

第二，不同企业员工之间的市场劳动协作活动的互律机制的作用与地位会提升到最突出的层面上。在市场性劳动协作中，不同企业对参与劳动协作人员的技能水平、服务时间、工作责任、劳动行为等都有尽可能详细的规定条款和双方监督执行的有效措施。在双方人员协作过程中，负面的行为往往会及时被双方指出并要求纠正。

第三，不同企业之间的劳动协作参与人员的利益需要通过动态的调整加以平衡。由于不同企业的收入分配制度和工资水平存在差异，同样职务和技能水平的人员的工资水平差异悬殊，往往容易导致员工与企业管理层发生矛盾。因此参与协作的企业需要考虑到对对方或多方的劳动协作及市场协作的利益影响问题，一般需要通过不同层次的管理者协商或重新进行谈判加以解决，如在中外合资企业的中方员工往往会得到加薪或收入补贴以缩小与外资人员之间的收入差距。对于参与劳动协作的员工毁约，或参与协作的企业的关键性人员退出及替换所带来的经济损失，通常企业双方要通过谈判甚至法律途径加以解决。

第四，不同企业之间员工参与劳动协作的人员交流方式为"内嵌"和"外延"两种类型。所谓"内嵌"人员交流方式是指其他企业的员工加入企业内部协作体，以多种劳动协作模式参与直接的劳动协作活动；所谓"外延"人员交流方式是指企业的员工离开所供职的企业加入到其他企业的内部劳动协作体，以多种劳动协作模式参与直接的劳动协作活动。这里参与跨企业流动的劳动协作员工并没有改变其与企业所建立的劳动合同关系，但是却实现了市场机制引导下跨企业的市场性劳动协作人员交流。

(三) 市场经济体制下企业员工参与市场性劳动协作的主要类型

在现代市场经济体制下，目前中国的市场性劳动协作的发展较快，形式也呈多样化的特征。

1. 劳务派遣的市场性劳动协作类型

该类型的市场性劳动协作由劳务派遣公司与用工企业签订劳务派遣的协议或合同，有关的员工作为派遣公司的职工进入用工企业，与企业的自有员工一起从事生产活动，形成直接的劳动协作关系。劳务派遣工在派遣机构领取工资报酬和接受劳动业务的指派，但直接的劳动协作活动却需要与所派企业的自有员工共同完成。劳务派遣工一般从事非技术性或辅助性及临时性的工作，由于工资报酬不能够与企业的协作劳动效率直接挂钩，容易导致用工企业内部人员之间的"同工不同酬"的劳动歧视问题发生。

2. 专家、技术人员的聘请或派遣类型

该类型的市场性劳动协作关系主要发生在高端科技人才市场。如20世纪80年代超大型水电站的建设施工过程中，就由水电站建设公司与国外的水电站建设技术咨询公司签订合同，聘请许多高级专家参与水电站建设。这些专家与国内水电站建设单位建立劳务合同关系。他们以外聘专家身份参与到直接的工程建设之中，专家技术人员的内嵌性劳动协作情况，具体与国内的技术人员、管理人员以及施工的工人结合，从而形成市场性劳动协作关系。

3. 产品销售后的技术服务的劳动协作类型

该类型的劳动协作关系主要发生在一些厂家的机器设备在销售后期服务阶段，按照产品销售的合同或协议，生产设备的厂家需要派出技术人员到购货的企业进行安装、调试、技术培训等服务工作。在此期间企业与企业之间的部分人员必然发生不同程度的劳动协作关系。在该过程中，双方的员工都需要紧密合作，才能够保证机器设备的正常运行。有的企业还与供货企业签订有长期的技术咨询、零配件供应和派技术人员维修的劳动协作协议，使得企业之间的员工劳动协作关系得以长期维持。

4. 企业的业务外包、购买服务等生产经营活动产生的劳动协作类型

该类型的劳动协作关系主要指通过业务的外包或购买服务的生产经营活动带来部分员工之间的劳动协作关系。近年来许多企业将一些配套性的业务转变为由市场提供，如一些汽车装配企业不再设立单独的存储、运输零配件的内部劳动协作体，而改由物流公司和配送公司直接为企业提供市场性的供货服务。许多大型企业将大量的后勤性质的人员改制建立物业管理公司，再与企业脱钩，将有关的业务转变为市场性的业务关系，如职工医院、学校等交地方政府管理，食堂、清洁等改为对外承包经营。但企业的部分人员仍然需要与这些服务机构的员工之间保持一定程度的市场性劳动协作按板块模式运作的关系。

二 企业员工参与社会性劳动协作的经济机理与运作分析

（一）企业参与社会性劳动协作的经济背景与运作分析

在人类社会的经济活动领域中既有大量的以市场交易为基础的经济协作关系存在，也有相当多的经济协作不具有明确的市场交易关系。经济领域的社会协作原则上属于发生在地区、政府及其机构、企业、单位与社会组织之间的不以赢利为目的经济协作关系，是相对于市场交易形式的企业等经济利益主体之间所发生的经济协作关系而产生的概念。社会协作活动往往与政治协作等活动交织在一起，很大程度上由政府行为所支配并对其规模和机制加以调控。不过也有许多社会性经济协作属于社会经济利益主体之间自发的互利互助活动，并不具有明确的市场交易关系。

在人类历史上社会性协作活动的出现应当早于市场性经济协作活动。

远在市场交易行为和商品经济出现之前，人类社会的部落之间、地区之间和政府及其机构之间就出现了一定形式的社会协作关系。如中国远古传说的大禹治水，所反映的就是社会性经济协作而不是市场性的经济协作关系。又如在农业社会中城乡社区的许多公益性活动都需要通过社会性劳动协作来实现。在计划经济体制国家，由于在经济制度上实行高度集中的生产资料公有制和政府对经济活动的行政集权管理模式，使得社会几乎所有的经济活动都在原则上脱离了市场机制的运作，而普遍采取非市场的社会协作的运作方式。如国家通过推进集中全社会的资源的举国体制，在大型工程建设和重大科技改善等方面显示出一定的优越性。

在中国20世纪50年代至70年代末，由政府主导的社会协作广泛地大规模地推行。如农村人民公社体制的生产单位的人财物往往在一定名义下被集中统一管理与调配使用，并要求农民和生产队发扬共产主义协作精神支援其他生产单位的经济活动，所谓"一平二调"的现象十分普遍、频繁发生。在国有企业和城镇集体企业的政府行政管理体制下，跨企业的人财物无偿调配和摊派现象更为常态化。政府可以按照一定的目标对企业布置任务，开展不同范围与规模的跨企业、跨单位、跨主管部门、跨行政区的大协作活动。这些大协作活动虽然属于经济性质，但是却采取社会协作的方式进行运作。在计划经济体制下的社会性经济协作的优势在实践上被认为是有利于集中全社会有限的人财物办大事和攻关，如中国的"两弹一星"的协作攻关即为最为成功的实例。但是计划经济体制下的社会协作也不缺乏失败的案例，如1958年的全民大炼钢铁运动的社会性劳动协作则是典型的劳民伤财之举。其核心问题在于这种社会性劳动协作的运作机制严重违背了经济活动的效益原则，在经济资源配置方面依靠行政手段和个人主观意志来决策，往往使决策顾此失彼。就全民大炼钢铁运动的社会劳动协作的微观机制而言，就违反了社会劳动分工的规律，将大量跨行业的缺乏职业技术的普通劳动者组合在一起搞钢铁生产，这种劳动协作的组合机制就难以使钢铁生产活动正常运转。因而计划经济时期所开展的绝大多数的社会性劳动无疑都协作活动是低效率的。

中国在20世纪80年代实行市场化指向的经济体制改革以来，依靠政府的行政权力组织开展的经济领域的社会协作运动明显有所减少，取而代之的是市场性经济协作。但是改革开放40多年来，社会性劳动协作活动仍然不会存在，其中既有体制转型未到位的因素，也有经济领域采取社会性劳动协作的必要性等因素。但是在企业管理现代化和企业产权制度股份制改造以来，企业的生产经营活动相对独立，政府难以继续推行各种类型的社会性协作活动，尤其是动用企业的生产资料和流动资金开展的社会性非市场交易关系的经济协作更是减少。目前通过政府行政手段推行的社会性经济协作主要发生在人力资源方面。

（二）企业员工参与非市场性的社会劳动协作的经济机理与特点

第一，市场经济体制下企业之间发生的社会性劳动协作是对市场性劳动协作的必要补充。市场经济体制决定了全社会经济活动的主导运作机制是市场机制。在企业之间所发生的经济协作活动的主体形式也必然是市场性的经济协作关系。但是市场经济体制下的经济活动也不可能全部通过市场交易关系来实行，如企业在政府组织下参与的一些具有社会效益和国民共同福利性质的生产经营活动，从而使参与企业之间协作活动的员工发生一定程度的社会性劳动协作关系，如中国的大飞机项目就由政府主管部门的计划项目组织了跨部门、行业、系统的大量的企业、事业单位参与其中的研究、设计、制造、运营等协作工作，其运作机制一部分采取了市场协作方式或半市场协作方式，但仍然有许多部分工作的运作采取的是行政计划安排的社会协作方式进行的，特别是对于参与协作人员的调配机制方面更是如此。这些人员与项目组织方不存在市场交易的劳动协作关系，而是来自不同系统、单位和企业的人员之间的社会劳动协作关系。

第二，企业组织员工参与社会性劳动协作是现代市场经济体制下的企业所履行的社会责任之一。在市场经济体制下，企业的社会责任主要体现在依法纳税和促进就业等方面，但是在以上责任义务之外也还包括对一些社会公益活动的参与等内容。如企业有义务力所能及对所在地区的经济发展提供资金、人力资源和财物等无偿支援、捐赠的义务和责任。如派员参与地方政府和周边社区的公共环境治理活动，从而形成企业人员参与的社会劳动协作关系。在企业的社会责任边界界定科学合理的情况下，企业必然会存在一定程度和形式的社会劳动协作活动。

第三，企业员工所参与的社会劳动协作活动一般并不具有利益交换对称性，更多的是体现为社会救助或社会慈善的劳动协作性质，相关的活动原则上是单向性的经济利益输送，非营利性的经济活动。如中国政府在协调区域发展所推进的活动中，往往采取行政性的任务安排，由经济发达地区对贫困落后地区实行对口支援。其他如扶贫、救灾等活动，都通过干部、技术人员的下派、上挂和交流等方式要求相关企业员工参与，从而发生企业人员与企业外人员的劳动协作关系，如在西藏就有不少担负援藏任务的地方政府所指派的企业在西藏投资办厂或参与当地同类企业产品生产经营活动，从而产生不同企业员工之间的技术指导、培训和产品销售等非市场性劳动协作关系。对口支援活动对于缩小区域发展的差距和减少贫困等方面有积极的意义，但是也有一定程度的行政干预企业生产经营活动的负面效应，如使企业生产成本发生一定程度的扭曲。

第四，企业参与社会性劳动协作人员的组织协调主要通过行政管理手段或多方协议来实现。政府往往通过对企业的目标考核方式引导企业落实社会性劳动行政的人力资源配置，通过主管部门对相关的行政手段进行安排并对项目的进度等加以协调与管控。参与社会性劳动协作的企业和单位之间往往会通过签订合作协议，对其中的劳动协作的运作进行契约规范。但是由于企业等参与单位出于自身的经济利益和能力条件，往往在工作推进的主动性和协议契约的执行等方面存在许多问题，相关的参与劳动协作人员之间也不存在行政管辖关系，其参与协作劳动的收益分别由各自单位决定。因此，社会性劳动协作的相关运作机制和制度无法全面保障行政性手段和措施的高效率执行。相对于市场性劳动协作活动其使用的规模和范围都有限。由于许多企业参与的社会性劳动协作活动具有公共产品或准公共产品的性质，所以在政府财力不断增强的情况下，可以考虑转变为以政府购买服务等市场性运作的公共服务方式来实行。

（三）市场经济体制下企业员工参与社会性劳动协作的主要类型

1. 政府组织的对口支援等跨行政区域的劳动协作活动

国家在实行区域经济社会发展战略的过程中，往往借助行政手段组织经济发达地区的事业单位和国有企业承担许多对口援助，参与政府提出相关的援助项目，一般采取自有资金、设备无偿给予原则。与此同时，还需要派出相关的管理人员、技术人员直接到受援地区、单位开展援建、培训等活动，但有关人员的工资、生活补贴、差旅费等费用也原则上由所在单位承担。相关人员的援助时间不等，少则数周，多则几年，有的还采取挂职的方式，直接参与了相关项目的运作组织管理工作。其中也包括人员与当地人员之间的劳动协作活动。此外在扶贫开发单位定点帮扶工作中，也存在类似对口支援性质的社会性劳动协作活动。在大量的经济发达地区的企业员工被安排到经济欠发达地区的企业从事社会性协作劳动的同时，还有部分贫困地区的企业员工"上挂"到援助企业接受技能培训和学习，参与到生产过程顶班劳动，从而形成内嵌式的社会性劳动协作关系。

2. 履行企业的社会责任的劳动协作活动

为了完善企业发展的外部环境和减少企业生产经营活动的外部的社会成本支付，企业对于周边社区发展和公共事业发展，往往给予一定的经济技术支持，提供一定的资金、设备和人力资源。在人力资源投入方面，如直接派出人员参与周边社区公共道路、公共卫生、消防应急、公共治安、政策宣传等活动，从而形成不同形式的社会性劳动协作关系。但是有的情况下也存在企业社会责任边界过度扩大和不合理摊派的问题，如果超出一定的范围，则会加重有失企业经营的与非生产性的费用负担，以及形成不合理的产品成本构成，间接影响到企业的利润水平和产品的市场竞争力。

3. 企业员工参与社会慈善与救助事业活动

进入社会主义市场经济发展阶段后，随着中国社会保障制度的发展，养老、助残、扶贫、救灾等活动的社会力量参与规模也日益扩大，其中企业通过建立专门的基金和机构也积极投入到一定的社会慈善与社会救助活动当中。如汶川大地震后，企业积极捐款捐物和无偿投入援助项目对灾区进行无偿援助，其中包括派员组织技能培训、提供就业岗位等人力资源方面的援助活动，原则上都属于社会性的劳动协作活动。这些活动大大填补了受援地区政府慈善事业人力资源供给的短板。还有企业长期与养老院、福利院等机构保持联系，组织青年员工不定期参与义务劳动或技术援助，也产生了许多单位员工之间的劳动协作联系。

4. 企业与其他企业和大学、科研院所等事业单位利用政府财政预算

资金所开展的科技研究协作活动

中国政府组织有关的部门和单位开展社会性协作的传统由来已久，21世纪以来还有所发展。但是在运作的形式上主要采取国家自然科学基金、社会科学基金项目和省市自治区、中央部委的研究项目的形式，通过招标、评审、立项、验收等环节进行。其中许多大型研究项目鼓励由多部门、多学科的联合课题人员构成，从而形成一些企业人员与企业外人员所构成的社会性劳动协作关系。这一类型的社会性劳动协作活动的直接课题经费由课题主持人或主要研究单位通过协商进行分配，但是间接的费用仍然需要由课题成员所在单位承担，其中包括参与研究人员的工资、设备折旧、资料费等。与研究的企业往往还要为相关的科研项目提供实验、试生产等场地、设备等物质条件，企业参与员工在一些研究团队中往往具有不可或缺的劳动协作地位。企业员工通过加入科研团队的集体性劳动协作活动和承担一定的工作任务，实行多单位联合开展的外延或内嵌形式的劳动协作。但是这种类型的劳动协作参与人员之间不具有市场交易的经济关系，属于一种特定的社会性劳动协作关系。企业通过组织相关人员参与科技项目，可以为企业生产经营活动的推进带来一定的经济效益和新产品的社会影响力。一些知名企业往往以聘请专家顾问等方式，与一些科研院所的专家学者个人保持长期稳定的社会性劳动协作联系。有的社会性劳动协作关系还被转化为市场性劳动协作关系。

参考文献

[1] ［美］E. 威廉姆森、西德尼·G. 温特：《企业的性质——起源、演变和发展》，商务印书馆 2007 年版。

[2] ［美］艾伦·布坎兰：《伦理学、效率与市场》，中国社会科学出版社 1991 年版。

[3] ［美］贝克尔：《人类行为的经济分析》，生活·读书·新知三联书店 1995 年版。

[4] 陈萍：《最低工资法、集体协议与国民收入初次分配格局》，《财经问题研究》2009 年第 8 期。

[5] 陈银娥：《不确定性与早期劳动合同——契约理论的一个新发展》，《中南财经政法大学学报》2003 年第 3 期。

[6] 陈微波：《论劳动关系的调节机制——以劳动契约和心理契约的融合为视角》，《山东社会科学》2005 年第 1 期。

[7] 丁川、王开弘：《企业团队协作激励的博弈分析》，《华东经济管理》2007 年第 9 期。

[8] 郭庆松：《企业劳动关系》，经济管理出版社 1999 年版。

[9] 郭正模：《劳动力市场经济学原理与分析》，四川人民出版社 2009 年版。

[10] 郭正模：《劳动歧视问题初探》，《经济科学》1994 年第 2 期。

[11] 郭正模：《企业剩余产生的各生产要素贡献与分配》，《天府新论》2005 年第 1 期。

[12] 郭正模、谢晓婷：《企业员工劳动协作模式及其运作的实证研究》，《决策咨询》2018 年第 6 期。

［13］郭正模：《劳动关系"合约论"及其实践》，《社会科学研究》2008年第4期。

［14］洪银兴：《协作博弈和企业治理结构的完善》，《南京大学学报》（哲学·人文科学·社会科学版）2003年第3期。

［15］罗宾斯：《组织行为学》，中国人民大学出版社1997年版。

［16］李琼：《劳动分工与企业起源》，《教学与研究》2001年第2期。

［17］刘贵访：《管理使分工协作产生的生产力得以实现》，《经济问题探索》1985年第5期。

［18］刘舰、俞建宁、李引珍、牛惠民：《基于协作性投资和价格策略的企业协作行为博弈分析》，《中国管理科学》2011年第5期。

［19］卢周来：《企业雇用契约的性质研究》，《经济社会体制比较》2007年第3期。

［20］［德］卡尔·马克思：《资本论》第1卷，人民出版社2004年版。

［21］孙颖、郭才森：《劳动合同、雇用合同与劳务合同浅析》，《理论学习》2004年第5期。

［22］浦徐进、张兴、韩广华：《考虑利他偏好的企业努力行为和供应链运作》，《系统管理学报》2016年第6期。

［23］钱峻峰、蒲勇健：《基于互惠视角的团队协作激励机制博弈分析》，《科技进步与对策》2011年第16期。

［24］史振磊：《协作劳动与团队建设》，《中国软科学》2003年第10期。

［25］［美］科斯、哈特、斯蒂格利茨等：《契约经济学》，经济科学出版社2000年版。

［26］魏光兴、蒲勇健：《互惠动机与激励：实验证据及其启示》，《科技管理研究》2007年第3期。

［27］晓亮：《简论企业内部的劳动协作》，《江汉学报》1964年第4期。

［28］晓亮：《社会主义制度下经济协作关系的几个问题》，《经济研究》1963年第6期。

［29］晓亮：《劳动组织简论》，《社会科学辑刊》1982年第5期。

［30］［英］亚当·斯密：《国富论》，商务印书馆1982年版。

［31］杨肖锋、谢俊、储小平：《团队认同、协作行为与任务相互依赖：来自民营企业员工的证据》，国际工程与经营管理研讨会论文，

2012年。

[32] 杨肖锋:《团队氛围、网络密度与团队协作——基于民营企业工作团队的实证分析》,《中国人力资源开发》2013年第11期。

[33] 袁仕福:《新经济时代需要新企业激励理论——国外研究最新进展》,《中南财经政法大学学报》2012年第5期。

[34] 姚明霞:《福利经济学》,经济日报出版社2005年版。

[35] 杨永华:《卓炯与舒尔茨、杨小凯:斯密定理研究比较》,《学术研究》2008年第1期。

[36] [西班牙] 因内思·马可-斯达德勒:《信息经济学引论:激励与合约》,上海财经大学出版社2004年版。

[37] 易宪容:《现代契约经济学导论》,中国社会科学出版社1997年版。

[38] 周其仁:《市场里的企业:一个人力资本与非人力资本的特别合约》,《经济研究》1996年第6期。

[39] 赵德起:《契约完备度视角下的契约效率理论》,《中国工业经济》2014年第12期。

[40] 张朝孝:《基于博弈论的员工激励与合作的机制研究》,博士学位论文,重庆大学,2003年。

[41] 张建武:《集体协商谈判的经济行为分析》,载《发掘人力资源优势》,中国劳动社会保障出版社2001年版。

[42] Hao li, Sherwin Rosen, "Unraveling in Matching Markets", *The American Economic Review*, No.3, 1998.

[43] Kuhnen, M. C., Tymula, "A. Feedback, Self-esteem and Performace Organization", *Management Science*, No.1, 2012.

后　　记

　　本书是一本研究企业员工劳动协作活动的经济学原理的学术著作。经济学的基本理论在经历了从古典到现代的多次革命与不断改良的发展过程后，目前以行为假设、概念界定、机理描述、模型构建、维度选择等为核心要素的学术框架已经相当完备，试图在基本理论上加以创新的空间领域非常有限。但随着人类社会的经济活动长足发展与经济运行复杂程度的不断提升，现有的经济学基本理论体系中的不少领域的一些内容仍然需要在一定程度上加以补充、完善甚至修正。这种学术创新空间的存在就为以新的概念建立、新的机理归纳等为内容的基本理论创新提供了可能性。其中现代劳动经济学的微观理论部分的企业员工劳动协作的经济学原理就有进一步提炼、充实和系统研究的创新空间和研究价值。

　　企业是现代社会财富生产的最基本的组织机构，是劳动的分工与协作活动的最基本的运作平台。在我多年来对经济学的研究过程中，就对以企业经济效率提升为核心目标的员工劳动协作问题予以高度关注。但是也发现涉及企业员工劳动协作问题的经济学基础理论较为单薄，难以适应当今市场经济体制下的现代企业生产经营活动的要求。

　　企业员工劳动协作的经济学理论具有较强的综合性，既涉及到对劳动力资源或生产要素的优化配置问题，也涉及到劳动经济规则或制度的合理安排问题；有关的研究既需要解决协作劳动的运作效率提升问题，也需要解决协作劳动收益的公平分配问题。进一步讲，要开展对企业的生产经营活动中的员工劳动协作运作的理论研究，不仅需要具备一定的经济学理论修养，客观上还需要具有一定的直接对协作劳动参与的感性知识和实践经验。就我个人的相关条件而言，我从 1983 年就开始从事专业的经济研究工作，三十多年来先后承担过十多项劳动经济学领域的课题研究工作，其中也包括对企业层面的微观经济问题的研究，如对于企业劳动者的经济行为；企业劳动歧视现象；企业劳动关系；企业劳动收入分配；企业用工制度等问题的研究。其次是本人于1978年前曾经在多家企业从事过多个工种、岗位的一线生产劳动，本书中的不少劳动协作的实例就取自于当年我个人的劳动实践。1982年又被分配到一家国有中型有色金属加工企业从事了1年的企业管理工作。这些经历使我对于企业的实际生产经营活动和员工劳动协作的具体运作情况有较多的切身体会和直接的经验积累。我本人在进入科研单位从事研究工作后，又对事业单位员工的工作协作有三十多年的长期体验和对劳动协作问题进行深入理论思考的条件。其中对于社会科学科研团队的劳动协作存在的问题就有深刻的体验。尤其是对团队成员参与劳动协作活动的正、负面行为表现的感受，一定程度上促使了我对劳动协作问题的系统研究和对本书的写作。

本书的研究选题于2017年初被确定；其后经过构思理论框架；收集梳理文献；开展专题调研；拟定书稿章节提纲；以及撰写书稿和修改文稿的过程。其间同时还从事其他课题的研究工作和承担研究生教学等事务，但最后于2019年9月艰难地形成本书的定稿。

本书的选题和研究目的在于将企业员工劳动协作问题系统全面地纳入到现代劳动经济学的理论体系当中。本书侧重探讨企业内部的员工之间所发生的劳动协作活动的微观运作机理问题。本书在进行经济学的基本原理研究的同时，还借助调研所取得的数据分析和案例分析进行了一定行业范围的实证研究。

本研究工作从启动到专著的正式出版期间得到许多人的各种形式的支持和帮助。在这里我首先要感谢我的关门弟子谢晓婷女士，作为她的劳动经济学专业的研究生导师，我采取了个人研究与学生毕业论文指导互动推进的工作方式。由我在构思和设计出专著的整体研究结构与章节内容的基础上，指导她重点研究企业员工劳动协作的行为及其影响因素问题，并且就整体研究的需要收集文献资料和开展对企业的调研工作。谢晓婷利用她家乡的社会资源完成了按照选题设计的对企业员工的问卷调查工作。通过她对所收集到的500份问卷及对数据的统计分析工作，从而使本书的理论研究得到了基于第一手资料的实证研究的有力支撑。她的辛勤劳动也使我的研究工作与研究生培养工作有机结合并取得了相得益彰的效果。本研究还得到四川企业管理研究开发中心的叶渡林先生的大力帮助，作为一个民办的企业管理研究机构，长期聘请我参与该机构开展的企业生产经营决策的咨询、策划等服务活动，使我有机会接触与了解到多种类型企业的实际生产经营活动情况，其中也包括企业内部的员工劳动协作的运作情况。此外，本研究还得到我所在的工作单位四川省社会科学院经济研究所所长蓝定香研究员的大力支持，将本书的选题纳入我院"人口与劳动经济学"重点学科建设项目并且为研究活动提供经费资助。在研究的过程中还得到我的学生、四川省人力资源与社会保障研究所助理研究员马杰女士的热心帮助，她为本书绘制了相关的图表。本书能够列入"四川省社会科学院学术文库"公开出版，还得到四川省社会科学院学术委员会的同意，以及前后任科研处处长廖冲绪、李卫宏先生和该处的何祖伟、袁月、安中轩等多位同事的大力支持。书稿在送交出版社前又经过四川大学蒋和胜教授和西南财经大学周铭山教授的审阅，并且对书稿提出不少宝贵的补充与完善意见。本书的责任编辑、中国社会科学出版社重大项目出版中心的喻苗副主任和其他审稿的老师为本书的编辑、排印与出版付出了大量辛劳和时间。在此一并向他们表示衷心的感谢和敬意。

郭正模

2020年8月于四川成都